教育部人文社会科学重点研究基地重大项目
"学生汉语阅读加工机制及阅读效率促进的眼动研究"（15JJD190

学生汉语阅读及阅读效率促进的眼动研究

闫国利 ／主编

科学出版社

北 京

内 容 简 介

　　本书是教育部人文社会科学重点研究基地重大项目"学生汉语阅读加工机制及阅读效率促进的眼动研究"的成果。本书内容主要分为三编：第一编介绍了眼动的研究基本问题，包括眼动的生理基础及其基本模式、眼动研究的范式述评；第二编介绍了汉语阅读的加工机制，包括阅读知觉广度的研究、字词阅读的眼动研究、句子阅读的眼动研究和重复阅读的眼动研究；第三编探讨了特殊人群汉语阅读的眼动规律。从整体上看，本书探讨了学生汉语阅读加工机制及阅读效率促进。

　　本书可以为读者提供阅读过程中的基本眼动规律，帮助读者了解学生（也包括特殊人群）在阅读过程中的特点与规律，可以作为教育工作者、特教工作者以及从事阅读研究、眼动研究的教师、科研人员和相关专业的本科生与研究生参考使用。

图书在版编目（CIP）数据

学生汉语阅读及阅读效率促进的眼动研究 / 闫国利主编. —北京：科学出版社，2020.1
　ISBN 978-7-03-064318-6

Ⅰ.①学…　Ⅱ.①闫…　Ⅲ.①汉语–阅读教学–教学研究　Ⅳ.①H193.7

中国版本图书馆 CIP 数据核字（2020）第 008680 号

责任编辑：孙文影 / 责任校对：胡小洁
责任印制：李　彤 / 封面设计：润一文化

科 学 出 版 社 出版
北京东黄城根北街 16 号
邮政编码：100717
http://www.sciencep.com

北京中石油彩色印刷有限责任公司 印刷
科学出版社发行　各地新华书店经销

*

2020 年 1 月第 一 版　　开本：720×1000　1/16
2020 年 1 月第一次印刷　　印张：18 1/4
字数：332 000
定价：99.00 元
（如有印装质量问题，我社负责调换）

Foreword 序

　　2015 年，笔者投标申报的"学生汉语阅读加工机制及阅读效率促进的眼动研究"正式被批准为教育部人文社会科学重点研究基地重大项目。怀着忐忑不安和兴奋的心情，笔者按照研究计划进行了紧张的研究工作。

　　本书是基于该项目成果写作的，主要内容有三编：第一编介绍了眼动的研究基本问题，包括眼动的基本模式和眼动研究的范式；第二编介绍了汉语阅读的加工机制的眼动研究，包括阅读知觉广度研究、字词阅读的眼动研究、句子阅读的眼动研究和重复阅读的眼动研究；第三编探讨了特殊人群汉语阅读的眼动规律。

　　本书研究具有重要的实践意义：第一，提高学生的阅读效率。了解汉语阅读的加工机制问题后，我们可以据此探寻提高学生阅读效率的途径和方法，并为素质教育的开展提供心理学依据。第二，研究特殊儿童阅读中的眼动控制问题，考察他们在阅读过程中表现出的眼动特点，能够比较精细地分析他们阅读效率低下的原因，进而找到提高其阅读效率的途径。第三，为素质教育提供心理学依据，提高阅读效率，进而提高学习效率，这是素质教育的重要内容之一。本书在分析阅读过程中的眼动指标的基础上，找出了影响阅读效率的原因，为提高阅读效率提供了具体的方法。

　　白学军教授是笔者的同事，也是笔者的挚友。在眼动研究方面，我们和我们所带的研究生组成一个和谐的团队，成员之间团结友爱、合作创新，本书的研究成果就是这个团队集体力量的结晶。承担各章撰写任务的人员分别是：闫国利（第一章），王霞、闫国利（第二章第一节），孟珠、闫国利（第二章第二节；第六章

第一、二节），李赛男、闫国利（第三章第一、二节），宋子明、闫国利（第三章第三节、第六章第三节），刘敏、闫国利（第四章），张莉、闫国利（第五章第一节；第十一章第二节），何立媛、闫国利（第五章第二节），郭惠兰、闫国利（第六章第四节），沈英伦、闫国利（第七章第一节），韩映虹、刘晨（第七章第二节），刘璐、闫国利（第八章），梁晓伟、闫国利（第九章第一节），王影超、闫国利（第九章第二节），兰泽波、闫国利（第十章），周丽、闫国利（第十一章第一节）。最后由笔者对全书进行统一的校对。

在编辑本书的过程中，科学出版社的孙文影编辑给予了我们悉心的指导和帮助，我的博士生巫金和兰泽波根在协助我整理和校对书稿方面做了大量的工作，在此，向他们表示诚挚的谢意。没有这些充满活力、认真刻苦、富于创新精神的年轻学子的辛勤努力，就不会有这部书的出版。作为本书的负责人，我感谢各位作者所付出的努力。此书的出版得到了天津市高等学校心理健康与行为调控创新团队的资助，特此感谢。

目前，国内心理学工作者在眼动研究领域已经取得了令人可喜的丰硕成果，我们衷心希望本书的研究成果能成为这些丰硕成果中的一朵小花，散发着芬芳。

闫国利

天津师范大学心理学部

2019 年初冬

Contents 目 录

序

第三编　特殊人群汉语阅读的眼动研究

第一编

阅读的眼动研究概述

第一章

眼动的生理基础与基本模式

第一节　眼动的生理基础

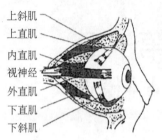

图 1-1　眼肌示意图

（资料来源：闫国利，白学军，2012）

上斜肌
上直肌
内直肌
视神经
外直肌
下直肌
下斜肌

人眼的形状类似一个球状体，其直径大约为 23cm。眼球在眼眶里，由三对眼肌控制眼球的运动。这三对眼肌分别为内直肌和外直肌、上直肌和下直肌、上斜肌和下斜肌。三对眼肌的示意图如图 1-1 所示。

三对眼肌协调活动，控制着眼球的上、下、左、右方向的运动，三对肌肉的协调活动可使眼球以角膜顶端后方 13.5mm 处为中心转动。每对眼肌控制眼球在一个平面上转动。如当内直肌和外直肌收缩时，眼球向内外方向转动；上直肌收缩，眼球向上内方向转动。上斜肌收缩，眼球向下外方回转；下斜肌收缩，眼球向上外方回转。眼球运动的范围约为 18°，超过 12°时就需要头部运动的帮助。两只眼球的活动是很协调的，它们总是向同一方向运动。当头部固定不动时，用两眼追随一个出现在偏左或偏右前方的物体时，两眼的运动程度可能不同，但它们的差别是极微小的。所以，许多眼动仪往往只记录一只眼球的运动轨迹。

第二节　眼动的基本模式

人的眼球的运动有两种基本类型：注视和眼跳。为了看清楚某一物体，两只眼睛必须保持一定的方位才能使物体成像在视网膜上。眼睛对准对象的活动叫注视。为了实现和维持获得对物体最清楚的视觉，眼睛还必须进行跳动。下面具体介绍这两种基本类型的眼动。

一、注视

注视的目的是将眼睛的中央凹对准某一物体。事实上，注视本身并不像它字面上的意义那样准确，当眼睛注视一个静止的物体时，它并不是完全不动的，而是伴有三种眼动——漂移、震颤和微小的不随意眼跳（Rayner，1998）。

漂移是不规则的、缓慢的视轴变化。漂移经常伴有震颤。震颤是一种高频率、低振幅的视轴振动。当对静止物体上某一点的注视超过一定的时间（0.3~0.5s），或当注视点在视网膜上的成像由于漂移而离中央凹过远时，就会出现小的不随意眼跳。对于后一种情况，这种小的不随意眼跳可以起到校正作用，但并不是所有的注视都伴有不随意眼跳。大多数的注视通常伴有漂移和震颤。当较长时间地注视一个静止物体时，会伴有漂移、震颤和不随意眼跳。

视轴的漂移是由 Dodge 发现的（Dodge，1907）。他认为没有固定不变的注视点，与其叫注视点，倒不如叫注视区。后来，许多眼动研究都证实了眼动中漂移现象的存在。Yarbus 在实验中要求被试注视一个点，同时记录其眼动，使我们十分清楚地看到了漂移（Yarbus，1967），见图 1-2 所示。

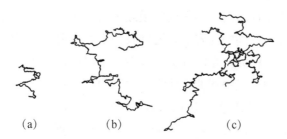

(a)　　　　(b)　　　　(c)

图 1-2　对一个静止的点的注视

注：图（a）：注视 10 秒钟；图（b）：注视 30 秒钟；图（c）：注视一分钟。

（资料来源：Yarbus，1967）

图 1-2 记录的是被试注视某一个固定不动点时的眼动情况。可以看出，注视过程的视轴漂移是一种不规则的运动。需要指出的是，在这个注视过程中，注视点的成像一直是在中央凹上。

许多研究者认为，双眼跳动在持续时间、振幅和方向上是相同的。微小的不随意眼跳是由 Dodge 首次发现的。图 1-3 是被试的 1000 次微小的不随意眼跳与振幅的关系，图上显示的是一个被试的结果。图的横坐标是眼跳的幅度，纵坐标是眼跳次数。从图中可以看出，大部分小的眼跳振幅为 1~25 分度。

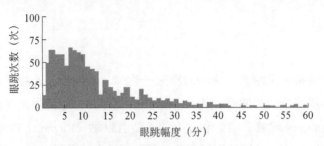

图 1-3　不随意眼跳与振幅的关系

　　以上介绍了注视时产生的三种微小眼动，它们的作用如何？据有关研究发现，这些微小的眼动在短时间内会影响视敏度。Ratliff(1952)做了如下的实验：以 75ms 的速示测验被试的视敏度，同时记录眼睛的震颤。他发现视敏度越差，眼漂移的幅度越大，眼震颤幅度越大。

二、眼跳

　　眼球的跳动是巴黎大学的 Javal 教授于 1878 年发现的。眼跳的功能是改变注视点，使下一步要注视的内容落在视网膜最敏感的区域——中央凹附近，这样就可以清楚地看到想要看到的内容了。通常我们不容易觉察到眼睛在跳动，而觉得其是在平滑地运动。例如，在阅读文章或看一个图形时，我们往往认为自己的眼睛是沿着一行行的句子或物体的形状平滑运动的。事实上，我们的眼睛总是先在对象的一部分上停留一段时间，注视以后又跳到另一部分上，再对新的部分进行注视。图 1-4 是 Stratton（1902）记录的被试看一个圆圈的眼动轨迹。从图 1-4 可以看出，被试在观看时，眼睛并不做圆周运动，而沿直线跳动，中途有一些注视点。

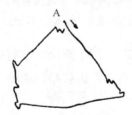

图 1-4　眼睛观看一个圆圈时的眼动轨迹

　　Yarbus（1967）也有类似的发现。他要求被试观看几何图形，如长方形、三角形、圆形和线段。观看时，被试要力求沿着图形的轮廓平稳地移动眼睛，不要跳跃地看。同时记录其眼动。实验结果发现，眼动轨迹是由许多停顿和小的眼跳组成，见图 1-5。而这些眼跳是个体意识不到的。

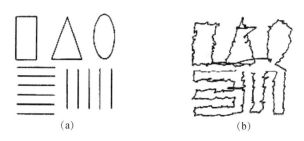

(a)   (b)

图 1-5 眼睛观看几何图形时的眼动轨迹

注：图（a）：几何图形；图（b）：被试观看这些几何图形时的眼动轨迹。

（资料来源：Yarbus，1967）

眼睛的跳动有两个特点：第一，双眼的每次跳动几乎是完全一致的；第二，眼跳动的速度很快。有人研究了眼动速度（Gerathewohl et al.，1954），见表 1-1 所示。

表 1-1　眼睛运动不同距离所需的时间

眼睛运动距离	5°	10°	15°	20°	25°
水平（ms）	35	65	84	96	104
垂直（ms）	35	63	84	108	—
倾斜（45°）（ms）	35	65	90	115	—

表 1-1 中的数据是几百次实验的平均结果。从表 1-1 可以看出：水平方向从 5°至 20°的运动需要 35～96ms，垂直方向从 5°至 20°的运动需要 35～108ms，倾斜方向从 5°至 20°的运动需要 35～115ms，倘若眼睛运动的距离较短，如 5°、10°或 15°时，眼睛的运动方向对运动所需的时间影响不大，但当眼睛运动的距离较长时，运动的方向不同，所花费的时间也不同。水平方向运动所用的时间较少，少于垂直方向和倾斜方向的运动时间。

Yarbus 的研究表明：在一般知觉情况下，眼睛跳动的距离通常不超过 20°。最小的眼跳动距离为 2～5 分度。当眼跳距离为 20°时，其最快的速度为每秒 45°。此外，眼跳的持续时间随眼跳距离的变化而变化，对于小于 1°的眼跳，其持续时间为 10～20ms，当眼跳距离为 20°时，其持续时间为 60～70ms。

三、眼跳潜伏期

在进行眼跳之前，需要时间去计划和实施，这个时间即眼跳潜伏期。有研究表明，眼跳潜伏期至少要 150～175ms，眼跳的计划过程是与阅读的理解过程并行的。Ranyer（1998）认为，关于眼跳潜伏期，有如下几个问题需要注意。第一，计算眼睛在何时运动和向何处运动是独立的决策过程。第二，虽然简单反应时实验中的眼跳被描述成是反射性的活动，但也有证据表明认知过程会影响潜伏期。第三，眼跳潜伏期的增加通常会使目标定位的准确性增加。第四，当眼跳瞄准的目标中包含两个密切联系元素时，第一次的眼跳会落在两个元素中间的某个位置上。如果其中的一个元素较长或强度较大（或较明亮），那么眼跳就倾向定位于更靠近这个元素的位置。第五，当一个注视点先于一个目标的出现而消失时，潜伏期缩短。

以上介绍的内容主要是对成人的研究，而儿童眼动的特征和成人眼动有些不同。学龄前儿童在维持注视过程中显示出较高频率的微小眼跳和漂移，眼跳潜伏期通常较长，并且当扫视一个场景时，学龄前儿童眼跳的准确性通常低于成人。然而，儿童、成人甚至是婴儿的注视时间频率分配图是相同的。虽然老年人注视时间频率的分配看上去和中年人的一样，但眼跳的潜伏期是随着年龄增加而增长的。

四、眼跳抑制

在眼跳过程中，对视觉输入的敏感性会降低，这种现象称为眼跳抑制。眼跳时间很短，在眼跳过程中我们并不接收新的信息，即使有也只是模糊的影像，加上受到眼跳之前和之后视觉信息的掩蔽，因此，人们在眼跳过程中通常意识不到任何模糊的效应（Brooks et al.，1981；Campbell et al.，1979；Chekaluk et al.，1990）。并且研究发现，即使将前后的掩蔽信息去除，眼跳中仍接收不到新的信息（Riggs et al.，1974），这表明存在一种中枢抑制机制在发挥着作用。

值得讨论的一个问题是，在眼跳的过程中，认知加工活动是否会停止。一些使用简单任务的研究认为，部分认知活动受到眼跳抑制；而 Irwin 通过研究发现，在眼跳期间，词汇加工过程并没有中止（Irwin，1998）。不同的研究结果可能与所采用的任务类型有关，关于这一问题，目前普遍接受的观点是：尽管眼跳过程中没有获得新的信息，但在大多数情况下，认知加工仍在继续（Irwin et al.，1996）。

第二章

眼动研究范式述评

　　读者在阅读过程中获取文本视觉信息所需要的时间是阅读过程中的一个基本问题，文本视觉信息的获取是词汇识别的开始阶段，是通往高水平语言加工的基本途径，是读者的认知加工系统和视觉系统相互作用的重要过程，因此，快速有效地获取文本视觉信息在阅读过程中是非常重要的。在阅读的眼动研究中，通常采用两种眼动实验范式来考察这个问题：一种是移动掩蔽范式（Rayner et al.，1981），另一种是消失文本范式（Rayner et al.，2003；Liversedge，et al.，2004）。

第一节　消失文本范式述评

一、消失文本范式的基本原理

　　消失文本范式是研究者在考察中央凹处信息对阅读的重要性的基础上发展而来的。消失文本范式是基于呈现随眼动变化技术的实验范式，通过操纵注视词的呈现时间，限制读者对单词的视觉信息进行编码的机会，从而考察读者在阅读过程中获取文本视觉信息的时间。该范式的具体程序是：当读者注视当前词达到预设的时间后，被注视的词就会"消失"（注视词区域变成空白），读者进行再注视已无法获取信息，当下一次注视开始时，原来消失的词又会出现，而当前注视词也会在相同的时间后消失（闫国利等，2010）。该范式见图 2-1 所示。

(1) 爷爷每天晚上都会外出散步　　[注视开始]
　　　　*
(2) 　　　每天晚上都会外出散步　　[40ms 之后]
　　　　　*
(3) 爷爷每天晚上都会外出散步　　[下一次注视开始]
　　　　　　*
(4) 爷爷　　　晚上都会外出散步　　[40ms 之后]
　　　　　　*

图 2-1　消失文本范式示意图

　　该范式的基本逻辑是：如果注视词在某一特定的时间后消失，读者在这种条件下仍可以进行正常的阅读，其阅读效率没有受到影响，则说明注视词呈现此特定时间就可以保证阅读的正常进行，如果词汇呈现时间低于此特定时间，读者就无法进行正常阅读。因此，研究者可以采用该范式来考察读者在阅读过程中获取文本视觉信息所需的时间。值得说明的是，文本呈现某特定时间后，读者的阅读就能正常进行，这并不是指读者加工某个词汇只需要此特定时间，而是指文本视觉刺激至少要呈现此特定时间才能保证阅读的正常进行。

二、消失文本条件下阅读的眼动特点

很多研究表明，读者在非常短暂的文本呈现时间内就能获取阅读所需的视觉信息，从而保障总的阅读效率不受到影响，但由于消失文本这一特殊的操作，读者阅读的眼动模式发生了很大变化（Blythe et al.，2011；Blythe et al.，2009）。

首先，最容易观察到的是读者的再注视比率（首轮阅读中，兴趣区被多次注视的频率与该兴趣区被注视的频率的比率）显著降低，首次注视时间（首次通过某兴趣区内的首个注视点的注视时间）增加（Rayner et al.，2006；闫国利等，2015）。这是由于在消失文本阅读条件下，读者已无法通过再注视获取有用信息，所以只能通过增加首次注视时间来维持当前的加工。

其次，在消失文本阅读条件下，读者更容易产生回视，表现为文本呈现时间更短、回视次数更多，这可能是由于文本消失迫使读者离开当前注视词，所以在首轮阅读中未能获取足够的视觉信息，只能通过回视再次获取信息。因此，在消失文本阅读中，读者通常会表现出凝视时间（从首次注视点开始到注视点首次离开当前兴趣区之间的持续时间）减少、回视时间（所有回到当前兴趣区的注视时间之和）增加的眼动特征。

此外，消失文本操作还会影响眼跳行为，由于注视词汇消失，再注视已无法获取信息，读者会取消部分词内眼跳。另外，在词 n+1 消失的情况下，读者的相邻词间眼跳行为也会减少（刘志方等，2011）。另外还有研究发现，在中文阅读中，读者在阅读消失文本时，首次登录位置（在首轮阅读中眼跳落入兴趣区的位置）更加靠近词中心（即最佳注视位置），这进一步保证了读者的阅读效率。总之，在阅读消失文本时，读者的眼动策略发生了变化，从而保证阅读效率不受这一特殊操作的影响，这体现了人类眼动控制机制的灵活性。

三、利用消失文本范式开展的相关研究

消失文本范式为研究者考察读者获取文本视觉信息所需时间提供了一条切实可行的途径，为验证和完善阅读的眼动控制模型，解决阅读的认知控制模型的内部之争提供了一种新的研究方法。下文结合以往的实验研究，系统介绍消失文本范式在考察读者获取注视词（词 n）文本视觉信息所需时间，及其发展、获取预视词（词 n+1）文本视觉信息所需时间，以及验证和完善阅读中的眼动控制模型这三个方面的应用。

（一）注视词视觉信息获取时间

已有大量研究采用消失文本范式考察了读者在阅读过程中获取注视词文本信息所需的时间，对于拼音文字的研究已得到了较为一致的结果。Rayner 等（2003）首次使用消失文本范式考察读者获取中央凹处文本信息的时间。在该研究中，读者在两个条件下进行阅读：一种是正常阅读条件，另一种是注视词呈现 60ms 后消失的消失文本阅读条件。其结果表明，读者在消失文本条件下也能进行正常的阅读，即读者能在 60ms 内获取阅读文本信息。这与之前采用移动掩蔽范式得到的结果较一致。

汉字与拼音文字在书写形式上有很大的区别，汉字具有高信息密度的特点，而且词与词之间没有明显的边界（Li et al.，2009）。由于汉字的这种独特性，所以许多研究者对中文阅读中文本视觉信息获取时间这一问题进行了考察，但未得到一致结论。闫国利等（2007）首次在中文阅读中考察了这个问题。在该研究中，文本呈现时间设定为 40ms、60ms、80ms、100ms、120ms 以及控制条件六个水平。其结果表明，当文本呈现 80ms 时，读者的阅读才与正常条件下无差异，这说明读者需要 80ms 的时间才能获取文本视觉信息。刘志方等（2011）和朱丽华（2012）的研究却得到了不同的结果，他们发现在 40ms 的文本呈现时间条件下，中文读者的总阅读时间、阅读理解率就与正常阅读条件下无差异。造成这种不一致结果的原因可能是上述研究采用不同的眼动指标作为判断标准。闫国利等（2007）的研究结合"平均注视时间""注视次数""总注视时间"等指标作为判断依据，而刘志方等（2011）及朱丽华（2012）的研究均以"句子总阅读时间"作为最主要的

衡量指标。现在研究者们一致认为，"总阅读时间"是衡量读者阅读是否受到消失文本操作影响的最可靠的依据，其他眼动指标可辅助说明读者在消失文本阅读条件下眼动行为的变化。

（二）注视词视觉信息获取时间的发展

阅读是一项复杂的认知活动，其效率受许多因素的影响。文本视觉信息获取时间是阅读中的一个基本问题，不同年龄人群由于阅读技能、信息加工速度、认知资源等方面不同，在获取文本视觉信息所需时间上存在差异。Blythe 等（2009）比较了拼音文字中儿童和成人获取文本信息的时间，结果发现成人和儿童获取文本信息所需的时间并不存在差异，儿童和成人均能在 40ms 内获取正常阅读所需的文本视觉信息，即年龄很小的儿童（7～9 岁）也能在极短的文本呈现时间内获取阅读所需的文本视觉信息。另外 Rayner 等（2011）比较了青年读者和老年读者的文本信息获取时间，结果表明，老年人和青年人获取文本信息所需的时间也不存在差异。综合上述研究可以得出：在拼音文字阅读中，阅读能力、认知老化等因素都不影响读者的文本信息获取时间。

在中文阅读中却得到了与拼音文字较为不同的结果。张巧明（2012）考察了小学三年级学生、小学五年级学生、大学生三类读者的文本信息获取时间。结果发现，小学三年级学生在 40ms 的文本呈现时间条件下阅读受到了极大干扰，但五年级学生和大学生的阅读在四种文本呈现条件下的表现无差异。此外，刘志方等（2014）考察了小学三年级学生、小学五年级学生、大学生以及老年人的词汇视觉编码时间，其结果与上述研究基本一致：五年级学生和大学生在所有消失文本条件下阅读效率都没有受到影响，而三年级学生和老年人在所有消失文本条件下阅读都受到了干扰。

以上研究均只采用"总阅读时间"这一指标来比较消失文本阅读和正常阅读之间是否存在差异，而缺乏其他指标，如"回视""首次注视时间""凝视时间"等指标的综合支持，因此，闫国利等（2015）综合多项指标比较了儿童和成人文本视觉信息的获取时间，结果发现，儿童与成人在 20ms 的文本呈现条件下，其总阅读时间都受到了消失文本操作的影响，但儿童受到的影响比成人更大，且在 40ms 及以上的文本呈现时间内儿童比成人出现了更多的回视。上述研究结果均表明：在中文阅读中，读者的词汇视觉信息编码时间存在一个发展过程，儿童与青年人、老年人与青年人之间都存在差异。

在关于读者文本信息获取时间的发展性上，拼音文字和中文的研究结果不一致，这可能与中文的独特性有关。中文比拼音文字在视觉呈现上更复杂，且中文具有高信息密度的特点，中文读者将视觉信息转化为词汇编码的难度可能更大。另外，在中文中，词与词之间没有明显的边界，这也可能使得中文读者更依赖于视觉信息，从而需要更长的文本呈现时间才能获取正常阅读所需的信息，这种表现在阅读技能较低的儿童和认知老化的老年人中更明显。

（三）预视词视觉信息获取时间

阅读过程中，读者对词 n+1 的预视能够促进阅读的进行，因此，许多研究者采用消失文本范式考察读者获取预视词（词 n+1）视觉信息所需的时间，如图 2-2 所示。当读者注视词 n 某预设时间后，词 n+1 消失，以考察读者在注视的何时能获取预视词的信息。

(1) 爷爷每天晚上都会外出散步　[注视开始]
　　　*
(2) 爷爷　　晚上都会外出散步　[40ms 之后]
　　　*
(3) 爷爷每天晚上都会外出散步　[下一次注视开始]
　　　　*
(4) 爷爷每天　　都会外出散步　[40ms 之后]
　　　　*

图 2-2　采用消失文本范式考察预视词视觉信息获取时间示意图

在拼音文字中，Rayner 等（2006）的研究操纵词 n 和词 n+1 在注视词 n 60ms 后同时消失或仅词 n+1 消失，结果发现在两词同时消失的条件下，读者的总阅读时间、平均注视时间都显著长于正常阅读条件下的时间，回视次数也比正常阅读条件下多。在仅词 n+1 消失的条件下，总阅读时间、平均注视时间、回视时间也得到了相似的结果。这说明，在拼音文字阅读中，读者在注视的 60ms 内无法获取预视词的视觉信息。在中文阅读中，词与词之间没有空格，相比拼音文字，中文阅读中词 n+1 与词 n 的距离更近，因此，中文读者有可能更早地获取词 n+1 的文本视觉信息。但同样，关于中文阅读中获取预视词视觉信息所需时间的研究也未得到一致结论。闫国利等（2009）采用与拼音文字研究中相似的方法，考察了中文阅读中读者获取词 n+1 视觉信息所需要的时间：在词 n 呈现 80ms 后，词 n 和词

n+1 同时消失或者仅词 n+1 消失，结果发现，无论是两个词同时消失还是仅词 n+1 消失的情况下，读者的眼动行为都发生了变化，表现为平均注视时间和回视次数均增加。因此，该研究认为，在中文阅读中，呈现 80ms 不足以让读者获取词 n+1 的视觉信息，这与拼音文字中获得的结论一致。但刘志方等（2011）及朱丽华（2012）的研究得到了相反的结果，他们发现在词 n 呈现 40ms 后词 n+1 消失，读者的总阅读时间并未显著增加，这说明读者在注视词 n 呈现 40ms 时间内已经获取了词 n+1 的文本视觉信息，从而保障了阅读的正常进行。以上研究结果不一致的原因可能也是不同研究采用的衡量指标不同。

（四）验证阅读研究中的眼动控制模型

阅读是由一系列眼跳和注视组成的（Rayner，1998，2009），读者通过眼跳到达一个新的文本位置，通过注视获取信息。对于眼跳何时发生、什么因素影响眼跳的发生，当前有三种眼动控制模型对这一问题给予了解释：第一种是最小控制模型（Kolers，1976；Suppes，1994），该模型认为眼动与文字的任何语言特征都没有关系，眼动的作用仅仅是使新的信息进入加工系统，一个词的语言特征不会影响读者对其的注视时间；第二种是视觉控制模型（O'Regan，1992；Yang et al.，2001），其认为决定眼动何时发生的主要因素是与阅读相关的知觉过程，语言加工与眼动何时发生并没有直接的联系；第三种是认知控制模型（Henderson et al.，1990；Reichle et al.，1998），该模型主张词汇加工在很大程度上决定了眼睛何时移动。E-Z 读者模型（E-Z Reader model）和 SWIFT（Saccade-generation with Inhibition by Foveal Targets）模型是认知控制模型中的代表性模型，这两个模型都认为词汇的语言特征（如词的词频、词的预测性等）影响眼动的发生时间，但这两个模型在词汇的加工方式这一问题上存在分歧。SWIFT 模型认为读者可以并列加工阅读知觉广度内的词汇信息，在一次注视中，阅读知觉广度内所有的词语都有可能被加工（Kliegl et al.，2006；Engbert et al.，2005）。而 E-Z 读者模型认为，只有完成当前注视词的加工，读者的注意才能转移到下一个词，对下一个词进行加工（Pollatsek et al.，2006）。

在许多采用消失文本范式考察读者文本视觉信息获取时间的研究中，研究者通过操纵词的词频或预测性来验证阅读的这三种眼动控制模型。如在拼音文字中，Rayner 等（2003）在研究中让读者在正常文本呈现条件下或消失文本条件下阅读含有高频或低频目标词的句子，结果发现在消失文本条件下也能获得显著的词频效应，即读者对高频词的注视时间要低于对低频词的注视时间。Liversedge 等（2004）的研究也支持上述结果。另外 Blythe 等（2009）的研究也表明，即使是阅读技能尚不成熟的儿童，在消失文本阅读条件下也会出现词频效应。研究者在中文阅读中也得到了相同的结果，无论是成人还是儿童，在消失文本阅读条件下都会出现词频效应。此外，闫国利等（2008a）的研究操纵了目标词的预测性，发现在消失文本阅读条件下出现了显著的预测性效应。从这些研究结果可以看出，词汇的语言特征在很大程度上影响了读者的注视时间，这与认知控制模型的预测一致，而最小控制模型和视觉控制模型都认为读者的眼动不会或很小受到与词汇加工相关的认知因素的影响，因此，这些研究支持阅读的认知控制模型。

词汇加工是并列进行的还是序列进行的？这是认知控制模型的内部之争。以往有很多研究采用词 n+2 的预视和副中央凹—中央凹效应来探讨这一问题，然而该类研究并没有得出一致的结论（隋雪等，2013）。刘志方等（2011）研究发现，词 n-1 消失破坏了读者的正常阅读，而词 n、词 n+1、词 n+2 消失都没有影响读者的正常阅读。序列加工模型主张对当前目标词的语义加工完成之后才会对下一个目标词进行加工，且在注视的早期读者无法对右侧副中央凹词进行预视，因此，序列加工模型很难解释词 n-1 消失对阅读产生破坏作用，而词 n+1、词 n+2 消失并不干扰阅读这一结果。这个研究结果表明，读者在注视的早期对副中央凹信息进行了充足的预视，从而保障了阅读的正常进行，支持认知控制模型中的并列加工观点。但研究者在拼音文字中得到的结论与中文阅读中得到的结论是相反的。如前面提到的：Rayner 等证明词 n+1 在短暂呈现词 n 后消失会破坏阅读的正常进行，即在注视的早期读者无法对词 n+1 进行预视，支持阅读的序列加工模型。但刘志方等（2011）认为，拼音文字研究中得到的结果可能并不是由词汇加工是序列进行导致的，而可能是由于拼音文字中词与词之间有空格，词 n+1 和注视点的距离较远，即使词 n+1 和词 n 获得同样数量的注意资源，其加工速度也要远低于词 n，因此，短时间的文本呈现虽然可为词 n 提供足够的视觉信息，却不能为词 n+1 积累保障其被正常识别的视觉信息，而中文是一种密度较高的文字，词与词之间没有空格，因此，研究者在两种文字中得出了不一样的结果。

消失文本范式是一种考察读者阅读过程中文本视觉信息获取时间的眼动研究范式，其在阅读领域已得到了较为广泛的应用。作为一种阅读的眼动研究范式，该范式具有高生态效度的优点。

第二节　快速启动范式述评

启动效应是指由于某一刺激的影响，而使得之后对相关或同一刺激的加工变得容易的现象。这种现象被广泛地应用于探索字词识别的研究之中。在一个标准的启动实验里，首先呈现启动刺激，然后呈现目标刺激，将被试对目标刺激的反应时间作为因变量。大量研究结果表明，与目标刺激语音、语义或字形相关的启动刺激都显著地促进了对目标刺激的识别。

关于字词启动，虽然人们已经获得了较为深入的认识，但以往的研究范式仍存在两点不足。其一，实验任务脱离典型的阅读环境，研究的外部效度值得商榷。大多数启动研究通常是在同一位置先后呈现启动词和目标词，然后由被试对目标词做出反应（如词汇判断任务或命名任务）。尽管这些研究得到了显著的启动效应，但它们所采用的均是非典型的阅读任务（Fischler et al.，1978；Forster et al.，1984）。其二，先前研究并未能揭示出词汇通达过程中信息的加工时序，如语音、语义、字形等亚词汇信息是何时以何种顺序被编码加工的。由于熟练读者并非逐字地阅读文本，通常存在跳读或者多次注视的情况，而且信息获取和信息加工并非同步进行，因此要考察读者在一个注视点内加工的信息内容、词汇通达或字词启动所需的时间等问题存在诸多困难。要解决这些问题，设计并发展出一种能够探索阅读过程中字词启动时间进程的实验范式就显得十分必要了。Sereno 等（1992）在已有研究方法的基础上设计出了快速启动范式。

一、快速启动范式的基本原理

快速启动范式是通过眼动仪追踪读者眼睛注视的位置来引发屏幕上呈现的视觉刺激的变化。以考察中文阅读者能否获得字形启动效应为例，如图 2-3 所示。

（a）句子中的目标刺激位置之前设有不可见边界（该边界只在实验程序中设定，不在屏幕上呈现）。在读者眼跳越过边界之前，掩蔽刺激（如字符"×"）首

机身键盘区的　｜　×形修饰看起来活泼而不张扬。　(a)

　—————

机身键盘区的　｜　弧形修饰看起来活泼而不张扬。　(b)

　　　——*

机身键盘区的　｜　弧形修饰看起来活泼而不张扬。　(c)

　　　*

机身键盘区的　｜　弧形修饰看起来活泼而不张扬。　(d)

——*——*——*——*——*

图 2-3　快速启动范式的刺激呈现流程图

注：星号表示注视点，虚线表示眼跳，竖线代表不可见边界。

先占据着目标刺激位置。掩蔽刺激的作用是在目标刺激位置被注视之前排除副中央凹视觉区域的预视效应。

（b）当读者的眼跳越过边界时，掩蔽刺激被启动刺激替代，并呈现预先设定的时间（如 30ms）。在图 2-3 中，启动刺激可能与目标刺激（弧）相关（孤）、无关（始）或相同（弧）。

（c）之后启动刺激被目标刺激替代。

（d）直到读者阅读完整个句子。

在快速启动范式中存在两次刺激呈现变化：第一次是由启动刺激替代掩蔽刺激，由于这个过程发生在注意受抑制的眼跳过程中，所以读者一般不会意识到这种变化；第二次是由目标刺激替代启动刺激，这次变化发生在中央凹注视过程中，因而存在被读者注意到的情况。实验结束后，通常要求读者报告观察到刺激呈现变化（目标刺激替代启动刺激）的比率，以及能够回忆出前一个刺激（启动刺激）的比率。根据现有研究结果，Lee 等（1999a）指出，读者能够注意到目标刺激位置存在变化，但很少能正确识别出启动刺激。

快速启动范式的实验逻辑是，比较启动条件与控制条件（与目标刺激不存在任何共同的音、形、义信息）下目标区域的眼动指标，如果发现促进作用即出现了启动效应，说明读者获得了启动刺激的信息；相反，如果不存在差异，则表明未获取启动信息。研究者通过控制启动条件，比如启动词与目标词语音、语义以及字形的关系等，来考察读者在中央凹注视中获取了哪些启动信息，以及这些信息在随后的目标词加工中起到的作用；通过变化启动刺激的呈现时间以确定启动作用发生的最佳时间窗口，从而确定启动信息的加工时序。

二、应用快速启动范式开展的研究

人们在阅读的过程中何时以何种方式从视觉接收到的字形信息通达语音和语义表征，一直是阅读心理学的研究热点之一。这一通达过程既受到词频、词长等词汇水平因素影响，也与语音、语义、字形等亚词汇水平的加工直接或间接相关。

（一）亚词汇信息加工时序

在现有研究中，快速启动范式多被用于探讨词汇通达过程中获取语音、语义、字形等亚词汇信息的时间进程，从而验证并完善相关的字词识别理论。

Sereno 等（1992）首次使用这一范式探讨了句子阅读中的语义启动。在实验一中，与目标词语义相关、语义无关或相同的启动词各自呈现 60ms、45ms 或 30ms，结果只在 30ms 的时间窗口下发现了显著的语义启动效应。为确定 30ms 的语义启动效应是否可靠，Sereno 等在实验二中将时间窗口细化到 39ms、30ms 和 21ms。实验二重复了实验一的结果，只在 30ms 的启动时间下产生显著的语义启动效应。研究者解释为这是由于太短的时间（如 21ms）不足以提供词汇信息，而较长的时间（如 39ms、45ms、60ms）会增加由于被试意识到启动词而产生的干扰作用。然而同样是语义启动效应，Sereno（1995）得到的启动时间则为 35ms。

Rayner 等（1995）利用这一范式探讨了词汇通达过程中语音编码何时被激活的问题，在启动时间为 36ms 时获得语音启动效应。但是，Lee 等（1999b）的研究观察到的语音启动效应发生在启动时间为 32ms 和 35ms 时。

可见，关于具体的启动时程，不同研究得出的结果并不一致。为进一步系统探究阅读中语音、语义及字形编码的时间进程，Lee 等（1999b）采用梯度更小、范围更广的时窗（41ms，38ms，35ms，32ms，29ms），以同音异形词、语义相关词和正字法相似词作为启动词，结果在 29～35ms 的时间窗口下发现显著的语音启动效应，语义启动效应只在 32ms 时显著，而正字法启动效应在各时间窗口下均显著。研究结果表明，语音信息在默读中起到重要的作用，并且语音信息的编码和提取至少和语义信息一样快。

Hohenstein 等（2010）为考察阅读过程中副中央凹视野内字词语义信息的启动时程，发展出快速启动范式的变式。实验中将词 n+1 位置（当前注视词词 n 的下一个词）作为目标区域，不可见边界仍设于词 n-1 和词 n 之间，当眼跳越过边界时，词 n+1 位置处启动刺激替代无关刺激，并呈现预先设定的时间。研究发现，在对词 n 开始注视的 125ms，也就是词 n+1 位置呈现启动词 125ms 时就可以产生副中央凹语义预视效益。

　　在拼音文字中得到的研究结果是否符合其他语言系统如中文的情况呢？Perfetti 等（1998）采用汉字命名任务，在 43ms 时首次得到字形启动效应，57ms 时得到语音启动效应，85ms 时观察到语义启动效应。鉴于命名任务不涉及自由控制的眼动过程，区别于典型的阅读环境，王文静等（2006）采用快速启动范式探讨汉字识别中字形信息得以激活的时间进程，结果在 35ms、43ms、57ms 三种启动时间条件下均未发现显著的字形启动效应。研究者认为，这可能是由阈下启动存在一个较窄的刺激呈现间隔窗口，而该实验设置的启动时间不恰当造成的。

（二）词汇水平信息加工时序

　　Schad 等（2014）在快速启动范式的基础上略作调整，考察词频开始对字词识别产生影响的具体时间。实验中以与目标词无关且不符合句子语境的高频词和低频词作为启动词，呈现 32ms。由于启动词与目标词毫无关联，所以，注视点开始的 32ms 所获得的启动信息对目标词的识别没有任何帮助，目标词的作用仅仅是为了掩蔽启动词。

　　实验假设，如果早期的不完全词汇加工就可以影响眼跳计划，那么，当启动词为高频词时得到的目标词注视时间应该比启动词为低频词的条件下要短。结果在 32ms 的呈现时间下发现了启动词词频效应，证实了这一假设，同时也支持了眼动的认知控制模型。研究结果表明阅读过程中的眼动控制系统部分地基于一种非常早期而不完全的词汇分析。

（三）词汇歧义消解

　　词汇歧义是一种语言形式对应多于一种意义的现象。关于词汇歧义消解，长期以来研究争论的焦点在于，人们是选择性地通达歧义词的一个意义，还是自动通达两个或多个意义。

　　Sereno（1995）采用快速启动范式，以歧义词作为启动词，呈现 35ms，以两个句子组成的段落作为阅读材料，启动词和目标词嵌于第二个句子中。通过比较语义相关和语义无关的歧义词启动条件下对目标词的注视时间，来表征语义启动效应。实验只在当前文语境与歧义词的主要意义一致时观察到启动效应。数据结果支持词汇歧义消解的重排序通达模型（reordered access model），即语境可以影响词汇通达，但这种影响受语义相对频率的制约，歧义词的各意义按照相对频率的高低顺序而激活。

（四）快速启动范式在中文阅读中的应用

快速启动范式在中文阅读中的应用可归纳为如下两个方向。

1. 汉语的词汇信息、亚词汇信息在词汇通达过程中被激活的时间进程

同样是研究读者获取视觉信息的时间，消失文本范式从整体上考察在不影响正常阅读的情况下呈现文本信息的最短时间，并没有对这段时间内激活的信息类型及其加工时序进行探讨，而这也正是快速启动范式所研究的内容（Rayner et al.，2003）。Lee 等（2002）考察了阅读中辅音和元音的早期编码差异，实验控制启动词的词频，对于既定目标词（如 stall），启动词分为辅音相同（still）、元音相同（small）和控制词（skill）三种条件。结果发现，在 30ms 的时间窗口下，对于高频启动词来说，辅音相同词比元音相同词产生的启动作用更强，表现为随后对目标词的凝视时间更短；而低频启动词则未产生启动效应。研究结果表明，在英文阅读中，辅音的加工要快于元音。并且，辅音和元音这种早期加工的差别会受到词汇水平因素（如词频）的影响。

相应地，若将英语的亚词汇概念推广到汉语阅读中，则可为探讨汉字的各结构单元（如声旁和形旁）对整字识别的影响，汉字的声母、韵母的早期编码差异，以及词汇歧义消解等问题提供一种全新的研究途径。

2. 中央凹字词识别能力和信息激活时序的个体差异

快速启动范式可以有针对性地探讨中央凹视野加工，为一些旨在探讨读者不同视觉区域信息加工能力的研究提供了可能。例如，关于聋人读者阅读困难的认知机制，可以采用快速启动范式，考察聋人读者、同龄健听读者以及阅读能力匹配者对汉字语义启动、语音启动或字形启动的目标词的注视时间，借以反映聋人读者在中央凹字词加工能力和各信息的激活时序上所表现出的差异。

第二编

汉语阅读中的眼动研究

第三章

阅读知觉广度的眼动研究

第一节　阅读知觉广度概述

一、阅读知觉广度的概念

阅读不仅要求我们理解字词层面的意义，还需要从整体角度对信息进行加工与整合，达到理解信息的效果。阅读知觉广度指读者在一次注视中所能获取有效信息的范围（McConkie et al.，1975），是研究读者利用副中央凹处信息效率的关键点。根据一次注视中获取信息的类型，阅读知觉广度可以分为三类：词长信息广度、字母特点识别广度与字母身份识别广度（Häikiö et al.，2009；Rayner，1986）。

对于阅读中一次注视获取信息的范围或副中央凹处信息的提取情况通常使用移动窗口范式来测量。这种范式中预先定义了一个窗口，窗口中的文本与正常相同，而窗口外的信息则用掩蔽材料取代，而研究者在掩蔽材料的选择上有假字、×、视觉上相似的字、※（Inhoff et al.，1998；Yan et al.，2015；闫国利等，2008b；闫国利等，2011），见图 3-1 所示。

[原句]　　　　　　雷鸣每天都开央视播发的国际新闻。

[第一次出现]　　　雷鸣每天※※※※※※※※※※※。

　　　　　　　　　　　　　　　*

[第二次出现]　　　※※※※都看央视※※※※※※※。

　　　　　　　　　　　　　　　*

[第三次出现]　　　※※※※※※※※播放的国※※※。

　　　　　　　　　　　　　　　　*

图 3-1　移动窗口范式

注：*代表读者注视点的位置。图中的窗口大小为 4 个字窗口，即注视点左侧 1 个字及右侧 2 个字。

在移动窗口范式中，当窗口太小时，读者的阅读速度会受到阻碍。随着窗口的增大，读者的阅读速度会相应提高。通过这种范式，研究者可以确定读者一次注视所能获得的信息范围。其依据是：当某一个窗口条件下的阅读行为达到正常条件下阅读行为（无窗口条件下）时，该窗口便是读者的阅读知觉广度。

二、拼音文字中阅读知觉广度的研究

英语是拼音文字的代表，由一系列字符串组成，每个词之间都存在空格，而词空格的出现为读者提供了对副中央凹信息进行预先词加工的机会。

（一）关于成人阅读知觉广度的研究

关于成人的阅读知觉广度，McConkie 等（1975）最初发表了两篇文章。在第一篇文章中，他们使用对称窗口，得出读者能从注视点右侧 15 个字符空间的位置中获取有用信息。接着在第二年，McConkie 等（1976）通过实验发现了阅读知觉广度的不对称性。高技能的成人读者在阅读中表现的重要特点是能够对副中央处信息进行有效的利用，这在接下来使用的移动窗口范式或者边界范式的研究中充分得到了证实（Rayner，1975）。目前，成人阅读拼音文字（英语、荷兰语等）的知觉广度的大小为注视点右侧 14～15 个字符空间（Rayner et al.，1982），且阅读知觉广度表现出向右的不对称性。阅读文本的书写特点影响了阅读知觉广度（Ikeda et al.，1978），如阿拉伯语等从右向左书写的文字，阅读知觉广度表现出了向左的不对称性，即读者可以从注视点左侧获取更多的信息（Pollatsek et al.，1981）。Rayner 等（2009）研究发现，老年人的阅读知觉广度表现出左右对称的特点，这可能是由于老年人通常使用较冒险的策略进行阅读。有研究表明阅读知觉广度大小并不是由视敏度的限制引起的。Miellet 等（2009）采用副中央凹增强技术（为抵消视敏度引起的限制，字母随着离注视点的距离增大而变得越来越大）研究发现，注视点右侧阅读知觉广度仍然为 14～15 个字符空间。这说明视敏度并没有限制阅读知觉广度的大小，而是注意资源与实时的加工资源限制，注意资源的分配决定了阅读中一次注视所能获得信息的多少。综上说明，成年技能读者的阅读知觉广度不仅受到视觉效应的影响，同时受到注意需求的调节。

以上是关于成人阅读母语时的知觉广度的相关研究。此外，Chi 等（2014）对成人阅读第二语言的知觉广度进行的研究发现，与阅读母语时的知觉广度相比，读者阅读第二语言的知觉广度要小，在指标上表现为阅读速度慢，向右眼跳距离短。

（二）关于儿童阅读知觉广度的发展研究

眼跳与注视是成人读者在阅读过程中的主要眼动模式。发展中儿童同样在阅读中会表现注视与眼跳的眼动行为，但儿童与成人的眼动行为存在差异，表现为儿童阅读速度慢、注视时间长及注视次数与回视次数多（Blythe et al.，2011；Feng et al.，2009）。

随着年龄的增加，儿童的阅读发展有两种主要模式的过渡，表现为阅读方式和文本加工的方式。一般说来，阅读方式逐渐从朗读转变为默读，朗读在一年级学生阅读中占据着主要位置，但随着阅读训练的增加，学生的阅读方式逐渐由朗读变为默读。而文本的加工方式从对字母的加工转变为对字词的加工，这种方式的转变正反映了阅读技能的提高。对副中央凹处信息的有效利用也是高阅读技能读者所必备的一项能力（Sperlich et al.，2015a），儿童阅读发展呈现的最后一个特点正是对副中央凹处信息的利用效率增加。

阅读方式、文章加工特点的转变以及对副中央凹处信息的利用情况正反映了儿童在阅读中眼动特点的变化。儿童虽处于阅读发展的初期阶段，但随着儿童生理年龄与阅读经验的增加，其在阅读过程中会表现出注视时间逐渐缩短、注视次数逐渐减少、眼跳距离逐渐增加等特点，由于存在这种眼动特点，在儿童11岁左右时其眼动模式与成人趋于一致（Joseph et al.，2009；Paattilammi，2015；Luke et al.，2015；Rayner，1986）。儿童在阅读中表现出来的这些眼动指标上的特点恰恰反映了其阅读中知觉广度的变化情况。虽然已有许多研究发现熟练读者对副中央凹处信息的依赖程度很大，或成人读者的阅读知觉广度大，但是并不清楚成人的阅读知觉广度是如何发展起来的。

综合现有文献，截至目前国外只有三篇已发表的文章考察了拼音文字中知觉广度的发展情况。Rayner（1986）使用移动窗口范式考察了不同年龄学生阅读知觉广度的发展特点。Rayner 在实验中使用对称的移动窗口，要求所有年龄段的被试阅读二年级水平的实验材料。Rayner 发现，经过一年的阅读指导，阅读知觉广度表现出了向右的不对称性，且小学六年级学生的阅读知觉广度发展到与成人一致，均为注视点右侧14个字符空间。Häikiö 等（2009）将 Rayner 的研究扩展到了芬兰语中字母识别广度的大小。他们发现与词长广度一样，字母识别广度在六年级时达到了充分的发展（右侧9个字符），但对于快速读者来说，达到成人水平的识别广度是在四年级。

现在学者们越来越倾向使用纵向研究方法对阅读知觉广度的发展进行研究，

从而可以发现阅读知觉广度发展的关键期。Sperlich 等（2015）让小学一年级、二年级及三年级学生阅读与能力匹配的句子，同时二年级与三年级学生额外阅读一年级水平的句子，通过横向对比来考察德语儿童阅读知觉广度的发展，结果表明，知觉广度在二年级至三年级开始发展。经过一年的追踪研究后，纵向研究结果表明，学生在二年级至三年级间阅读知觉广度开始发展（与横向研究结果一致），但是在三年级至四年级间阅读知觉广度并没有进一步发展；另外，快速、慢速读者在阅读知觉广度与阅读速度方面总体呈现差异稳定模式，而二年级与三年级学生间的阅读速度差异呈现出了马太模式，即差异逐渐增大。

总的来说，拼音文字（英语、芬兰语、德语）阅读中知觉广度发展的整体趋势是一致，即随着年级的增加，儿童的阅读知觉广度也在增加。

三、汉语阅读知觉广度的研究

近几十年来，国内学者利用眼动技术探讨了与认知加工相关的问题。由于汉语与英语在词长、复杂性等方面存在差异，所以读者对英语等拼音文字及对汉语的编码加工存在文本的特异性，进而影响到阅读知觉广度的差异。

（一）成人阅读知觉广度的研究

书写方式的差异不仅会影响到阅读中眼跳距离的大小，还会影响到阅读中的知觉广度（Rayner，2009）。汉语作为一种象形文字，与拼音文字在词信息密度与词边界方面存在差异，这便会影响到阅读中的眼跳距离，从而使汉语与拼音文字中的阅读知觉广度存在差异。相关研究发现，汉语的阅读知觉广度从注视点可以延伸到左侧 1 个字，以及延伸到右侧 3～4 个字（Inhoff et al.，2017；Yan et al.，2015；闫国利等，2017a；闫国利等，2011），这表明在提取信息的过程中，读者不仅可以从当前注视词上提取信息，也可以从副中央凹处提取信息。Yan 等（2015）将窗口外的掩蔽刺激由视觉上相似的字代替，进而重复了 Inhoff 等（1998）的研究，结果发现汉语阅读中的知觉广度右侧为 4 个字，说明阅读知觉广度受到了掩蔽材料的影响。同时有研究发现，在汉语阅读中，朗读时的知觉广度要小于默读时的知觉广度。比如 Pan 等（2017）使用 Yan 等（2015）的材料与窗口，通过对比来研究大学生在朗读与默读过程中知觉广度的差异，结果表明汉语朗读中的知觉广度为右侧 3 个字。

（二）关于儿童阅读知觉广度的研究

尽管拼音文字中已有关于阅读中知觉广度发展轨迹的研究，但由于汉字是一种表意的文字，与拼音文字存在差别，所以拼音文字中的研究成果并不能直接推论到汉语儿童中。

关于小学生阅读汉语时知觉广度发展趋势，国内的研究者也进行了考察，并发现发展中儿童只能从相对较小的范围内获取信息，三年级学生的阅读知觉广度为右侧 1～2 个字，五年级学生接近成人大学生水平（熊建萍等，2009；闫国利等，2011；闫国利等，2013a；白学军等，1995）。闫国利等（2011）对小学五年级和大学生的阅读知觉广度进行了研究，实验材料选择小学生课外读物中简单易懂的句子。实验结果表明，五年级学生的阅读知觉广度小于大学生。闫国利等（2013a）对小学三年级、五年级学生和大学生的阅读知觉广度进行考察，被试阅读的句子选自课外读物，结果表明阅读知觉广度随阅读年龄的提高而逐渐增大。

综合国内外的研究发现，阅读知觉广度发展的总体趋势是一致的，即随着年龄增长，阅读知觉广度逐渐增大。但由于选用的实验材料不同，各个年级学生的阅读知觉广度大小存在差异。

（三）影响儿童阅读知觉广度的因素

国内外研究发现，读者阅读知觉广度的大小依赖于各种因素，但主要分为材料属性与个体差异。影响知觉广度的材料属性主要表现在阅读材料的难度上（闫国利等，2013a），被试阅读困难材料时的知觉广度要小于阅读容易材料时的知觉广度。

个体差异对儿童阅读知觉广度的影响主要表现在以下几个方面。

首先是年龄。综合国内外关于阅读知觉广度的发展性的研究可以发现，生理年龄是影响知觉广度的一个重要因素。

其次是阅读技能。阅读技能的发展与年龄的增长有着紧密联系。根据词汇质量表征的观点（Perfetti，2007），技能阅读的基础是能够对词汇的书写、语音以及语义具有较高质量的表征。也就是说，因为高词汇质量的表征者掌握精确的词汇知识，所以在进行词汇通达时的效率要高于低词汇质量的表征者。Sperlich 等

（2016）对儿童阅读知觉广度和阅读技能纵向研究数据进行路径分析后发现，词汇编码能力（单词阅读）的发展促进了一年级至三年级儿童阅读知觉广度的发展。已有研究表明，初读者与阅读障碍者比技能读者的阅读知觉广度要小，这可能是由于儿童的词汇质量表征较低，对词汇编码加工的难度比较大。最后，阅读速度与阅读技能存在一定的关系。已有研究发现，阅读速度对儿童阅读知觉广度也会产生影响（Häikiö et al.，2009），即阅读速度快者的阅读知觉广度要大于阅读速度慢者的阅读知觉广度，这可能是由于阅读速度慢者的词汇通达速度慢，从而将认知资源分配到中央凹处，使得副中央凹占用的资源减少。

第二节　小学二至五年级学生汉语阅读知觉广度发展眼动研究

一、汉语特点与汉语阅读

汉语作为一种越来越受欢迎的语言，与英语等拼音文字存在差异。这些差异潜在影响阅读技能获得过程及阅读过程中的眼动行为，同时也影响着阅读过程中副中央凹信息的获取。这些差异主要表现以下几个方面。

（一）基本单元构成

英语单词是由一个字符串组成，且这些字母与音位存在对应关系。而汉字是由视觉上比较复杂的笔画组成，这些笔画构成了字，而每个字在文本中占据相同的方形空间（Zhou et al.，2017）。此外，汉字代表语素，与口语中的音节对应，且汉字不可以进一步分解为更小的音位单位（Feng et al.，2009）。

（二）正字法透明度

汉语要比英语的正字法透明度低，或者说汉字比英语的正字法深度高。面对一个陌生的汉字，读者有很大的可能性能够猜测到该字的意思，但字形与读音之间没有必要的联系。而对于英语来说，大多数人都可以猜出这个陌生字的读音。眼动行为也可以将这种概率表现出来。比如说，儿童可能会通过多次注视陌生词猜测到该词的发音，但对于汉字来说，儿童很难猜出一个陌生词的发音。Laubrock等（2012）提出，正字法深度可能会影响副中央凹处的信息加工。

（三）词边界信息

汉语中的词是由一个或者多个字符构成的，但是这种字符之间并没有任何形式的标记，且每个字占据着相同的面积。而英语中是由词空格进行划分的，因此词单元之间很容易进行区分。阅读英语时，读者可以通过边界信息获得副中央凹处的词长信息，及使用词长信息进行眼跳计划。而阅读汉语时，由于缺乏词边界信息，读者可能会降低在阅读过程中的有效眼跳计划，从而减慢汉语阅读速度。

（四）易学程度

McBride（2016）认为，汉字是一种很难学会读写的语言，因为学生需要花费大量的时间与精力来学习并记住每个字，所以学生也就需要大量的练习来扩充知识。而英语遵从着字母代码的规则，只要掌握了这种代码（比如 K 读/k/音）学生便可以自主地学习新词汇。但相比于德语，英语是一种不规则的语言，而德语是一种有规则的正字法，这也就使得英语比德语难以学习。综上 McBride 认为，德语是最容易学习的语言，英语其次，而汉语是最难学习的语言。

Feng 等（2009）发现，阅读不同语言的眼动行为受到语言特点与其他因素的综合影响。由于阅读经验少且缺乏阅读技能，儿童会更容易受到正字法特点的影响。汉语中的词信息密度大且缺乏词空格，我们可以推测儿童在阅读拼音文字与汉字时的眼动模式会存在一定的差异。比如，汉语儿童在阅读中的眼跳距离可能会更短，而平均注视时间可能会更长，阅读速度更慢。这些指标都是反映阅读知觉广度大小的依据，由此可以推测，儿童阅读拼音文字的知觉广度研究成果不能直接推论到汉语阅读知觉广度的发展进程中。

对于汉语阅读知觉广度的研究，研究者得出的小学生阅读知觉广度大小并不一致，究其原因可能有以下几个方面。首先是所使用的实验材料没有与阅读年龄相匹配，即已有的研究材料均选自课外读物，与儿童的阅读能力存在一定差异性。

其次是掩蔽材料的选择。已有实验中选择的掩蔽材料有"×""视觉上相似的字""※"。最后是确定阅读知觉广度大小所使用的眼动指标不同。

此外，从国外阅读知觉广度的发展性研究可以看出，对于小学生的阅读知觉广度，最低从一年级开始考察，发现学生在高年级阶段的阅读知觉广度达到成人水平。但目前国内现存的关于阅读知觉广度的研究对象的最低年级是三年级。因此，要对国内小学生知觉广度的发展情况进行系统而全面的考察，必须从低年级开始研究小学生的阅读知觉广度。但综合国内的教育体制来看，由于小学一年级学生的阅读必须依赖于拼音，而二年级是阅读技能发展的关键时期，所以本章以横向研究的方式，在学生自主阅读的条件下，从二年级上学期开始系统地考察小学生汉语阅读知觉广度开始发展的时间与发展趋势。

综上，本章将采用移动窗口范式来考察小学生汉语句子阅读中知觉广度的发展趋势，具体来说：①研究小学生在自然阅读状态下知觉广度的发展轨迹，确定知觉广度快速发展的关键点；②研究各年级小学生在自然阅读状态下知觉广度的大小。本章最基本的假设是阅读知觉广度随着年级的增加而增大。

二、研究意义

研究阅读知觉广度的发展趋势，可以为揭示汉语阅读知觉广度发展的内在机制及完善中文阅读的相关理论提供实验依据。目前已发展成熟的计算机模型都是通过采集成人被试的阅读数据而建立的（Engbert et al.，2002，2005），而这种计算机模型是否适用于小学生还有待探讨。在对小学生阅读知觉广度进行探讨时，收集的眼动数据可以为构建适用于儿童阅读的眼动模型提供相关的数据支持。

对汉语阅读知觉广度的发展进行研究，可以为教师开展小学生阅读教学提供依据。在阅读教学中，有的教师为了提高阅读效率，对学生进行快速阅读训练。在有的训练中，乐连珠等（2000）提出，当训练小学生进行句子速读时，要一次给小学生呈现4～6个字；当进行面试注视训练时，要先从由4个字组成的字块开始训练，待学生适应后，再增加至6个字、8个字....那么这种训练是否有依据可遵循呢？是否真能达到训练的效果？本章的研究结果可以为快速阅读的实践教学提供一定的数据支持，从而使学生掌握速读的基本方法，使其能够在有限的时间内吸取更多的有用信息。

本章研究具有以下两个创新点：

1）实验材料。综合国内关于知觉广度的发展研究可以发现，实验使用的材料可能会高于或者低于各年级的阅读水平。在阅读材料上，我们参考国外相关研究（Häikiö et al.，2009；Sperlich et al.，2015），采用与年级相匹配的故事作为材料，这一方面可以保证各年级学生阅读的材料处于各自的阅读水平上，另一方面可以控制材料难度对各年级学生阅读知觉广度的影响，从而对各年级学生的阅读知觉广度进行对比。此外，为了控制各年级文章特点带来的影响，三、四、五年级学生要阅读二年级水平的故事。

2）研究对象。从二年级学生开始对阅读知觉广度进行系统的探讨，在国内这种研究并不多见。综合国内外的研究可以发现，二年级是阅读发展的关键时期，从二年级开始探讨阅读知觉广度的大小对完善国内阅读知觉广度发展研究具有一定的理论与现实意义。

三、实验方法

（一）实验被试

首先，在二年级上学期从天津市某小学抽取 30 名二年级小学生作为被试；然后从下学期开始，在二年级至五年级学生中随机抽取共 147 名作为被试。从天津师范大学招募 35 名大学生，考察其阅读知觉广度。通过小学生的阅读知觉广度与大学生做比较，更好地显示不同年级学生的阅读知觉广度发展的程度。所有被试裸视力或者矫正视力正常。实验完成后，小学生被试获得实验奖品作为报酬，而大学生会获得一定金额现金作为实验报酬。被试信息详见表 3-1。

表 3-1 不同年级被试信息

类别	实验人数（人）	平均年龄（标准差）（岁）
二年级上学期	30	7.9（0.6）
二年级下学期	36	8.7（0.8）
三年级	40	9.5（0.6）
四年级	36	10.9（0.9）
五年级	35	11.5（0.7）
大学生	35	20.0（1.5）

（二）实验材料

目前被试在学校使用的是人民教育出版社出版的教材。为了避免材料熟悉性对实验结果的影响，研究者从苏教版（江苏凤凰教育出版社 2016 年版）与北京师范大学出版社出版的语文教科书（二至五年级）中选取若干篇故事分别作为各年级的实验材料。故事内部的句子具有逻辑上的联系性。

选取两所其他小学的二年级至五年级语文教师（二年级教师 6 名，三年级教师 8 名，四年级教师 11 名，五年级教师 11 名），请教师从学生的角度出发，分别对各年级的句子难度与主题故事熟悉性进行 5 点评定，并让教师划出学生可能不认识的生字或词，分值越高表示句子难度越大，学生对主题越不熟悉。

教师评定的指导语如下："老师，您好！感谢您参与我们的研究。请您依据本年级学生的阅读水平，完成下列三项研究：①在以下句子中，若有学生不认识的字，请用 O 圈出来。②当学生理解句义时，难易程度如何？数字 1 代表非常容易理解，以此类推，5 代表非常难理解。③学生对这个故事的熟悉程度是怎样的？1 代表非常熟悉，以此类推，5 代表非常不熟悉。感谢您的合作！"。

根据教师的评定结果，最终确定的实验材料如表 3-2 所示。

表 3-2 实验材料的评定结果

年级	故事数量（个）	句子数量（句）	难度	熟悉性
二年级	8	60	1.8	3.6
三年级	7	72	1.8	3.0
四年级	8	72	2	3.2
五年级	7	72	2	3.2

实验材料与窗口顺序采用拉丁方对进行平衡。将二年级的 60 句实验句分成 5 个组块，每个组块中均有 5 个窗口条件，每个窗口条件均有 12 句话。同理，分别将三年级、四年级、五年级的 72 句实验句分为 6 个组块，每个组块中均有 6 个窗口条件，每个窗口条件均有 12 句话。随机在每句话后面设置两个简单问题，让被试做 "是""否" 反应，从而保证被试在实验过程中能够认真阅读句子。此外，随机选取一个故事作为实验前的练习材料（二年级练习材料由 10 句话组成，三、四、五年级练习材料由 12 句话组成），每个窗口条件有 2 句话。二年级学生只阅读本年级水平的材料，高年级学生除了阅读与年龄相匹配的材料外，还要阅读二年级水平的材料，大学生要阅读所有水平的材料。

参考以往研究，使用 "※" 作为掩蔽符号。

（三）实验仪器

采用由加拿大 SR 公司生产的 Eyelink 1000 plus 眼动仪记录眼动，仪器采样率为 1000Hz。刺激在 22 英寸的 CRT 显示器上呈现，显示器屏幕刷新率为 120Hz，屏幕分辨率为 1024×768 像素，显示器屏幕距离被试眼睛的距离为 70cm，实验材料使用宋体呈现，每个汉字在屏幕上的大小为 29×29 像素，也就是说，每个汉字所对应的视角为 1°。

（四）实验设计与程序

实验采用 6（阅读水平）×6（窗口水平）的混合实验设计。

阅读水平为被试间变量，共 6 个水平：小学二年级上学期、小学二年级下学期、小学三年级下学期、小学四年级下学期、小学五年级下学期和大学生。

窗口大小为被试内变量。参照以往研究，将窗口设定为 5 种对称窗口（L1R1、L2R2、L3R3、L4R4、NP）和整行（full line，FL）条件。NP 为无预视条件，即只有当前被注视的汉字；L1R1 为注视点左右各 1 个字，即在注视过程中可以看到 3 个字；L2R2 为注视点左右各 2 个字，即在注视过程中可以看到 5 个字；L3R3 为注视点左右各 3 个字，即在注视过程中可以看到 7 个字；L4R4 为注视点左右各 4 个字，即在注视过程中可以看到 9 个字。实验范式及窗口水平设置如图 3-2 所示。

FL　　诺贝尔一生在机器和化学方面有许多发明。

NP　　※※※※※※※※※和※※※※※※※※。

                        *

L1R1　※※※※※※※器和化※※※※※※※。

                        *

L2R2　※※※※※机器和化※※※※※※。

                        *

L3R3　※※※※※在机器和化学方※※※※※。

                        *

L4R4　※※※※生在机器和化学方面※※※※。

                        *

图 3-2　不同窗口条件示意图

L4R4 窗口条件没有应用到二年级学生。在以往研究中，成人的阅读知觉广度大小没有达到右侧 4 个字大小，因此本章研究并没有对二年级的学生设定 L4R4 窗口条件。

被试进入实验室后首先让其熟悉环境，之后让其坐在显示屏前，向被试说明指导语。然后让其将下巴放在下颌托上，这样可以减少被试在实验过程中的乱动现象，下颌托的高度可以由被试自由调整。最后再进行眼睛的三点校准，这样可以确保在实验过程中仪器能准确记录被试的眼动轨迹。在正式实验之前，先让被试进行短暂的练习实验，让其熟悉实验的流程再进入正式实验。在实验过程中，每隔 5min 便会对被试进行再次校准。被试参与整个实验大约需 25min。

（五）数据选择与分析指标

根据以下标准对数据进行删除：①眼动追踪失败（实验过程中由被试乱动头部而导致）；②注视时间低于 80ms 或高于 1200ms 的数据；③平均数在 ±3 个标准差之外的数据。删除的数据占总数据的 9.2%。选取的被试问题回答正确率均在 80% 以上，这样可以说明被试认真阅读并理解了句子的意思。

使用 SPSS 22.0 进行实验数据处理。当窗口与阅读水平之间的交互作用显著时，对每个阅读水平组进行简单效应的事后比较，即对整行阅读条件与各个窗口条件进行配对比较，从而确定每个阅读水平组达到阅读知觉广度的窗口，本章研究以整行条件下的阅读数据作为基线水平，即在窗口下的阅读表现与整行条件下的阅读表现差异不显著。

结合已有对阅读知觉广度的研究分析方式，笔者选用阅读速度、平均注视时间、向右眼跳距离作为分析阅读知觉广度大小的指标。阅读速度是读者每分钟能够阅读的字数，被认为是测量阅读知觉广度敏感的指标。阅读速度受到注视时间与注视次数的影响（Rayner，1986）。平均注视时间反映了中央凹处信息的精细加工情况。向右眼跳距离指从眼跳开始至眼跳结束之间的距离，与副中央凹处的注意分配有关系，反映了读者进行信息提取的情况。

四、阅读水平及窗口大小对眼动指标的影响

在不考虑实验材料影响的情况下，首先考察不同眼动指标受阅读水平及窗口

效应的影响，其描述性统计结果见表 3-3 及表 3-4 所示。

表 3-3 　不同年级在各种眼动指标上的描述性统计结果

眼动指标	二年级上学期	二年级下学期	三年级	四年级	五年级	成人
阅读速度（字/分钟）	125（48）	155（84）	194（81）	226（113）	228（108）	428（180）
平均注视时间（ms）	304（55）	280（61）	275（57）	271（61）	257（55）	235（43）
向右眼跳距离（字）	1.6（0.4）	1.7（0.6）	1.7（0.5）	2.0（0.6）	2.1（0.6）	2.3（0.6）
平均眼跳距离（字）	1.7（0.7）	1.8（0.8）	1.9（0.9）	2.1（0.8）	2.3（0.9）	2.3（0.9）
注视次数（次）	19（7）	18（6）	18（7）	17（7）	17（7）	11（4）
总阅读时间（ms）	7295（4672）	6398（3534）	5821（3100）	5532（3269）	5195（2645）	2978（1871）

注：括号外为平均数，括号内为标准差，下同

我们可以看出，对于所有的眼动指标，均存在阅读水平及窗口的主效应（见详细分析）。阅读速度随阅读水平的提高而逐渐增加，同时在时间与空间指标上也表现出了预期的趋势：平均注视时间、总阅读时间及注视次数随阅读水平的提高而逐渐减少，而向右眼跳距离与平均眼跳距离随阅读水平的增加而逐渐变大。二年级学生的平均阅读速度为 140 字/分钟，三年级学生的阅读速度是二年级学生的 1.4 倍，四年级与五年级学生的阅读速度是二年级学生的 1.6 倍，大学生的阅读速度是二年级学生的 3 倍。二年级上学期学生的平均注视时间为 304ms，到成人时平均注视时间已下降到 235ms。平均注视时间在二年级上学期至三年级的变化最大。同样的，二年级上学期学生的注视次数接近大学生的 2 倍，而总阅读时间是大学生的 2.5 倍。在空间指标上，各阅读水平的学生的向右眼跳距离分别为 1.6、1.7、1.7、2.0、2.1、2.3 个字。平均眼跳距离从二年级上学期的 1.7 个字发展到四年级的 2.1 个字，再到大学生的 2.3 个字。

表 3-4 　各窗口条件下各项眼动指标的描述性统计结果

眼动指标	NP	L1R1	L2R2	L3R3	L4R4	FL
阅读速度（字/分钟）	105（44）	212（92）	250（128）	268（156）	324（180）	268（160）
平均注视时间（ms）	361（52）	255（36）	247（38）	250（40）	240（37）	250（38）
向右眼跳距离（字）	1.3（0.3）	1.6（0.4）	1.9（0.5）	2.1（0.5）	2.4（0.6）	2.2（0.6）
平均眼跳距离（字）	1.3（0.9）	1.7（0.6）	2.0（0.8）	2.3（0.8）	2.5（0.9）	2.4（0.9）

眼动指标	NP	L1R1	L2R2	L3R3	L4R4	FL
注视次数（次）	24（7）	16（5）	15（5）	15（6）	16（8）	15（5）
总阅读时间（ms）	10274（4569）	4756（1796）	4323（1858）	4282（1994）	4463（2448）	4268（1873）

窗口对各项指标的影响符合相应的预期：阅读速度由最小窗口 NP 条件下的 105 字/分钟上升到最大窗口 L4R4 条件下的 324 字/分钟。同时，平均注视时间、总阅读时间分别从最小窗口 NP 条件下的 361ms、10274ms，下降到最大窗口 L4R4 条件下的 240ms、4463ms。注视次数也随窗口的增大而逐渐减少（从 24 减少到 16），而向右眼跳距离随窗口的增大而增大，从 1.3 个字（NP 窗口条件）增大到 2.4 个字（L4R4 窗口条件）。平均眼跳距离表现出了与向右眼跳距离相同的趋势，从 1.3 个字（NP 窗口条件）增大到 2.5 个字（L4R4 窗口条件）。与 L4R4 窗口条件相比，整行 FL 条件下的平均注视时间与向右眼跳距离并没有继续下降，而是有数字上的升高趋势。

五、小学生汉语阅读知觉广度的分析

参考以往研究的分析思路，本章的数据分析从以下方面进行分析，得出小学生汉语阅读的知觉广度：①所有年级学生阅读二年级水平的材料；②学生阅读与年级匹配的材料；③高年级学生阅读所有材料。这一方面可以考察阅读文本的差异性对阅读知觉广度的影响，另一方面可以考察每个年级学生阅读知觉广度的大小。

（一）各年龄被试阅读二年级水平材料的数据分析结果

1. 各年级学生在各窗口条件下的阅读速度

各年级学生在各窗口条件下的阅读速度如表 3-5 所示，阅读速度的变化趋势如图 3-3 所示。

经方差分析发现，阅读水平的主效应显著 $[F_{1（5, 209）}=38.7, p<0.05, \eta_p^2=0.481$；$F_{2（5, 354）}=386.35, p<0.05, \eta_p^2=0.845]$，窗口的主效应显著 $[F_{1（4, 836）}=369.3, p<0.05, \eta_p^2=0.639$；$F_{2（4, 1416）}=674.86, p<0.05, \eta_p^2=0.656]$。阅读速度随阅读水平的提高而逐步提高，随窗口的增大而逐渐增大，且阅读速度受小窗口条件的影响最大。

表 3-5　各年级学生在各窗口条件下阅读速度的平均数与标准差（单位：字/分钟）

年级	NP	L1R1	L2R2	L3R3	FL
二年级上学期	75（24）	136（41）	141（50）	133（44）	133（39）
二年级下学期	83（38）	152（59）	173（86）	183（86）	174（76）
三年级	94（28）	185（47）	215（66）	228（86）	231（85）
四年级	96（26）	206（58）	247（83）	265（113）	258（105）
五年级	121（34）	233（73）	264（86）	279（92）	272（102）
大学生	141（42）	294（78）	386（110）	402（122）	398（152）

窗口与阅读水平的交互作用显著 $[F_{1\,(20,\,836)}=14.15$，$p<0.05$，$\eta_p^2=0.253$；$F_{2\,(20,\,1416)}=17.79$，$p<0.05$，$\eta_p^2=0.201]$。对每个阅读水平组进行窗口的被试内比较，以检验交互作用。

1）对于二年级上学期被试来说，只有 NP 与 FL 条件下的阅读速度差异显著 $[F_{(1,\,29)}=51.2$，$p<0.05$，$\eta_p^2=0.639]$；L1R1 与 FL 条件下的阅读速度不存在显著差异 $[F_{(1,\,29)}=0.217$，$p>0.05$，$\eta_p^2=0.007]$。这表明二年级上学期被试在 L1R1 条件下的阅读速度达到正常阅读条件的水平。

2）对于二年级下学期被试来说，NP 与 FL 条件下的阅读速度差异显著 $[F_{(1,\,38)}=78.7$，$p<0.05$，$\eta_p^2=0.674]$；L1R1 与 FL 条件下的阅读速度存在显著差异 $[F_{(1,\,38)}=16.5$，$p<0.05$，$\eta_p^2=0.303]$；L2R2 与 FL 条件下的阅读速度不存在显著差异 $[F_{(1,\,38)}=0.043$，$p>0.05$，$\eta_p^2=0.01]$。因此，二年级下学期被试在 L2R2 条件下的阅读行为达到了与正常阅读条件下的水平。

3）对于三年级被试来说，NP 与 FL 条件下的阅读速度差异显著 $[F_{(1,\,39)}=115.2$，$p<0.05$，$\eta_p^2=0.747]$；L1R1 与 FL 条件下的阅读速度差异显著 $[F_{(1,\,39)}=25.3$，$p<0.05$，$\eta_p^2=0.393]$；L2R2 与 FL 条件下的阅读速度差异不显著 $[F_{(1,\,39)}=2.8$，$p>0.05$，$\eta_p^2=0.068]$。这说明三年级被试在 L2R2 条件下的阅读行为达到了与正常阅读条件下的水平。

4）对于四年级被试来说，L1R1 与 FL 条件下的阅读速度差异显著 $[F_{(1,\,35)}=21.9$，$p<0.05$，$\eta_p^2=0.386]$；L2R2 与 FL 条件下的阅读速度差异不显著 $[F_{(1,\,35)}=1.6$，$p>0.05$，$\eta_p^2=0.044]$。这说明四年级被试在 L2R2 条件下的阅读行为达到了与正常阅读条件下的水平。

5）对于五年级被试来说，L1R1 与 FL 条件下的阅读速度差异显著 $[F_{(1,\,34)}=11.5$，$p<0.05$，$\eta_p^2=0.253]$；L2R2 与 FL 条件下的阅读速度差异不显著 $[F_{(1,\,34)}=0.512$，$p>0.05$，$\eta_p^2=0.015]$。这说明五年级被试在 L2R2 条件下的阅读行为达到了与正常阅

读条件下的水平。

6）对于大学生被试来说，L1R1 与 FL 条件下的阅读速度差异显著 [$F_{(1, 34)} = 22.5$，$p<0.05$，$\eta_p^2=0.398$]；L2R2 与 FL 条件下的阅读速度差异不显著 [$F_{(1, 34)} =0.393$，$p>0.05$，$\eta_p^2=0.011$]。由此可知，大学生被试在 L2R2 条件下的阅读行为达到了与正常阅读条件下的水平。

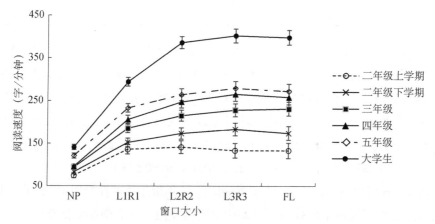

图 3-3　各年级阅读二年级材料的阅读速度变化趋势

注：窗口大小 NP 代表 1 个字窗口，L1R1 代表 3 个字窗口，L2R2 代表 5 字窗口，

L3R3 代表 7 字窗口，FL 代表整行。下同。

2. 各年级学生在各窗口条件下的平均注视时间与向右眼跳距离分析

各年级学生在各窗口条件下的平均注视时间与向右眼跳距离如表 3-6 所示。

表 3-6　各年级学生在各窗口条件下的眼动指标

类别	NP	L1R1	L2R2	L3R3	FL
平均注视时间（ms）					
二年级上学期	384（46）	281（31）	281（33）	286（34）	286（29）
二年级下学期	365（59）	260（37）	253（38）	260（41）	261（39）
三年级	372（42）	263（35）	253（36）	255（35）	257（34）
四年级	367（53）	256（40）	248（40）	248（43）	251（38）
五年级	340（58）	243（38）	239（35）	241（37）	244（33）
大学生	329（54）	239（24）	223（21）	225（26）	217（23）
向右眼跳距离（字）					
二年级上学期	1.1（0.1）	1.3（0.1）	1.6（0.3）	1.6（0.3）	1.6（0.4）

续表

类别	NP	L1R1	L2R2	L3R3	FL
二年级下学期	1.1（0.2）	1.4（0.3）	1.7（0.4）	1.7（0.5）	1.7（0.5）
三年级	1.1（0.2）	1.4（0.3）	1.7（0.3）	1.8（0.5）	1.8（0.5）
四年级	1.2（0.2）	1.5（0.3）	1.9（0.4）	2（0.4）	2（0.5）
五年级	2.2（0.7）	2.4（0.7）	2.5（0.6）	2.7（0.8）	2.9（0.8）
大学生	1.2（0.2）	1.7（0.2）	2（0.3）	2.2（0.3）	2.2（0.4）

经方差分析发现，在平均注视时间与向右眼跳距离上，阅读水平的主效应均显著 [平均注视时间：$F_{1\,(5,\,209)}$=11.53，$p<0.05$，η_p^2=0.216；$F_{2\,(5,\,354)}$=204.2，$p<0.05$，η_p^2=0.743。向右眼跳距离：$F_{1\,(5,\,209)}$=39.89，$p<0.05$，η_p^2=0.488；$F_{2\,(5,\,354)}$=578.2，$p<0.05$，η_p^2=0.891]。窗口的主效应显著 [平均注视时间：$F_{1\,(4,\,836)}$=883.55，$p<0.05$，η_p^2=0.809；$F_{2\,(4,\,1416)}$=2269.21，$p<0.05$，η_p^2=0.865。向右眼跳距离：$F_{1\,(4,\,836)}$=290.78，$p<0.05$，η_p^2=0.582；$F_{2\,(4,\,1416)}$=495.62，$p<0.05$，η_p^2=0.583]。

从表 3-6 可以看出，与大学生读者相比，低年级学生的注视时间长，向右眼跳距离短，随着阅读水平的提高，平均注视时间变短，向右眼跳距离变长。此外，与小窗口相比，大窗口条件或整行条件下的注视时间更短，向右眼跳距离更长。窗口与阅读水平的交互作用显著 [平均注视时间：$F_{1\,(20,\,836)}$=1.656，$p<0.05$，η_p^2=0.038；$F_{2\,(20,\,1416)}$=3.584，$p<0.05$，η_p^2=0.05。向右眼跳距离：$F_{1\,(20,\,836)}$=4.98，$p<0.05$，η_p^2=0.106；$F_{2\,(20,\,1416)}$=9.336，$p<0.05$，η_p^2=0.117]。由于交互作用显著，于是进一步比较各窗口与 FL 整行条件下的平均注视时间与向右眼跳距离，p 值结果如表 3-7 所示。

表 3-7　各窗口条件下的平均注视时间和向右眼跳距离与整行条件比较的 p 值汇总表

类别	NP vs. FL	L1R1 vs. FL	L2R2 vs. FL	L3R3 vs. FL
平均注视时间（ms）				
二年级上学期	<0.001	>0.05	>0.05	>0.05
二年级下学期	<0.001	>0.05	>0.05	>0.05
三年级	<0.001	>0.05	>0.05	>0.05
四年级	<0.001	>0.05	>0.05	>0.05
五年级	<0.001	<0.05	>0.05	>0.05
大学生	<0.001	<0.001	<0.05	<0.05
向右眼跳距离（字）				
二年级上学期	<0.001	<0.001	>0.05	>0.05
二年级下学期	<0.001	<0.000	>0.05	>0.05

类别	NP vs. FL	L1R1 vs. FL	L2R2 vs. FL	L3R3 vs. FL
三年级	<0.001	<0.001	<0.05	>0.05
四年级	<0.001	<0.001	<0.001	>0.05
五年级	<0.001	<0.001	<0.001	>0.05
大学生	<0.001	<0.001	<0.001	>0.05

由表 3-7 可以看出，在平均注视时间上，二年级上学期、二年级下学期、三年级及四年级学生达到基线时间的窗口大小均为 L1R1，而五年级学生达到基线时间的窗口大小为 L2R2，大学生在所有窗口条件下的平均注视时间与正常阅读条件水平存在显著的差异。在向右眼跳距离指标上，二年级上学期与下学期的学生在 L2R2 窗口条件下的向右眼跳距离与正常阅读条件的向右眼跳距离一致，不存在显著的差异；而三年级、四年级、五年级学生及大学生在 L3R3 窗口条件下的向右眼跳距离与正常阅读条件的向右眼跳距离一致。

3. 讨论分析

在此部分中，让所有被试阅读小学二年级水平的被试材料，来分析小学生汉语阅读知觉广度的发展变化，更重要的是分析学生阅读知觉广度的发展关键期。对于二年级上学期学生来说，其阅读速度和平均注视时间指标分析得出其阅读知觉广度为注视点右侧 1 个字，而向右眼跳距离指标分析得出其阅读知觉广度为注视点右侧 2 个字。对于二年级下学期学生来说，其阅读速度和向右眼跳距离指标分析得出其阅读知觉广度为注视点右侧 2 个字，而其平均注视时间指标分析得出其阅读知觉广度为注视点右侧 1 个字。对于三年级学生来说，其阅读速度指标分析得出其阅读知觉广度为注视点右侧 2 个字，其平均注视时间指标分析得出其阅读知觉广度为注视点右侧 1 个字，其向右眼跳距离指标分析得出其阅读知觉广度为注视点右侧 3 个字。对于四年级和五年级学生来说，其阅读速度和平均注视时间指标分析得出其阅读知觉广度为注视点右侧 2 个字，其向右眼跳距离指标分析得出其阅读知觉广度为注视点右侧 3 个字。

结合阅读速度、平均注视时间与向右眼跳距离三项指标可以看出各阅读水平学生汉语阅读过程中注视点右侧的知觉广度大小：二年级上学期学生的知觉广度为右侧 1～2 个字，二年级下学期学生为右侧 1～2 个字，三年级学生为右侧 2～3 个字，四年级学生为右侧 2～3 个字，五年级学生为右侧 2～3 个字；而对于大学生来说，通过阅读速度指标分析得出其阅读知觉广度为注视点右侧 2 个字，通过向右眼跳距离指标分析得出其阅读知觉广度为注视点右侧 3 个字。也就是说，知觉广度在小学二年级下学期至三年级的变化最为明显，这可能说明汉语阅读知觉广度发展的关键期可能在小学二年级下学期到三年级之间。在小学二年级上学期与二年级下学期，学生利用副中央凹处信息的能力并没有提高，反而在二年级下学期到三年级之间变化较为明显。

从二年级上、下学期学生的阅读知觉广度大小可以看出，虽然在二年级学生一年中的阅读知觉广度并没有发生很大的变化，但在阅读指标上，对于相同的阅读材料，二年级下学期学生在所有窗口条件下的阅读速度要快于二年级上学期的学生，其平均注视时间要比二年级上学期更短，向右眼跳距离更长，这说明虽然二年级上、下学期学生之间的阅读知觉广度不存在差异，但是经过半年的语文学习，学生的阅读能力表现出了一定程度的提高，表现为二年级下学期学生对中央凹处的信息的加工速度要快于二年级上学期学生，且他们副中央凹处信息提取能力要强于二年级上学期学生。就三年级至五年级学生而言，阅读材料的难度并没有对阅读知觉广度的大小产生影响。

以上结果可能会与阅读材料的简单度相混淆。因此，接下来我们分析了各阅读水平学生阅读与年级相匹配的材料数据。

（二）各年级被试阅读与年级匹配材料的数据分析

1. 各年级被试阅读与年级相匹配材料的阅读速度

二年级上学期与二年级下学期学生的阅读速度数据已在表 3-6 中呈现，本部分仅呈现三、四、五年级学生阅读与年级相匹配材料的数据。三、四、五年级学生在各窗口条件下的阅读速度如表 3-8 所示。

表 3-8　三、四、五年级学生在各窗口条件下的阅读速度（单位：字/分钟）

年级	NP	L1R1	L2R2	L3R3	L4R4	FL
三年级	90（23）	193（48）	207（66）	218（81）	215（82）	211（76）
四年级	91（29）	206（71）	259（103）	268（128）	270（141）	265（124）
五年级	105（45）	226（84）	257（94）	264（120）	274（132）	264（123）

经重复测量方差分析发现，阅读水平的主效应显著 [$F_{1(2, 108)}$=3.2，$p<0.05$，η_p^2=0.057；$F_{2(2, 213)}$=34.95，$p<0.05$，η_p^2=0.247]，窗口的主效应显著 [$F_{1(5, 540)}$=152.5，

$p<0.05$，$\eta_p^2=0.585$；$F_{2\,(5,\,1065)}=353.98$，$p<0.05$，$\eta_p^2=0.624$]。这说明，随着阅读水平的提高，阅读速度在提高；随着窗口的增大，阅读速度在增快。

阅读水平与窗口的交互作用显著 [$F_{1\,(10,\,540)}=2.3$，$p<0.05$，$\eta_p^2=0.04$；$F_{2\,(10,\,1065)}=5.77$，$p<0.05$，$\eta_p^2=0.051$]。进一步分析各阅读水平内 FL 与各窗口条件下阅读速度之间的差异，成对比较后发现：①对于三年级被试来说，NP 与 FL 条件下的阅读速度差异显著 [$F_{(1,\,39)}=108$，$p<0.05$，$\eta_p^2=0.735$]；L1R1 与 FL 条件下的阅读速度差异边缘显著 [$F_{(1,\,39)}=3.7$，$p=0.061$，$\eta_p^2=0.087$]；L2R2 与 FL 条件下的阅读速度差异不显著 [$F_{(1,\,39)}=0.3$，$p>0.05$，$\eta_p^2=0.007$]。这说明三年级被试达到基线水平的窗口为 L2R2。②对于四年级被试来说，NP 与 FL 条件下的阅读速度差异显著 [$F_{(1,\,35)}=87.4$，$p<0.05$，$\eta_p^2=0.714$]；L1R1 与 FL 条件下的阅读速度差异显著 [$F_{(1,\,35)}=21.9$，$p<0.05$，$\eta_p^2=0.385$]；L2R2 与 FL 条件下的阅读速度差异不显著 [$F_{(1,\,35)}=0.3$，$p>0.05$，$\eta_p^2=0.009$]。这说明四年级学生在 L2R2 窗口条件下达到基线水平。③对于五年级学生来说，NP 与 FL 条件下的阅读速度差异显著[$F_{(1,34)}=97.9$，$p<0.05$，$\eta_p^2=0.742$]；L1R1 与 FL 条件下的阅读速度差异显著[$F_{(1,\,34)}=8.06$，$p<0.05$，$\eta_p^2=0.192$]；L2R2 与 FL 条件下的差异不显著 [$F_{(1,\,34)}=0.5$，$p>0.05$，$\eta_p^2=0.013$]。可以看出，五年级学生达到基线水平的窗口为 L2R2。如图 3-4 所示。

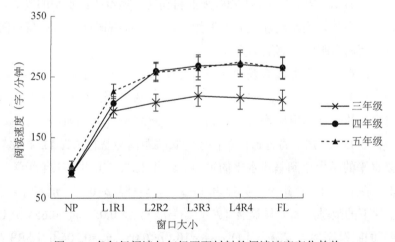

图 3-4 各年级阅读与年级匹配材料的阅读速度变化趋势

2. 各年级被试阅读与年级相匹配材料的平均注视时间与向右眼跳距离

三年级至五年级学生在各窗口条件下的平均注视时间与向右眼跳距离的平均数与标准差如表 3-9 所示。

表 3-9　各年级在各窗口条件下眼动指标的平均数与标准差

类别	NP	L1R1	L2R2	L3R3	L4R4	FL
平均注视时间（ms）						
三年级	367（42）	256（37）	250（37）	252（37）	254（32）	252（32）
四年级	369（51）	258（40）	244（41）	249（41）	252（39）	249（35）
五年级	343（57）	237（36）	234（36）	238（36）	239（39）	239（33）
向右眼跳距离（字）						
三年级	1.2（0.3）	1.4（0.3）	1.7（0.4）	1.8（0.4）	1.9（0.5）	1.8（0.6）
四年级	1.2（0.3）	1.6（0.3）	1.9（0.4）	2.1（0.5）	2.2（0.6）	2.2（0.6）
五年级	1.2（0.3）	1.7（0.3）	2.1（0.4）	2.3（0.4）	2.4（0.6）	2.4（0.6）

经方差分析发现，在平均注视时间上阅读水平的主效应边缘显著 $[F_{1\,(2,\,108)} = 2.7$，$p=0.07$，$\eta_p^2=0.048$；$F_{2\,(2,\,213)}=74.34$，$p<0.05$，$\eta_p^2=0.411]$；在向右眼跳距离上，阅读水平的主效应显著 $[F_{1\,(2,\,108)}=8.1$，$p<0.05$，$\eta_p^2=0.13$；$F_{2\,(2,\,213)}=193.5$，$p<0.05$，$\eta_p^2=0.645]$；在平均注视时间与向右眼跳距离上，窗口的主效应均显著 $[$平均注视时间：$F_{1\,(5,\,540)}=518.8$，$p<0.05$，$\eta_p^2=0.828$；$F_{2\,(10,\,1065)}=1288.53$，$p<0.05$，$\eta_p^2=0.858$。向右眼跳距离：$F_{1\,(5,\,540)}=360.7$，$p<0.05$，$\eta_p^2=0.77$；$F_{2\,(5,\,1065)}=402.33$，$p<0.05$，$\eta_p^2=0.654]$。可以看出，当阅读与年级相匹配的材料时，随着阅读水平的提高，读者的向右眼跳距离变长，而平均注视时间变短；读者的注视时间会随着窗口的增大而逐渐变小，而向右眼跳距离逐渐变长。

在平均注视时间上并没有发现窗口与阅读水平的交互作用 $[F_{1\,(10,\,540)}=0.9$，$p>0.05$，$\eta_p^2=0.017$；$F_{2\,(10,\,1065)}=1.76$，$p>0.05$，$\eta_p^2=0.016]$。在向右眼跳距离上，阅读水平与窗口的交互作用显著 $[F_{1\,(10,\,540)}=5.9$，$p<0.05$，$\eta_p^2=0.098$；$F_{2\,(10,\,1065)}=6.39$，$p<0.05$，$\eta_p^2=0.057]$。然后将各窗口条件下的眼跳距离与整行条件 FL 相比较，来确定各阅读水平的学生达到基线水平的窗口。结果发现：①对于三年级学生来说，NP 与 FL 条件下的眼跳距离差异显著 $[F_{(1,\,39)}=115$，$p<0.05$，$\eta_p^2=0.747]$；L1R1 与 FL 条件下的眼跳距离差异显著 $[F_{(1,\,39)}=73.8$，$p<0.05$，$\eta_p^2=0.654]$；L2R2 与 FL 条件下的眼跳距离差异显著 $[F_{(1,\,39)}=10$，$p<0.05$，$\eta_p^2=0.204]$；L3R3 与 FL 条件下的眼跳距离差异不显著 $[F_{(1,\,39)}=0.15$，$p>0.05$，$\eta_p^2=0.703]$。这说明三年级被试达到基线水平的窗口为 L3R3。②对于四年级学生来说，NP 与 FL 条件下的眼跳距离差异显著 $[F_{(1,\,35)}=160$，$p<0.05$，$\eta_p^2=0.821]$；L1R1 与 FL 条件下的眼跳距离差异显著 $[F_{(1,\,35)}=93.3$，$p<0.05$，$\eta_p^2=0.727]$；L2R2 与 FL 条件下的眼跳距离差异显著 $[F_{(1,\,35)}=29.6$，$p<0.05$，$\eta_p^2=0.458]$；L3R3 与 FL 条件下的眼跳距离差异不显

著 $[F_{(1, 35)}=0.603，p>0.05，\eta_p^2=0.017]$。由结果可以看出，四年级学生在 L3R3 条件下达到基线水平。③对于五年级学生来说，NP 与 FL 条件下的眼跳距离差异显著 $[F_{(1, 34)}=198.3，p<0.05，\eta_p^2=0.854]$；L1R1 与 FL 条件下的眼跳距离差异显著 $[F_{(1, 34)}=84.5，p<0.05，\eta_p^2=0.713]$；L2R2 与 FL 条件下的眼跳距离差异显著 $[F_{(1, 34)}=24.5，p<0.05，\eta_p^2=0.419]$；L3R3 与 FL 条件下的眼跳距离差异不显著 $[F_{(1, 34)}=1.8，p>0.05，\eta_p^2=0.05]$。可以看出，五年级学生达到基线水平的窗口为 L3R3。

3. 讨论分析

对于三年级、四年级和五年级学生来说，其阅读速度指标分析得出其阅读知觉广度为注视点右侧 2 个字，其向右眼跳距离指标分析得出其阅读知觉广度为注视点右侧 3 个字。综合以上指标，当阅读与年级相匹配的材料时，三年级学生的汉语阅读知觉广度为右侧 2~3 个字，四年级学生为右侧 2~3 个字，五年级学生同样为右侧 2~3 个字。虽然三年级、四年级及五年级学生的汉语阅读知觉广度不存在差异，但从眼动指标可以看出，随着年级的升高，学生的阅读水平逐渐提高，从而使得阅读速度逐渐上升、平均注视时间变短、向右眼跳距离变长。

比较三年级、四年级、五年级学生阅读二年级水平材料时的结果，并没有发现阅读材料难度对汉语阅读知觉广度的影响，这与 Häikiö 等（2009）的研究结果一致。Häikio 等采用二年级及六年级的实验材料，让二年级、四年级、六年级学生及成人阅读所有的实验材料，来探讨阅读材料难度对字母识别广度的影响，结果发现阅读材料难度与字母识别广度之间是相互独立的。

（三）高年级学生阅读所有材料的数据分析

1. 高年级学生阅读所有材料的阅读速度

表 3-10 呈现了三年级学生至大学生阅读所有材料时的阅读速度。

表 3-10　三年级学生至大学生阅读所有材料的阅读速度（单位：字/分钟）

年级	NP	L1R1	L2R2	L3R3	L4R4	FL
三年级	93（20）	189（42）	211（59）	223（74）	215（81）	219（68）
四年级	94（23）	206（58）	252（85）	267（108）	269（141）	261（109）
五年级	113（29）	230（70）	260（83）	268（92）	274（134）	266（100）
大学生	170（44）	357（79）	456（114）	596（134）	544（151）	519（158）

分析发现，阅读水平的主效应显著 $[F_{1(3, 142)}=60.1，p<0.05，\eta_p^2=0.56；$

$F_{2 (3, 284)} =1053.3$, $p<0.05$, $\eta_p^2=0.918$]，窗口的主效应显著 [$F_{1 (5, 710)} =364.2$, $p<0.05$, $\eta_p^2=0.72$；$F_{2 (5, 1420)} =1105.17$，$p<0.05$，$\eta_p^2=0.796$]。这说明，阅读速度随阅读水平的提高而加快、随窗口的增大而增快。阅读水平与窗口的交互作用显著 [$F_{1 (15, 710)} =25.6$，$p<0.05$，$\eta_p^2=0.351$；$F_{2 (15, 1420)} =75.95$，$p<0.05$，$\eta_p^2=0.445$]。

经简单效应检验发现：①对于三年级学生来说，NP 与 FL 条件下的阅读速度差异显著 [$F_{(1, 39)} =145.8$, $p<0.05$, $\eta_p^2=0.789$]；L1R1 与 FL 条件下的阅读速度差异显著 [$F_{(1, 39)} =17$, $p<0.05$, $\eta_p^2=0.304$]；L2R2 与 FL 条件下的阅读速度差异不显著 [$F_{(1, 39)} =1.47$, $p>0.05$, $\eta_p^2=0.036$]，这说明三年级学生达到基线水平的窗口为 L2R2。②对于四年级学生来说，NP 与 FL 条件下的阅读速度差异显著 [$F_{(1, 35)} =102.8$, $p<0.05$, $\eta_p^2=0.746$]；L1R1 与 FL 条件下的阅读速度差异显著 [$F_{(1, 35)} =27.1$, $p<0.05$, $\eta_p^2=0.437$]；L2R2 与 FL 条件下的阅读速度差异不显著 [$F_{(1, 35)} =1.43$, $p>0.05$, $\eta_p^2=0.039$]，表明四年级学生达到基线水平的窗口为 L2R2。③对于五年级学生来说，NP 与 FL 条件下的阅读速度差异显著 [$F_{(1, 34)} =109.7$, $p<0.05$, $\eta_p^2=0.763$]；L1R1 与 FL 条件下的阅读速度差异显著，$F_{(1, 34)} =12.25$, $p<0.05$, $\eta_p^2=0.265$；L2R2 与 FL 条件下的阅读速度差异不显著 [$F_{(1, 34)} =0.61$, $p>0.05$, $\eta_p^2=0.018$]，可以看出五年级学生达到基线水平的窗口为 L2R2。④对于大学生来说，NP 与 FL 条件下的阅读速度差异显著 [$F_{(1, 34)} =240.8$, $p<0.05$, $\eta_p^2=0.876$]；L1R1 与 FL 条件下的阅读速度差异显著，$F_{(1, 34)} =69$, $p<0.05$, $\eta_p^2=0.67$；L2R2 与 FL 条件下的阅读速度差异显著 [$F_{(1, 34)} =19.4$, $p<0.05$, $\eta_p^2=0.363$]；L3R3 与 FL 条件下的阅读速度差异边缘显著，$F_{(1, 34)} =3.2$, $p=0.082$, $\eta_p^2=0.087$；L4R4 与 FL 条件下的阅读速度差异边缘显著 [$F_{(1, 34)} =3.8$, $p=0.058$, $\eta_p^2=0.101$]，这说明大学生在 L3R3 条件下达到基线水平。如图 3-5 所示。

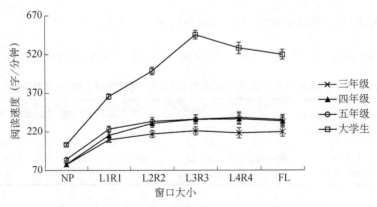

图 3-5　不同年级在阅读所有材料下的阅读速度变化趋势

2. 高年级学生阅读所有材料的平均注视时间与向右眼跳距离

表 3-11 呈现了高年级学生阅读所有材料的平均注视时间与向右眼跳距离。

表 3-11 高年级学生阅读所有材料的平均注视时间与向右眼跳距离

类别	NP	L1R1	L2R2	L3R3	L4R4	FL
平均注视时间（ms）						
三年级	369（38）	259（35）	251（34）	253（34）	254（32）	255（32）
四年级	366（47）	257（39）	246（39）	248（40）	252（39）	250（35）
五年级	339（50）	240（36）	236（34）	239（35）	239（39）	241（32）
大学生	307（37）	234（18）	219（19）	216（21）	214（23）	210（19）
向右眼跳距离（字）						
三年级	1.1（0.2）	1.4（0.3）	1.7（0.4）	1.8（0.4）	1.9（0.6）	1.8（0.6）
四年级	1.2（0.2）	1.6（0.3）	1.9（0.4）	2.1（0.4）	2.2（0.6）	2.1（0.6）
五年级	1.2（0.3）	1.7（0.3）	2.1（0.3）	2.2（0.4）	2.4（0.6）	2.3（0.5）
大学生	1.4（0.2）	1.9（0.3）	2.2（0.3）	2.5（0.4）	2.7（0.5）	2.5（0.5）

经方差分析发现，在平均注视时间与向右眼跳距离上，阅读水平的主效应均显著 [平均注视时间：$F_{1\,(3,\,142)}=12.96$，$p<0.05$，$\eta_p^2=0.251$；$F_{2\,(3,\,284)}=555.07$，$p<0.05$，$\eta_p^2=0.854$。向右眼跳距离：$F_{1\,(3,\,142)}=15.87$，$p<0.05$，$\eta_p^2=0.251$；$F_{2\,(3,\,284)}=559.73$，$p<0.05$，$\eta_p^2=0.855$]；在平均注视时间与向右眼跳距离上，窗口的主效应均显著 [平均注视时间：$F_{1\,(5,\,710)}=822.56$，$p<0.05$，$\eta_p^2=0.853$；$F_{2\,(5,\,1420)}=2518.93$，$p<0.05$，$\eta_p^2=0.899$。向右眼跳距离：$F_{1\,(5,\,710)}=590.9$，$p<0.05$，$\eta_p^2=0.806$；$F_{2\,(5,\,1420)}=1082.03$，$p<0.05$，$\eta_p^2=0.792$]。

阅读水平与窗口的交互作用显著 [平均注视时间：$F_{1\,(15,\,710)}=4.74$，$p<0.05$，$\eta_p^2=0.091$；$F_{2\,(15,\,1420)}=15.41$，$p<0.05$，$\eta_p^2=0.14$。向右眼跳距离：$F_{1\,(15,\,710)}=5.75$，$p<0.05$，$\eta_p^2=0.139$；$F_{2\,(15,\,1420)}=13.56$，$p<0.05$，$\eta_p^2=0.125$]。这表明处于不同阅读水平的被试达到正常阅读水平的窗口不同。通过交互作用检验进一步比较各年级学生在各窗口与 FL 整行条件下的平均注视时间与向右眼跳距离指标，p 值结果如表 3-12 所示。

在平均注视时间上，三年级学生达到基线水平的窗口为 L2R2，四年级学生达到基线水平的窗口为 L2R2，而五年级学生达到基线水平的窗口为 L3R3，大学生在所有的窗口条件下的注视时间均与 FL 条件下的注视时间差异显著。三年级、四年级、五年级学生及大学生在 L3R3 窗口条件下的向右眼跳距离与 FL 整行条件下的显著不差异，而所有年级在 L4R4 条件下的向右眼跳距离均与 FL 条件下的向右眼跳距离存在显著差异。

表 3-12　各窗口条件下的平均注视时间和向右眼跳距离与整行条件（FL）比较的 p 值汇总表

类别	NP vs. FL	L1R1 vs. FL	L2R2 vs. FL	L3R3 vs. FL	L4R4 vs. FL
平均注视时间（ms）					
三年级	<0.001	<0.05	>0.2	>0.05	>0.05
四年级	<0.001	<0.05	>0.1	>0.05	>0.05
五年级	<0.001	<0.05	=0.05	>0.05	>0.05
大学生	<0.001	<0.001	<0.001	>0.05	<0.05
向右眼跳距离（字）					
三年级	<0.001	<0.001	<0.05	>0.05	<0.05
四年级	<0.001	<0.001	<0.001	>0.05	<0.05
五年级	<0.001	<0.001	<0.001	>0.05	<0.05
大学生	<0.001	<0.001	<0.001	>0.05	<0.001

3. 讨论分析

综合阅读速度、平均注视时间与向右眼跳距离结果可以看出，当小学生阅读所有材料时，每个年级所表现出来的阅读知觉广度均与大学生存在差异，三年级学生的知觉广度为右侧 2~3 个字，四年级学生的阅读知觉广度为右侧 2~3 个字，五年级学生的阅读知觉广度为右侧 2~3 个字，而大学生在汉语阅读中的知觉广度为右侧 3 个字以上。

可以看出，学生在三年级之后利用副中央凹信息的能力趋于一致，而效率逐渐上升。平均注视时间这一指标反映学生对中央凹处信息进行精细加工的方式，因此其在广度上要小于向右眼跳距离。同时也可以看出，在大窗口条件下，注视时间随着阅读水平的提高而逐渐缩短；在向右眼跳距离上，各年级学生在 L3R3 条件下的眼跳距离与整行条件下的不存在显著差异。但对于所有年级学生来说，L4R4 条件下的眼跳距离要显著长于整行条件下的眼跳距离。也就是说，随着窗口的增大，眼跳距离显著增长，但在整行条件下眼跳距离又表现出下降的趋势。窗口限制效应的存在使得学生对窗口的存在有一种时间紧张感。在有窗口的条件下，学生的阅读速度会加快，向右眼跳距离变长；而在没有窗口的条件下，窗口给学生造成的时间压迫感消失，从而使学生的阅读速度减慢，向右眼跳距离变短，平均注视时间变长。

六、总讨论

本章旨在了解学生汉语阅读过程中的知觉广度发展轨迹，从而确定小学生在其发展的每个阶段上的知觉广度大小。本章使用移动窗口范式，从三个方面系统地分析了小学二年级、三年级、四年级、五年级学生及大学生的汉语阅读知觉广度。为了确定注视点右侧阅读知觉广度的大小，本次研究使用可视的对称窗口将文本呈现给读者。从每个学生阅读与年级匹配的材料的结果来看，二年级学生的汉语阅读知觉广度为右侧1~2个汉字，显然小于成人的阅读知觉广度。根据这一结果可以推测，即使二年级学生经过了一年级的阅读指导，在阅读速度、平均注视时间等精细加工指标上，其阅读知觉广度只是当前注视字和注视点右侧的预视字。三年级、四年级及五年级学生的汉语阅读知觉广度为右侧2~3个字。可以看出，学生阅读知觉广度的发展转折期在二年级下学期至三年级。本次研究并未使用与成人阅读水平相匹配的材料，但从成人阅读所有年级材料的结果来看，成人的阅读知觉广度至少为右侧 3 个字，也就是说，即使学生到了小学五年级，其阅读知觉广度仍处于发展过程中。

（一）阅读发展过程中的眼动特征

儿童在学习阅读时，必须学会系统地移动眼睛进行阅读。一年级儿童的注视时间一般为300~400ms（Rayner，2015），并且他们的眼跳距离一般只有几个字符，因此，他们实际上几乎注视了文本中的每个字。同时，儿童与成人眼动行为的不同也恰恰反映了儿童不成熟的语言技能。然而，随着阅读技能的发展，儿童阅读时的眼动特点与大学生读者的眼动特点更加相似。当儿童发展到小学四年级或者五年级时，其基本的眼动特点与成人基本一致。虽然其注视时间变短、眼跳距离变长，但仍有一点与成人不一样，即儿童的回视比率会增大。阅读中眼动指标的发展变化反映了儿童阅读水平的变化。本次研究发现，随着阅读水平的提高与可视窗口的增大，高年级学生的阅读速度变快，向右眼跳距离变长，而平均注视时间缩短，注视次数减少，总阅读时间降低。总的来说，这些变化详细地描述了小学生阅读技能发展过程中的眼动指标变化特点。

（二）学生阅读知觉广度的发展轨迹

我们分析了以下三种情况下的研究结果：学生阅读二年级水平的材料，阅读与年级匹配的材料，阅读所有材料。参考以往研究（Häikiö et al.，2009；Sperlich et al.，2016），综合阅读速度、向右眼跳距离及平均注视时间等眼动指标，我们确定了各年级学生的阅读知觉广度，如表 3-13 所示。

表 3-13　各年级学生阅读不同材料时的知觉广度

类别	二年级上学期	二年级下学期	三年级	四年级	五年级	大学生
二年级水平材料	1~2 个字	1~2 个字	2~3 个字	2~3 个字	2~3 个字	—
年级匹配材料	1~2 个字	1~2 个字	2~3 个字	2~3 个字	2~3 个字	—
阅读所有材料	1~2 个字	1~2 个字	2~3 个字	2~3 个字	2~3 个字	3~4 个字

由表 3-13 可以看出，小学生的汉语阅读知觉广度一直处于发展变化中，总体趋势是逐渐增大，到五年级仍没有达到大学生的水平。一方面，可能是因为学生汉语阅读的知觉广度一直处于发展中，在六年级或者初中时可能会达到大学生水平；另一方面，可能是本次研究的大学生被试并没有阅读与年级相匹配的材料，而小学水平的材料对他们来说过于简单，因此，本次研究中大学生的阅读知觉广度比较大。从结果可以看出，小学生在阅读中只是集中认知资源加工中央凹处的信息，而对副中央凹处的信息利用程度小。但随着阅读技能的增加，尤其是阅读熟练性的增强，学生利用副中央处信息的效率逐渐增大，这一观点与中央凹负荷假说（Henderson et al.，1990；Schad et al.，2012）一致。根据中央凹负荷假说，对于初读者来说，由于词汇编码难度较大，中央凹处的信息加工较难，所以在中央凹处所使用的加工资源较多，使得分配到副中央凹的资源减少，从而导致初读者的知觉广度要低于成人读者的知觉广度。

本次研究发现，当三年级、四年级及五年级学生阅读二年级水平的材料时，其知觉广度的大小并没有变化，这可能是由于各阅读水平学生提取有效信息的范围不存在差异，但阅读水平高的学生加工信息的效率要快于阅读水平低的学生。对于高年级的学生来说，与年级对应材料相比，适合二年级学生阅读的材料属于较容易的材料，但是其阅读这两类材料的阅读知觉广度是一致的。这说明阅读材料的难易程度并没有对小学生的阅读知觉广度产生影响。

研究中让所有学生阅读二年级水平材料，结果发现：

1）对于阅读速度，除了 FL 条件，二年级下学期至大学生在所有窗口上的数据均呈增长模式。但是，除了 FL 条件，二年级上学期学生在所有窗口上的数据呈现出先增高后降低的模式。为什么会呈现出两种相反的数据模式？出现这种情况的原因可能是，对于二年级上学期的学生来说，其阅读技能发展不完全，在窗口中阅读会使儿童产生心理上的时间压力。当窗口大小达到阅读知觉广度后，儿童在有窗口条件下的阅读速度会降下来，即使增大窗口，学生能够获得信息的范围也不会增大。但当阅读技能逐渐发展时，儿童的阅读速度会随着窗口的增大而加快。同时相关研究发现，当阅读成人水平的材料时，成人在 FL 条件下的阅读速度也会出现慢于某些窗口条件下的阅读速度的情况，而本次研究出现了大学生被试在各种窗口条件下的阅读速度没有快于 FL 条件的情况，这可能是由于大学生被试阅读的是二年级水平的材料，材料本身对大学生被试来说比较简单，所以由窗口条件引起的时间压力作用不明显。

2）对于向右眼跳距离，五年级学生在所有窗口上的眼跳距离均大于大学生，这可能是由被试对实验指导语的理解不同造成的。研究者猜想，当给五年级学生阅读指导语时，由于他们认为阅读二年级材料简单，从而改变了阅读策略，在阅读过程中能迅速从副中央凹处提取信息，造成眼跳距离大于大学生。

（三）学生阅读与年级相匹配材料的阅读知觉广度

当学生阅读与年级相匹配的材料时，结果表明，二年级上、下学期学生的阅读知觉广度均为右侧 1～2 个汉字，而三年级、四年级与五年级学生的阅读知觉广度为右侧 2～3 个汉字。我们发现，在阅读与能力相匹配的材料时，学生的阅读知觉广度发展的提升时期为二年级下学期至三年级。

当分析小学生阅读与年级相匹配的材料时，我们发现，与整行条件相比，二年级上学期、二年级下学期、三年级、四年级及五年级学生在 NP 条件下，阅读速度的下降比例分别为 43.6%，52.3%，57.3%，65.7%，60.2%。此外，四年级、五年级学生在阅读与年级相匹配的材料时，虽然整行条件下的阅读速度没有差异，但是两者在 NP 条件下的阅读速度分别为 91 字/分钟与 105 字/分钟，这说明即使在最小的窗口条件下，五年级学生的词汇加工速度仍然快于四年级学生，但四年级、五年级的下降百分比出现了持平。Vorstius 等（2014）指出："在所有的眼动参数中，发生最大的改变的时间段是在一年级与二年级之间，而这种现象在四年级与五年级之间出现了一种权衡的过程。"

不过纵观最小窗口条件下的下降百分比，可以推测出：①小学低年级学生受到的小窗口影响不如高年级学生大，或者说是高年级学生在小窗口 NP 条件下的阅读破坏效应要大于小学低年级学生；②小学低年级阅读水平的学生对小窗口条件的适应能力要弱于阅读水平高的学生。当与最小窗口 NP 条件相比时，二年级上学期、二年级下学期、三年级、四年级及五年级学生在 L1R1 条件下的阅读速度上升比率分别为 44.9%、45.4%、53.4%、55.8%、53.5%。这一方面说明阅读水平低的学生的词汇加工速度不如阅读水平高的学生，另一方面说明从三年级开始，学生对副中央凹处的信息更加敏感，或者是说，其对副中央凹处信息的有效利用需要以基本的阅读水平成熟为前提。

（四）学生阅读所有材料的阅读知觉广度

当学生阅读所有材料时，可以看出，阅读知觉广度在二年级上、下学期之间没有发展起来，而在二年级下学期到三年级期间增长，这与学生阅读年级匹配材料时的结果一致，同时也与 Sperlich 等（2015）的研究结果一致。这说明只有在基本的阅读技能掌握之后，阅读知觉广度才会发展变大。同时由结果可以看出，阅读知觉广度处于动态的发展变化中。

阅读知觉广度的动态发展变化不仅在移动窗口范式中得到证实，在移动边界范式中同样得到了证实（Rayner，1975）。在移动边界范式中，当读者注视目标前词 N 时，实验控制了副中央凹处词 N+1 与 N+2 的特点，也就是说，当读者的眼睛跨过在词 N 与词 N+1 之间的不可见的边界时，相似的词或者掩蔽词才会被目标词取代。预视效益指获得目标词预视时的注视时间要比没有获得时的时间要短。因此，预视效益可以被视为对副中央凹信息获得量的一种指标。比如使用快速自动命名任务，Yan 等（2013）研究发现阅读障碍儿童的预时效益要比正常儿童小，然后推论可能是阅读障碍儿童将视觉符号转化为语音输出的自动化程度低，从而导致他们将更多的认知资源集中于中央凹区域。

此外，读者可以根据中央凹或者副中央凹处阅读材料的难度对知觉广度的大小进行调整。Henderson 等（1990）发现，当中央凹处词汇加工比较困难时，读者进行副中央凹信息加工的效率变化降低。这就表明，如果将更多的注意资源集中与中央凹处的复杂信息，那么读者在阅读过程中将会获得更少的副中央凹信息。因此，阅读知觉广度的大小不仅受到了中央凹处加工负荷的影响，也受到了副中央凹处加工负荷的影响。Yan 等（2010a）发现，当副中央凹 N+1 处的词汇为低频词时，那么词 N+2 的加工效率便会降低。阅读知觉广度受到副中央凹处信息的动态调整与 SWIFT 模型的原理一致（Engbert et al., 2001; Engbert et al., 2002; Engbert et al., 2005）。SWIFT 模型是平行加工模型的代表，该模型认为，注意资源呈阶梯分布，当注意资源在中央凹处分布增多时，在副中央凹及边缘视野处的分布便会逐渐减少。在阅读知觉广度范围内的词汇都会得到加工，只是加工的速度随着与中央凹的距离变远而逐渐下降（马国杰等，2012）。

综上，随着阅读技能的发展，学生的阅读速度变快，平均注视时间变短，向右眼跳距离变长。二年级上下学期的阅读知觉广度均为右侧 1～2 个字，三年级至五年级小学生的阅读知觉广度均为右侧 2～3 个字。阅读知觉广度随着技能的增强而增大；阅读知觉广度在二年级至三年级逐渐发展起来。

第三节 绕口令效应对阅读知觉广度的影响

一、语音表征与绕口令效应

在汉语和拼音文字的研究中都发现了语音对字词识别的重要影响。有研究发现被试对语音相似的词表的回忆正确率要低于语音不相似的词表（Eagan et al., 2012）；另有研究认为，在语义通达过程中，语音和字形对语义激活均有重要的影响（Zhou et al., 2000; Zhou et al., 2009a）。而对同音词的研究发现，在词汇判断中，低频同音词的词汇判断时间显著长于非同音词，即存在同音词效应（Pexman et al., 2001）。在汉语中，陈宝国等（2005）也发现了同音词效应。他们采用视听跨通道范式研究语音对字形加工的影响，发现同音字的反应时长于非同音字反应时。尽管研究者使用不同的研究任务，但都证明了在词汇识别中语音的重要作用。那么语音表征是如何影响自然阅读过程的呢？

绕口令是研究这个问题的一种重要语料。绕口令是由大量同音字（词）和近音字（词）有意集中在一起所构成的语句。以往对绕口令的研究表明：无论是朗读还是默读，绕口令的阅读时间都长于正常句子的阅读时间，即存在绕口令效应（McCutchen et al., 1982）。McCutchen 等（1982）发现读者对绕口令进行语义可接受性的判断时间比正常句子更长。Haber 等（1982）记录了被试阅读绕口令和控制句的时间，发现绕口令的阅读时间更长。Ayres（1984）要求被试阅读含有绕口令的段落，得到的结果与 Haber 的研究结果一致。Warren 等（2009）指出读者阅读绕口令时早期和晚期的加工指标都出现了下降。在日语绕口令的研究中，Matsunaga（2014）要求被试朗读和默读日语绕口令，并记录反应时和错误率，同样证实日语阅读中也存在绕口令效应。

与英语相比，汉语中存在大量同音字，同音字音节在总音节中所占的比率约 80.49%（尹文刚，2003），且汉字的同音字密度更大（闫国利等，2013b），因此，绕口令效应可能会更加明显。Zhang 等（1993）考察了汉语中的绕口令效应，实验一采用自定步速的移动窗口范式，记录读者朗读和默读绕口令段落和非绕口令段落的错误率、阅读时间等，结果发现绕口令的阅读时间更长，表明汉语中存在绕口令效应。

因此，本次研究通过移动窗口范式，考察读者绕口令阅读时的知觉广度，以进一步揭示语音加工在阅读中的作用。如果读者阅读绕口令时的知觉广度变小，说明绕口令效应影响了读者的阅读效率，干扰正常阅读，进而说明语音表征信息的激活对读者的阅读加工过程有重要影响。

二、实验方法

（一）实验被试

选取天津某高校大学生 50 人，平均年龄 20.50 岁（*SD*=2.15）。所有被试视力或矫正视力正常，母语均为汉语，均不了解实验目的。

（二）实验设计

实验采用 2（句子类型：绕口令，控制句）×6（可视窗口大小：R0，L1R1，L2R2，L3R3，L4R4，FL）两因素混合设计。其中，句子类型为被试间变量，窗口大小为被试内变量。

本次研究采用呈现随眼动变化的移动窗口范式，参考已有（闫国利等，2014）的研究设计，主要比较阅读知觉广度右侧的范围，因此设置了 6 种对称窗口条件：R0 为当前注视字；L1R1 为当前注视字加注视点左侧 1 个字、右侧 1 个字；L2R2

为当前注视字加注视点左侧 2 个字、右侧 2 个字；L3R3 为当前注视字加注视点左侧 3 个字、右侧 3 个字，L4R4 为当前注视字加注视点左侧 4 个字、右侧 4 个字；以及整行呈现的条件。窗口外的其他文字由掩蔽符号 "※" 来代替。具体的材料呈现方式如图 3-6 所示。

史老师时常讲时事而石老师时常读报纸。　　整行
　　　　　　　　　*
※※※※※时※※※※※※※※。　　R0
　　　　　　*
※※※※※讲时事※※※※※※※。　　L1R1
　　　　*
※※※※常讲时事而※※※※※※。　　L2R2
　　　*
※※※时常讲时事而石※※※※※。　　L3R3
　
※※师时常讲时事而石老※※※※。　　L4R4
　　　　　　*

注："*" 代表注视点的位置。

图 3-6　6 种可视窗口示意图

（三）实验材料与仪器

从实验一所用的材料中选出 54 句绕口令及与之匹配的 54 句控制句。为了平衡实验材料和窗口顺序，将 54 句绕口令分成 6 组，每组 9 个句子，每组内 9 个句子的呈现顺序保持不变，采用拉丁方设计形成 6 种窗口条件的呈现顺序，使每种窗口条件在每组句子中都得到呈现，产生 6 种不同的观看顺序。每个被试随机接受其中一种刺激呈现顺序。另外随机设置 27 个阅读理解题，以保证被试认真阅读句子。加上 6 个练习句，每个被试共阅读 60 个句子。控制句的材料平衡和呈现方式同绕口令一致。

实验采用 Eyelink 2000 眼动仪（采样率为 1000Hz），被试机屏幕刷新频率为 120Hz，分辨率为 1024×768 像素，屏幕尺寸为 35cm。被试眼睛距离屏幕约 63cm，刺激以宋体形式呈现，每个汉字为 28×28 像素，视角为 0.9°。

（四）实验程序

1）被试进入实验室熟悉环境（每个被试单独进行实验），由主试讲解指导语：

"本次实验为句子阅读实验，实验过程中屏幕上会呈现一个句子，请认真阅读并理解句子的含义。有的句子会被一些星号挡住，请忽略星号的干扰，眼睛看到哪里，哪里就会出现汉字。有的句子后面带有一个问题，要求判断该问题与上一个句子的意思是否一致，'是'按左键，'否'按右键。每次句子呈现之前，屏幕上会出现一个小圆点，盯住小圆点的中心会自动呈现下一个句子，每个句子读完后请按翻页键。准备好了，开始对眼睛进行校准。"

2）三点校准成功后，被试首先进入练习，以熟悉实验过程。练习结束后，重新进行校准，然后进行正式实验。阅读材料以逐句的方式呈现在屏幕中央，被试的任务是认真阅读每一屏呈现的句子，自己控制阅读速度，读完一句后按手柄的翻页键，再进行一次漂移校正以保证记录精确性，然后阅读下一个句子；对于带有问题的句子，被试需先回答问题（"是"按左键，"否"按右键），再进行一次漂移校正。正式实验之前有 6 个练习句子，使被试熟悉实验程序。整个实验过程大约需要 35min。

（五）实验数据筛选与分析指标

参考以往关于阅读知觉广度的研究，实验二选取阅读速度、平均注视时间、向右眼跳幅度作为分析指标。删除了 2 名阅读理解题目正确率较低（分别为 40% 和 59%）的被试的数据。总共剔除的无效数据占总数据的 4%。

此外，被试回答阅读理解题的正确率分别为 82%（绕口令）和 83%（控制句），两者无显著差异，$t=0.89$，$p>0.05$。读者阅读绕口令和阅读控制句的正确率没有差异，说明在两种句子类型下读者都进行了认真阅读。

三、阅读绕口令和控制句的眼动指标与阅读知觉广度分析

（一）不同窗口条件下绕口令和控制句的各眼动指标比较

首先采用两因素重复测量方差分析，对句子类型和窗口两个变量进行重复测量方差分析，结果见表 3-14 所示。

表 3-14 不同窗口条件下绕口令和控制句的各眼动指标的平均数和标准差

窗口	绕口令			控制句		
	平均注视时间（ms）	向右眼跳幅度（字）	阅读速度（字/分钟）	平均注视时间（ms）	向右眼跳幅度（字）	阅读速度（字/分钟）
R0	339（51）	1.3（0.54）	71（30.8）	356（47）	1.6（0.89）	150（404.7）
L1R1	279（38）	1.49（0.58）	112（35.4）	270（30）	1.73（0.48）	192（312.8）
L2R2	272（29）	1.81（0.41）	177（27.2）	250（25）	1.87（0.37）	290（474.5）
L3R3	268（28）	1.88（0.39）	121（35.2）	245（24）	1.99（0.41）	158（43.6）
L4R4	257（69）	1.99（0.43）	120（34.6）	251（25）	2.11（0.50）	159.3（38.3）
整行	265（28）	1.97（0.40）	122（37.4）	243（28）	2.12（0.53）	224（34.5）

注：R0 指 1 个字窗口；L1R1 指 3 个字窗口；L2R2 指 5 个字窗口；L3R3 指 7 个字窗口；L4R4 指 9 个字窗口。下同。

句子类型在三个眼动指标上的主效应都显著。在平均注视时间上，不同句子类型的被试分析和项目分析的主效应显著 [$F_{1 (1, 46)}$=3.29，$p<0.05$，η_p^2=0.07；F_2 $_{(1, 106)}$=27.26，$p<0.05$，η_p^2=0.21]；在阅读速度上，不同句子类型的被试分析和项目分析的主效应显著 [$F_{1 (1, 46)}$=2.99，$p<0.05$，η_p^2=0.06；F_2 $_{(1, 106)}$=7.22，$p<0.05$，η_p^2=0.064]；在向右眼跳幅度上，不同句子类型的被试分析和项目分析的主效应显著 [F_1 $_{(1, 46)}$=1.41，$p<0.05$，η_p^2=0.05；F_2 $_{(1, 106)}$=6.07，$p<0.05$，η_p^2=0.05]。与阅读控制句相比，读者在阅读绕口令时的平均注视时间更长、阅读速度更慢、向右眼跳幅度更小。

窗口条件在三个指标上的主效应都显著。在平均注视时间上，不同窗口条件的被试分析和项目分析的主效应显著 [F_1 $_{(5, 225)}$=56.4，$p<0.05$，η_p^2=0.56；F_2 $_{(5, 530)}$=132.63，$p<0.05$，η_p^2=0.55]；在阅读速度上，不同窗口条件的被试分析和项目分析的主效应显著 [F_1 $_{(5, 225)}$=2.21，$p<0.05$，η_p^2=0.05，F_2 $_{(5, 530)}$=1.93，$p<0.05$，η_p^2=0.02]；在向右眼跳幅度上，不同窗口条件的被试分析和项目分析的主效应显著 [F_1 $_{(5, 225)}$=10.17，$p<0.05$，η_p^2=0.28；F_2 $_{(5, 530)}$=34.8，$p<0.05$，η_p^2=0.25]。随着窗口的逐渐增大，读者的平均注视时间更短、阅读速度更快、向右眼跳幅度更大。

对句子类型与窗口的交互作用进行分析发现，对于平均注视时间上的交互作用，被试分析结果边缘显著 [F_1 $_{(5, 225)}$=0.84，$p=0.52$]；项目分析结果边缘显著 [F_2 $_{(5, 530)}$=6.09，$p<0.05$，η_p^2=0.054]。对于阅读速度上的交互作用，被试分析和项目分析结果均不显著 [F_1 $_{(5, 225)}$=0.297，$p=0.91$；F_2 $_{(5, 530)}$=0.26，$p=0.93$]。对于在向右眼跳幅度上的交互作用，被试分析和项目分析结果均不显著[$F_{1(5, 225)}$=0.44，$p=0.82$，F_2 $_{(5, 530)}$=0.21，$p=0.06$]。

（二）绕口令的阅读知觉广度

对于阅读知觉广度的确定，参照以往的研究方法，在平均注视时间、阅读速度、向右眼跳幅度三个指标上进行配对比较。首先将最大窗口条件（L4R4）和整行条件相比较，以确定最大窗口条件的设置是否有效。

配对样本 t 检验的结果表明，最大窗口条件和整行条件在三个指标上的差异都不显著。在平均注视时间上，两种窗口条件差异不显著 [$t_{1\,(23)}$=-0.63，p>0.05；$t_{2\,(53)}$=0.03，p>0.05]；在阅读速度上，两种窗口条件差异不显著 [$t_{1\,(23)}$=-0.53，p>0.05；$t_{2\,(53)}$=-1.0，p>0.05]；在向右眼跳幅度上，两种窗口条件差异不显著 [$t_{1\,(23)}$=0.45，p>0.05；$t_{2\,(53)}$=-0.17，p>0.05]。这说明最大窗口并没有影响阅读，最大窗口的设定是完全有效的。值得注意的是，与整行条件相比，最大窗口条件在平均注视时间上较短，阅读速度较快，向右眼跳幅度较大，但都差异不显著。在以往有关阅读知觉广度的研究中也有类似的情况出现。这可能是因为在有窗口限定的条件下进行阅读会使读者有一种时间上的压迫感；而在整行条件下阅读就相当于自然的阅读，时间压力相对较小。

其次是确定阅读知觉广度右侧的范围。将最大窗口条件（L4R4）与其他窗口条件（R0，L1R1，L2R2，L3R3）进行配对样本 t 检验，和最大窗口条件（L4R4）差异不显著的最小窗口条件就是阅读知觉广度右侧的范围。

绕口令条件下配对比较的结果见表 3-15。在平均注视时间上，R0 窗口与 L4R4 窗口有显著差异；L1R1 窗口与 L4R4 窗口，L2R2 窗口与 L4R4 窗口，L3R3 窗口与 L4R4 窗口差异都不显著。在阅读速度上，R0 窗口与 L4R4 窗口有显著差异；L1R1 窗口与 L4R4 窗口，L2R2 窗口与 L4R4 窗口，L3R3 窗口与 L4R4 窗口差异都不显著；在向右眼跳幅度上，R0 窗口与 L4R4 窗口，L1R1 窗口与 L4R4 窗口有显著差异；L2R2 窗口与 L4R4 窗口，L3R3 窗口与 L4R4 窗口差异都不显著。综合以上结果，绕口令的阅读知觉广度为注视点右侧 1~2 个汉字。

表 3-15　绕口令条件下不同窗口与最大窗口 t 检验结果

配对	平均注视时间		阅读速度		向右眼跳幅度	
	t_1（df=23）	t_2（df=53）	t_1（df=23）	t_2（df=53）	t_1（df=23）	t_2（df=53）
R0——L4R4	4.84**	9.51**	-7.79**	-11.3**	-4.59**	-7.74**
L1R1——L4R4	1.32	4.67**	-1.43	-1.16	-4.01**	-6.78**
L2R2——L4R4	1.11	-0.46	1.03	1.11	-1.34	-1.83
L3R3——L4R4	0.859	-0.143	-0.27	-0.59	-1.78	-1.68

注：**p<0.05；t_1表示被试分析，t_2表示项目分析。

（三）控制句的阅读知觉广度

控制句阅读知觉广度的确定方法与绕口令阅读知觉广度的确定方法一致。首先将最大窗口条件（L4R4）和整行条件相比较，以确定最大窗口条件的设置是否有效。

在控制句条件下，配对比较的结果表明，最大窗口条件和整行条件在三个指标上的差异都不显著。在平均注视时间上，两种窗口条件差异不显著 $[t_{1(23)}=-0.46$，$p>0.05$；$t_{2(53)}=0.89$，$p>0.05]$；在阅读速度上，两种窗口条件差异不显著 $[t_{1(23)}=-0.89$，$p>0.05$；$t_{2(53)}=-0.91$，$p>0.05]$；在向右眼跳幅度上，两种窗口条件差异不显著 $[t_{1(23)}=-0.16$，$p>0.05$；$t_{2(53)}=-0.48$，$p>0.05]$。即最大窗口条件未影响阅读，其设定也是有效的。

其次是阅读知觉广度的确定。控制句配对比较的结果见表 3-16。在平均注视时间上，R0 窗口与 L4R4 窗口，L1R1 窗口与 L4R4 窗口之间都存在显著差异；L2R2 窗口与 L4R4 窗口，L3R3 窗口与 L4R4 窗口之间的差异都不显著。在阅读速度上，R0 窗口与 L4R4 窗口，L1R1 窗口与 L4R4 窗口之间都存在显著差异；L2R2 窗口与 L4R4 窗口，L3R3 窗口与 L4R4 窗口之间差异都不显著。在向右眼跳幅度上，R0 窗口与 L4R4 窗口，L1R1 窗口与 L4R4 窗口，L2R2 窗口与 L4R4 窗口之间都存在显著差异，L3R3 窗口与 L4R4 窗口之间差异不显著。综合以上结果，控制句条件下的阅读知觉广度为注视点右侧 2~3 个汉字，这与以往汉语阅读中知觉广度的研究结果是一致的。

表 3-16　控制句条件下不同窗口与最大窗口 *t* 检验结果

配对	平均注视时间		阅读速度		向右眼跳幅度	
	t_1（*df*=23）	t_2（*df*=53）	t_1（*df*=23）	t_2（*df*=53）	t_1（*df*=23）	t_2（*df*=53）
R0—L4R4	11.76**	18.85**	−2.00**	−3.01**	−1.59	−4.49**
L1R1—L4R4	4.31**	4.93**	2.51**	3.56**	−2.63**	−4.47**
L2R2—L4R4	0.004	−0.005	1.33	1.24	−2.84**	−4.47**
L3R3—L4R4	−1.27	−0.46	−0.31	−0.20	−1.9	−1.79

注：**$p<0.05$；t_1 表示被试分析，t_2 表示项目分析。

四、阅读绕口令和控制句的眼动特点及其阅读知觉广度特征

本次研究通过经典的呈现随眼动变化的移动窗口范式来控制窗口大小，考察

了读者阅读绕口令和控制句时阅读知觉广度的大小，进一步揭示了绕口令的破坏效应对读者阅读效率的影响。

从方差分析的结果来看，窗口条件在三个眼动指标上都有显著的主效应。即随着窗口大小的不断增大，读者的平均注视时间逐渐减少，阅读速度逐渐变慢，向右眼跳幅度逐渐增大。也就是说，窗口的限制显著影响读者的阅读行为。Rayner将个体一次注视的区域分为 3 个部分（Rayner，1978）：中央凹区域、副中央凹区域和边缘视野区域。不同区域获得的信息不同。在中央凹区域，个体的视敏度最高，可以获得清晰的信息。在中央凹以外，个体视敏度显著下降，获得的信息也逐渐减少。当窗口仅为当前注视点时，读者仅能获得中央凹处的信息，而副中央凹和边缘视野的信息则无法提取，所以其阅读活动就受到了显著干扰。这也从侧面印证了副中央凹预视效应（当读者注视当前词 n 时，还可以从位于副中央凹的词 n+1、词 n+2 获得部分信息）对阅读的影响。而随着窗口逐渐增大，读者不仅可以获得中央凹的信息，还能提取到副中央凹和边缘视野的信息，窗口的干扰作用也会逐渐减小。当读者在某一窗口下与正常无窗口条件下的阅读没有差异时，那么该窗口范围就是读者的阅读知觉广度。

本次研究的分析结果还显示句子类型主效应显著，即绕口令的平均注视时间显著长于控制句，阅读速度显著慢于控制句，向右眼跳幅度显著小于控制句，这说明句子类型影响了读者的阅读模式。与此同时，这一结果也再次证实了中文阅读中绕口令效应的存在。绕口令中语音相似性信息的重叠干扰增加了读者的阅读难度，使读者的认知加工负荷增加，影响了读者的信息提取。分析阅读绕口令句子的结果显示，平均注视时间和阅读速度两项眼动指标推出阅读知觉广度范围为注视点右侧 1 个汉字的空间，而向右眼跳幅度眼动指标推出阅读知觉广度范围为注视点右侧 2 个汉字的空间。分析阅读控制句的结果显示，在平均注视时间和阅读速度两项眼动指标推出阅读知觉广度范围为注视点右侧 2 个汉字的空间，在向右眼跳幅度眼动指标推出阅读知觉广度范围为注视点右侧 3 个汉字的空间。综上，绕口令的阅读知觉广度小于正常句子的阅读知觉广度。

阅读知觉广度是读者一次注视所能提取的有效信息的范围。读者注视一次不仅能从中央凹处获得信息，还能从副中央凹处获得部分信息。当眼睛所注视的当前信息的认知加工负荷较大时，读者会把更多的认知资源放到对中央凹信息的加工上，从而无法充分加工副中央凹的信息，因此获得的有效信息的范围就会减小。绕口令条件下的阅读知觉广度更小，说明读者在阅读绕口令的过程中一次提取的有效信息减少。以往关于阅读知觉广度的研究发现，难度是影响阅读知觉广度大小的一个重要因素（Rayner，1986；闫国利等，2008b）。绕口令中含有大量语音相同或相近的字词，使得材料的阅读难度增加，因此，读者阅读绕口令时认知加工负荷增大，一次提取到的有效信息减少，阅读知觉广度减小，阅读效率下降。

　　读者一次提取的信息越多，阅读速度就越快，加工效率就越高；反之，加工效率就越低。本次研究从信息提取空间范围的角度考察了读者阅读绕口令时的阅读知觉广度的大小，进一步揭示绕口令效应使读者阅读效率下降的原因。结果发现绕口令的阅读知觉广度为注视点右侧1～2个汉字，小于正常句子的阅读知觉广度。本次研究的结果不仅佐证了中文中的绕口令效应，更重要的是揭示了绕口令效应使得读者一次注视所能提取到的有效信息减少，从而导致阅读效率的下降。在本次研究中，读者在只能注视到当前字的情况下，显著干扰阅读行为；而随着窗口的逐渐增大，读者从注视点右侧获取的信息越来越多，主要表现在平均注视时间减少、阅读速度增加、向右眼跳幅度增大。这一结果也从侧面证实副中央凹预视效应对阅读的影响。

　　以往关于阅读知觉广度的研究发现，难度是影响阅读知觉广度的重要因素之一（Rayner，1986；闫国利等，2008c；闫国利等，2013a）。在本次研究中，绕口令的阅读知觉广度小于正常句子，恰好印证了这一观点。由于绕口令材料中含有大量的同音字或近音字，语音上的干扰较大，从而增加了句子的难度，影响了读者的正常阅读。

　　E-Z读者模型主要强调的是词汇的加工阶段及注意的转移机制（Reichle et al.，1998）。该模型将词汇加工分为三个主要阶段：第一阶段是对视觉信息的简单加工，无须注意参与；第二阶段和第三阶段是词汇加工的早期和晚期阶段，这两个阶段需要注意的参与。该模型认为读者对目标词的注意是有序转移的，词汇加工的早期阶段主要是完成正字法信息的识别，又称"熟悉度检查"；当读者完成词汇识别后就立即进入到下一阶段；词汇加工的晚期阶段主要是完成语义信息的识别，又称词汇通达阶段。因此，当读者对中央凹的信息提取和加工得越快时，对副中央凹信息的加工时间就越充分，信息提取越多（Reichle et al.，2013）。可见中央凹和副中央凹之间存在注意资源的竞争，当读者在中央凹处的信息加工难度增大时，就无法将注意及时转移到副中央凹，因此在副中央凹处获取的信息就会减少。

　　综合本次研究的结果，读者在阅读绕口令的过程中，阅读时间和注视次数增加、阅读速度下降、向右眼跳幅度变小，这表明读者对所注视字词的编码及语义提取的时间延长，即读者对当前词的加工难度增加。绕口令中的语音干扰使得读者阅读时的中央凹负荷增加，信息加工变慢，注意不能及时转移到副中央凹，也就无法在下一次眼跳之前从副中央凹获取更多信息，因此阅读时间增加，阅读速度变慢，阅读知觉广度变小，加工效率也随之下降。对绕口令效应的研究也进一步证实了语音编码在阅读中所起到的重要影响。读者阅读绕口令时阅读速度明显下降，主要是由于绕口令中含有大量语音相同或相近的字词，语音信息大量重叠，使读者出现语音上的混淆，增加了阅读难度，降低了阅读效率。而读者阅读知觉广度的变小也正是由语音信息重叠带来的句子难度增加引起的。

第四章

知觉广度内副中央凹信息获取类型的发展研究

第一节　知觉广度内的副中央凹信息加工

一、副中央凹视觉区域与信息加工

阅读时视野可以分为中央凹视区、副中央凹视区和边缘视野。在阅读过程中，读者从每个注视点上获得的信息是有限的，因此，读者能否从副中央凹处获得信息会直接影响他们的阅读效率。当读者正注视某个词（即位于中央凹的词 n）时，可以获得该词右侧词（即位于副中央凹词 n+1 或词 n+2）的部分信息，这一现象被称为副中央凹预视效应（Rayner，1975；白学军等，2011a）。

When 和 Where 是阅读过程中的眼球运动控制的两个基本问题，When 是指读者的眼睛何时进行移动，Where 是指读者的眼睛移向何处（Rayner，2009）。读者选择何处作为下一次的注视目标，是眼跳目标选择的问题。而副中央凹的加工对于这两个问题都具有重要影响。

二、副中央凹加工研究的经典范式

边界范式是研究副中央凹加工使用较多的方法。该范式能精确地考察阅读过程中读者从副中央凹中获取信息的范围、类型及副中央凹处信息加工的情况。该范式的具体程序是：首先在句子中确定一个目标刺激所在的位置，然后在此目标位置的左侧设定一个边界（该边界只在实验程序中设定，不在屏幕上呈现）。在读者的眼跳越过边界之前，目标位置呈现的是预视刺激。一旦读者的眼睛跳过边界位置，目标刺激立即替代目标词位置上的预视刺激。用这种方法可以考察读者是否能从副中央凹视觉区域获得某种语言信息，如音、形、义等信息。以考察读者能否从副中央凹视觉区获得字形预视信息为例，该范式的具体示意图见图 4-1 所示。

(a) 英语老师正在｜填写项目申请书。　　　　　　[原句]

(a) 英语老师正在｜填写项目申请书。　　　　　　[当前注视点]

　　　　　　　　*

(a) 英语老师正在｜　填写项目申请书。　　　　　[越过边界之后]

　　　　　*

图 4-1　边界范式示意图

注："｜"表示边界位置，在实验过程中被试是看不到的。"慎"为预视字，与目标词"填"形似。

该范式的实验逻辑是：如果读者已经对位于目标位置上的预视信息进行加工，那么把预视条件（即与目标刺激具有音、形或者义的相关特征的预视字）和控制条件（即与目标刺激不存在任何共同的音、形或者义等相关的语言特征的预视字）下的眼动指标做比较时，预视条件下会出现一定的促进效应，表现为首次注视时间、凝视时间比控制条件更短，存在显著差异。反之，如果无差异，则表明读者未能从副中央凹视觉区获得预视信息（闫国利等，2010）。

三、副中央凹加工对阅读理论的作用

（一）系列加工与平行加工

知觉广度包括当前注视字或词（n），也包括副中央凹中的字或词（n+1 或 n+2）。那么，在一次注视中知觉广度内字或词是同时加工（平行加工）呢，还是先加工当前注视字或词然后加工下一个字或词（序列加工）呢？这个问题，也是当前两类眼动阅读模型（序列注意转化模型、注意梯度指引模型）争论的核心问题之一。

这两类眼动阅读模型都能够对词 n+1 的副中央凹加工进行合理的解释。E-Z 读者模型认为：读者对注视词加工完成后开始进行下一次的眼跳计划时，虽然注视点仍停留在注视词上，但注意已转移到了下一个词上并开始对其进行加工（Reichle et al.，2006）；SWIFT 模型的解释是：注意资源在知觉广度内是梯度分配，不仅加工注视词，也能对注视词右侧的其他词汇进行加工，即对词 n 进行注视时，也开始了对词 n+1 的加工。

然而两类眼动阅读模型（序列注意转化模型、注意梯度指引模型）争论的核心问题是：对于高水平的信息（比如语义信息），读者是采取平行加工方式还是系列加工方式？序列注意转化模型认为，副中央凹–中央凹的处理模式受加工信息的限制，如果处理低水平的信息（如正字法信息）时，读者会采取平行加工的方式；如果对高水平的信息（如语义信息）进行加工，读者仍然运用序列加工方式（Reichle et al.，2006）。而注意梯度指引模型则强调，注意是一种有限的资源，它不只定位于目标词上，而是以递减的方式同时分配到目标词及与目标词邻近的单词上。

（二）副中央凹区域信息对眼动控制影响的理论

从副中央凹可以获得哪些信息来引导眼动行为、促进阅读呢?目前存在以下几种假设。

1. 视觉控制假设

视觉控制假设也称为边缘搜索指导，主张读者的眼睛可能受课文中非言语特征的指导。该假设主要强调，副中央凹可以获得单词的视觉信息，以指导眼跳，从而有利于对课文内容的加工。

2. 言语控制假设

言语控制假设认为，在阅读过程中，读者可以从副中央凹内获得言语信息来指导眼动。Inhoff 等（1986）考察了副中央凹是否可以获得比字母更多的信息。操纵目标词（n+1）的频率，结果发现，当副中央凹单词是高频词时，读者的注视时间更短，这表明被试可能从副中央凹处提取了词汇或语义的信息。

四、副中央凹预视信息提取的研究

（一）拼音文字阅读过程中副中央凹预视信息加工的研究

Pollatsek 等（1992）采用边界范式，考察了英语熟练读者语音编码在单个字词识别和句子阅读中是否参与了眼跳期间的信息整合，结果发现，预视词的语音促进效应不仅表现在单个目标词的命名时间上，而且表现在默读句子时目标词的注视时间上。

Khelifi（2015）为了考察小学三年级和五年级学生法语读者对副中央凹处单词信息的加工情况，进行了一项单个字词识别的实验研究，采用词汇判断任务和副中央凹启动范式，结果表明，三年级和五年级儿童均能预视副中央凹信息，且预视效益来源于字母抽象水平上的信息，而不仅是单纯视觉水平上的促进；但是成人读者（大学生）可以预视副中央凹词的词汇表征信息，而发展性读者并没有。

读者在副中央凹的加工中能获得低水平的视觉信息，如单词的首字母信息、正字法信息和抽象的字母代码及语音信息（White et al., 2005）。那么，读者在副中央凹的加工中能否获得语义信息呢？一些使用边界范式的研究表明，读者不能从副中央凹获得语义信息，而最近的一些研究则发现读者可以在副中央凹的加工中获取语义信息（Schotter, 2013；Hohenstein et al., 2010）。Schotter（2015）研究发现，在预测性句子而非中性句子中，与语义不相关词相比，语义相关词促进了目标词的识别，出现了语义预视效益。因此，读者能否从副中央凹的加工中获取语义的信息，成为各模型之间争论的焦点。如果能获得语义信息，则副中央凹中的词与当前的注视词是同时加工的；否则，就是序列加工。

（二）中文阅读过程中副中央凹预视信息加工的研究

Pollatsek 等（2000）采用边界范式和命名任务，就成人读者（大学生）对中文单个字的副中央凹加工类型进行研究，结果发现副中央凹处的语音信息促进了目标字的识别，且高频语音规则字的命名速度要快于高频语音不规则字。与控制组相比，形似预视字也促进了目标字的识别。Hoosain（1991）指出，中文是方块形字体，且没有长度变化，而英文是线性字体，有长度的变化，单位范围内，中文的信息密度相对较高，因此，中文读者要比英文读者从副中央凹获得更大的预视效益。

针对成人的大量研究表明，中文阅读中存在字形、语音预视效应（Pollatsek et al., 2000；Liu et al., 2002；Tsai et al., 2004；Yan et al., 2009）。Pollatsek 等（2000）采用边界范式和命名任务对大学生进行研究发现，副中凹处的字形信息和语音信息能促进汉语词汇的识别。与此类似，Tsai 等（2004）采用边界范式进行研究也发现了显著的语音促进效应。闫国利等（2011）研究发现，小学生和大学生都能从副中央凹获得字形信息。另有研究表明，成人中存在语义预视效应（王穗苹，2009）。Yan 等（2009）采用独体字为目标字进行研究发现，在眼动的早期指标上（首次注视时间和凝视时间），读者能从副中央凹获得显著的字形和语义预视效益，并且在凝视时间上能获得显著的语音预视效益。Yan 等（2012）为了检验独体字研究中的语义预视效应是否具有普遍性，采用合体字为目标字，结果发现了显著的语义预视效益，且表义部首能促进目标字语义的加工。

（三）副中央凹预视信息提取的发展研究

最近几年，在拼音文字中，有关预视效应的发展性研究逐渐增多。Häikiö（2010）对芬兰儿童在复合词、形-名短语的预视发现，与形-名短语的第二个字相比，儿童可从复合词的第二个字获得更多的预视效益。

Richards 等（2015）为了考察德语儿童能否在阅读过程中利用副中央凹的获得的信息，采用边界范式，设置了目标预视、同音假字预视、字母颠倒预视（词首字母颠倒、词中字母颠倒）、字母小写预视、控制条件 6 种预视条件。结果发现，在同音假字的预视效应和字母小写的预视效应上，儿童表现出来显著的预视效益，而成人的预视效应不显著，说明儿童在副中央凹上获得的语音信息能够促进他们的词汇识别，而成人读者则没有获得语音预视信息。在字母颠倒的预视效应上，成人表现出显著的预视效益，而儿童的预视效益只在特定情况下显著，这表明语音加工在初级阅读中很重要，随后正字法加工会越来越重要。

在中文中，闫国利等（2011）对小学五年级和大学生的副中央凹预视效益进行了研究。结果表明，大学生可获得字形和语音预视信息，五年级学生仅能获得字形预视信息，此研究结果与 Richards 等（2015）的研究结果是矛盾的。那么，成人是否能获得语音预视效益？另外，张巧明等（2014）考察了小学三年级、五年级学生和大学生在不同词语类型（复合词、形-名短语）上的预视效益，结果表明，所有读者均拥有预视效益，不同词语类型预视效应无差异。

五、影响读者对副中央凹信息加工的因素

影响读者对副中央凹信息加工的因素主要有以下几个方面。

（一）阅读技能

读者的阅读技能越高，从副中央凹中获取的信息越多（Chace et al.，2005），而阅读技能包含众多因素。Choi 等（2015）采用移动窗口技术，考察了英语熟练读者知觉广度内的个体差异。研究结果表明，较高的语言能力（单词识别、快速命名、词和非词解码能力、听力理解等）和较快的眼球运动速度均有利于提高阅读速度、减少注视时间。但是读者的知觉广度大小受到个体语言能力高低的调节，

而非眼球转动速度的调节。这表明，语言能力更高的读者更可能拥有从注视单词外提取言语信息的有效技能。闫国利等（2013d）对小学三年级、五年级和大学生进行研究发现，阅读容易材料时，高阅读能力被试比低阅读能力被试有更大的向右眼跳幅度。

（二）中央凹加工负荷

Henderson 等（1990）研究发现，当前注视词的加工负荷会影响副中央凹信息的获取，当前注视词加工负荷越低，读者在阅读时从副中央凹中获取的信息越多。Yan（2015）发现，中央凹处高视觉复杂性且高词频词比低视觉复杂性、高词频词，更能促进副中央凹的预视效应。Yan 等（2010a）研究了副中央凹中字 n+1 的加工负荷对字 n+2 预视效应的影响，结果表明，当副中央凹中字 n+1 为低加工负荷的高频字时，读者可以获得字 n+2 的预视效应，而当副中央凹中字 n+1 为高加工负荷的低频字时，读者不能获得字 n+2 的预视效应，从而说明副中央凹的加工负荷影响获取信息的范围。

（三）视觉对比和条件变化

Wang 等（2010）探讨了词 n 的可辨别性（清晰、模糊）和呈现形式（大小写字母交替、全部小写）对副中央凹加工的影响。结果发现，当词 n 模糊或者由大小写字母交替构成时，读者在阅读时从副中央凹中获取的信息变少。

第二节　知觉广度内副中央凹信息加工类型的眼动研究

一、儿童在阅读过程中对副中央凹预视信息的加工情况

阅读是人类获取知识的重要途径，因此，学会阅读对于儿童的发展至关重要。在人的一生中，从初学阅读到能够熟练阅读，会历经什么样的发展变化，这是阅

读心理学的基本问题。

近年来，关于儿童副中央凹加工能力问题逐渐得到重视，有关预视效应的发展性研究逐渐增多。Häikiö 等（2010）对芬兰儿童在复合词、形-名短语的预视发现，与形-名短语的第二个字相比，儿童可从复合词的第二个字获得更多预视效益。

在德语阅读中，Richards 等（2015）采用边界范式，设置了目标预视、同音假字预视、字母颠倒预视（词首字母颠倒、词中字母颠倒）、字母小写预视、控制条件共 6 种预视条件，来考察德语儿童（年龄范围为 7.9～9.1 岁）能否在阅读过程中使用副中央凹中获得的信息。结果发现，在同音假字的预视效应上，儿童中表现出来显著的预视效应，而成人没有，说明儿童在副中央凹上获得的语音信息能够促进他们的词汇识别。而在字形预视效应（字母颠倒预视效应）上，儿童只在特定情况下显著，成人读者能够稳定地获得该效应。此结果表明，对于儿童而言，最初主要使用语音信息进行词汇加工，随着阅读技能的提高和年龄的增大，字形信息对他们会越来越重要。

与德语研究结果不一致的是，有学者发现，在英语阅读中，儿童（年龄范围8.1～9.6 岁）能够稳定地获取副中央凹处的字形信息（Pagán et al.，2016）。其存在差异的原因可能在于，两种语言的正字法透明的不同，使得儿童在词汇加工中对字形信息的依赖程度不同。

在汉语阅读中，有关儿童读者的副中央凹加工研究较少。闫国利等（2013d）考察了小学三年级、五年级学生和大学生在不同词语类型（复合词、形-名短语）上的预视效应，结果表明所有读者均拥有预视效应，不同词语类型预视效应无差异。闫国利等（2011）采用边界范式研究发现，小学五年级学生可以获取字形预视信息，但不能获取语音预视信息。另一项研究采用错误中断范式，发现小学三年级学生在目标字的前一个字上表现出语音的副中央凹-中央凹效应，即儿童可以预视语音信息。

本次研究采用词汇识别任务，考察二至五年级学生的字形、语音、语义预视效应。其创新之处在于，与已有研究相比，本次研究使用更宽泛的阅读水平-年级，可以系统探讨不同年龄儿童在汉字加工中对副中央凹处信息的使用情况，以及副中央凹加工的发展模式。本次研究的理论意义在于，帮助人们理解在阅读发展中，词汇加工的本质是如何变化发展的，进而为汉语阅读发展有关理论提供参考建议；实践意义在于通过探索词汇信息在不同年龄儿童汉字识别中的作用，为儿童汉字教学提供实践指导。

二、实验一：儿童对副中央凹视觉区域的字形信息提取情况

（一）实验被试

127 名小学生和 33 名大学生参加实验一，其中，小学二年级学生 28 名、三年级学生 33 名、四年级学生 33 名、五年级学生 33 名。视力或者矫正视力正常。小学生年龄范围为 7～11 岁，成人年龄范围为 18～23 岁。实验结束后每个被试获得一份精美礼品。

（二）实验材料

实验一中目标字有 114 个。每个目标字对应三种预视条件：等同（如"伴"）、形似（如"胖"）、无关（如"纸"）。对各预视字的字频（单位为百万分之一）和笔画数进行匹配，重复测量方差分析结果显示，不同预视条件下字频差异不显著 $[F_{(2, 226)} = 0.18$，$p > 0.05]$；笔画数差异不显著 $[F_{(2, 226)} = 1.27$，$p > 0.05]$。如表 4-1 所示。另外，设置目标字为非字的字对作为填充材料。

表 4-1　三种预视字的平均字频和平均笔画数

类别	等同预视	形似预视	无关预视
平均字频（次/每百万）	215.47（614.84）	253.41（1009.35）	222.68（493.37）
平均笔画数（画）	8.16（2.02）	8.11（2.06）	8.39（2.09）

注：括号内为标准差，下同。

为了评定形似字与目标字的字形相似度，分别请二至五年级学生、成人各 28 名（不参加正式实验）进行相关评分，评定方式为 5 点评定，1 为非常不相似，5 为非常相似。二至五年级学生、成人的评分分别为 3.99、3.98、3.98、3.97 和 3.98。

（三）实验设计

实验一采用为 5（被试类型：二年级学生、三年级学生、四年级学生、五年级学生、大学生）×3（预视类型：等同、形似音异、无关）×2（启动时间：60ms、100ms）混合实验设计，其中，预视类型、启动时间为被试内变量，被试类型为被

试间变量。

（四）实验仪器

实验程序采用 DMDX Auto mode 软件编写，实验程序通过笔记本电脑呈现，电脑刷新率为 60Hz，实验中被试眼睛到电脑屏幕中心大约 52cm。

（五）实验程序

参照以往启动实验研究结果（Wu et al.，1999；陈宝国等，2006），并参考眼跳潜伏期（100～150ms），分别设置 100ms 和 60ms 作为副中央凹启动时间，以考察小学生获取字形预视效应的情况。

本次研究使用以往研究采用的副中央凹启动范式。实验流程如下：程序开始时，首先在屏幕中心呈现注视点"+"，800ms 后，在注视点左侧或右侧（注视点中心距离右侧字的左边界 2 度视角）随机呈现启动字；随后，在"+"位置呈现目标字。这时，被试需要尽快判断目标字是否是真字。在实验过程中，要求被试持续注视"+"。程序设定最长反应时间为 4000ms。每个汉字在屏幕上的大小约为 1.3 度视角。具体程序见图 4-2 所示。

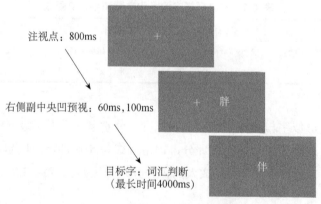

图 4-2　实验一实验程序示意图

（六）实验结果

采用 SPSS16 进行数据统计分析。首先，删除反应错误的项目；其次，剔除反应时平均数在 3 个标准差之外的数据。结果见表 4-2。

表 4-2　不同预视类型目标字的平均反应时（单位：ms）

预视类型	60ms					100ms				
	二年级	三年级	四年级	五年级	大学生	二年级	三年级	四年级	五年级	大学生
等同	888（192）	817（199）	733（121）	666（130）	534（98）	893（217）	787（190）	721（111）	658（125）	513（85）
形似	938（238）	849（204）	788（125）	713（119）	559（98）	922（211）	845（200）	759（128）	697（126）	547（94）
无关	925（192）	861（235）	790（144）	717（148）	576（97）	964（209）	885（242）	807（164）	740（156）	593（108）

在反应时方面，被试类型（二年级学生、三年级学生、四年级学生、五年级学生、大学生）、预视类型（等同、形似音异、无关）、启动时间（60ms，100ms）三因素重复测量方差分析结果表明：被试类型主效应显著 $[F_{1(4, 155)}=25.68$，$p<0.001$，$\eta_p^2=0.40$；$F_{2(4, 553)}=845.20$，$p<0.001$，$\eta_p^2=0.86]$，即随着儿童年级的升高，其总体反应时逐渐缩短；预视类型主效应显著 $[F_{1(2, 310)}=103.41$，$p<0.001$，$\eta_p^2=0.40$；$F_{2(2, 1106)}=86.14$，$p<0.001$，$\eta_p^2=0.14]$；启动时间主效应不显著 $[F_{1(1, 155)}=0.15$，$p>0.05$，$\eta_p^2=0.001$；$F_{2(1, 553)}=0.24$，$p>0.05$，$\eta_p^2=0.00004]$；三阶交互作用不显著 $[F_{1(8, 310)}=0.72$，$p>0.05$，$\eta_p^2=0.02$；$F_{2(8, 1106)}=0.25$，$p>0.05$，$\eta_p^2=0.002]$。

鉴于预视类型主效应和交互作用的分析结果，为了具体考察各年级组被试是否获得了字形预视效应以及在何启动时间下获得，分别对各年级组被试进行 3（预视类型：等同，形似音异，无关）×2（启动时间：60ms，100ms）重复测量方差分析。结果发现：对于二年级学生，交互作用的被试分析边缘显著 $[F_{1(2, 54)}=2.94$，$p=0.06$，$\eta_p^2=0.10]$，项目分析不显著 $[F_{2(2, 214)}=0.76$，$p>0.05$，$\eta_p^2=0.007]$。简单效应分析表明，二年级学生仅在 100ms 条件下获得了字形预视效应。对于三、四、五年级小学生，交互作用的被试分析均显著，$Fs>3$，$ps<0.05$；项目分析不显著，$Fs<3$，$ps>0.05$。简单效应分析表明，三、四、五年级小学生均仅在 100ms 条件下获得了字形预视效应。对于成人，交互作用显著 $[F_{1(2, 64)}=13.26$，$p<0.001$，$\eta_p^2=0.29$；$F_{2(2, 214)}=4.23$，$p<0.05$，$\eta_p^2=0.04]$。简单效应分析表明，成人在 60ms 和 100ms 条件下均获得了字形预视效应。

在错误率方面，重复测量方差分析发现，预视类型主效应、被试类型主效应、启动时间主效应以及三阶交互作用均不显著。

此结果表明，在 100ms 启动时间条件下，二至五年级小学生均可以预视副中央凹中的字形信息。成人在 60ms 和 100ms 下均能够获取字形预视信息，这与以往结果一致。此外，在词汇加工总体时间上，本次研究结果与词汇质量表征的发展变化一致，即随着年级的升高，读者的阅读经验也会增加，其对词汇的表征会更加精确、快速，因此，读者的总体反应时会逐渐减少。

三、实验二：儿童对副中央凹视觉区域的语音信息提取情况

（一）实验被试

121 名小学生和 32 名大学生参加实验二，其中，小学二年级学生 31 名，三至五年级学生分别为 30 名。所有被试视力或者矫正视力正常。小学生年龄范围为 7～11 岁，成人年龄范围为 18～23 岁。被试在实验结束后获得一份精美礼品。

（二）实验材料

本次实验材料中共有目标字 90 个。每个目标字对应三种预视条件：等同（如"呼"）、同音（如"忽"）、无关（如"亲"）。匹配各预视字的字频（单位为百万分之一）和笔画数，方差分析结果表明，不同预视条件下字频差异不显著[$F_{(2, 178)}=0.90$，$p>0.05$]；笔画数差异不显著 [$F_{(2, 178)}=0.30$，$p>0.05$]。填充材料为 45 对字（预视字与目标字在字形、语音、语义上均不同）。具体见表 4-3。

表 4-3　三种预视字的平均字频和平均笔画数

类别	等同	同音	无关
平均字频（次/每百万）	211.61（705.62）	361.15（872.10）	275.93（663.84）
平均笔画数（画）	7.83（2.05）	7.63（2.84）	7.82（2.27）

为了评定同音字与目标字的字形相似度，分别请二至五年级小学生、成人各30 名（不参加正式实验）进行相关评分，评定方式为 5 点评定，1 为非常不相似，5 为非常相似。结果如下：二至五年级学生、成人评分均为 1.00。

（三）实验设计

本次实验采用 5（被试类型：二年级学生、三年级学生、四年级学生、五年级学生、大学生）×3（预视类：型等同、同音形异、无关）×2（启动时间：60ms、

100ms）混合实验设计，其中，被试内变量为启动类型和启动时间，被试间变量为被试类型。

（四）实验程序

实验仪器和实验流程同实验一。在实验二中，被试的任务是对目标字进行命名，即读出目标字的读音，程序自动记录被试的反应时间。被试命名是否正确由主试进行记录。具体流程见图 4-3 所示。

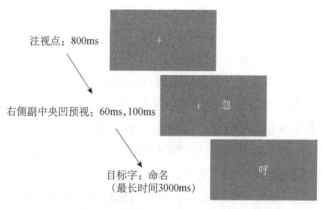

注视点：800ms

右侧副中央凹预视：60ms, 100ms

目标字：命名
（最长时间3000ms）

图 4-3　实验二实验程序示意图

（五）实验结果

采用 SPSS16 进行数据统计分析。首先，删除反应错误的项目；其次，剔除反应时平均数在 3 个标准差之外的数据。结果见表 4-4 所示。

表 4-4　不同预视类型下目标字的平均反应时（单位：ms）

预视类型	60ms					100ms				
	二年级	三年级	四年级	五年级	大学生	二年级	三年级	四年级	五年级	大学生
等同	771（96）	740（98）	718（78）	697（70）	673（77）	767（112）	719（85）	694（73）	690（81）	668（78）
同音	831（106）	781（87）	760（84）	728（77）	697（74）	837（116）	784（98）	751（77）	719（73）	685（68）
无关	824（106）	773（84）	751（69）	739（65）	712（73）	835（94）	799（90）	782（96）	764（78）	725（70）

在反应时上，进行被试类型（二年级学生、三年级学生、四年级学生、五年

级学生、大学生）、预视类型（等同、同音形异、无关）、启动时间（60ms、100ms）三因素重复测量方差分析。分析结果显示：被试类型主效应显著 $[F_1 {}_{(4, 148)} = 9.64$，$p < 0.001$，$\eta_p^2 = 0.21$；$F_2 {}_{(4, 445)} = 149.25$，$p < 0.001$，$\eta_p^2 = 0.57]$，即随着儿童年级的升高，其反应时逐渐缩短；预视类型主效应显著 $[F_1 {}_{(2, 296)} = 238.96$，$p < 0.001$，$\eta_p^2 = 0.62$；$F_2 {}_{(2, 890)} = 149.35$，$p < 0.001$，$\eta_p^2 = 0.25]$；启动时间主效应不显著 $[F_1 {}_{(1, 148)} = 0.45$，$p > 0.05$，$\eta_p^2 = 0.003$；$F_2 {}_{(1, 445)} = 0.25$，$p > 0.05$，$\eta_p^2 = 0.001]$。

三阶交互作用边缘显著 $[F_1 {}_{(8, 296)} = 1.87$，$p = 0.065$，$\eta_p^2 = 0.05$；$F_2 {}_{(8, 890)} = 1.81$，$p = 0.07$，$\eta_p^2 = 0.02]$。简单效应分析表明，在 60ms 和 100ms 条件下，二、三年级小学生没有获取语音预视信息。在 100ms 条件下，四、五年级小学生可以从副中央凹处获取语音预视信息。在错误率方面，重复测量方差分析表明，预视类型主效应、被试类型主效应、启动时间主效应以及三阶交互作用均不显著。

此结果表明，小学二、三年级学生没有获取语音预视信息，四、五年级学生在 100ms 条件下获取了语音预视信息。成人的结果与以往研究结果一致，即成人在 100ms 条件下可以获得语音预视信息（Pollatsek et al.，2000）。语音信息属于高水平的言语信息，在比较短的启动时间（60ms）下，读者尤其儿童读者不能快速地从副中央凹处获取此类信息。另外，在词汇加工总体时间上，本次实验结果亦符合词汇质量表征，即随着年级升高，读者总体反应时逐渐减少。

四、实验三：儿童对副中央凹视觉区域的语义信息提取情况

（一）实验被试

121 名小学生和 30 名大学生参加实验三，其中，小学二年级学生 31 名，三至五年级学生各 30 名。所有被试视力或者矫正视力正常。小学生年龄范围为 7～11 岁，成人年龄范围为 18～23 岁。所有被试在实验结束后获得一份精美礼品。

（二）实验材料

实验三材料中目标字共 108 个。每个目标字均对应三种预视条件：等同（如"偷"）、语义相关（如"盗"）、无关（如"敢"）。匹配各预视字的字频（单位为百万分之一）和笔画数。重复测量方差分析显示，字频差异不显著 $[F {}_{(2, 214)} = 0.17$，

$p>0.05$]，笔画数差异不显著 [$F_{(2, 214)}$ =0.27，$p>0.05$]。另外设置 72 对字（目标字为表示动物的字）作为填充材料。具体见表 4-5 所示。

表 4-5　三种预视字的平均字频和平均笔画数

类别	等同	语义相关	无关
平均字频（次/每百万）	248.48（567.95）	297.23（659.48）	291.96（810.16）
平均笔画数（画）	8.21（2.65）	8.13（2.74）	8.33（2.34）

为了评定语义相关字与目标字的字形相似度，分别请二至五年级小学生及成人各 30 名（不参加正式实验）进行相关评分，评定方式为 5 点评定，1 为非常不相似，5 为非常相似。结果二至五年级小学生及成人的评分均为 1.00。另外，语义相关字与目标字的语义相关度进行五点评定，1 为非常不相关，5 为非常相关，二至五年级小学生及成人评分均为 4.30。

（三）实验设计

采用 5（被试类型：二年级学生、三年级学生、四年级学生、五年级学生、大学生）×3（预视类型：等同、语义相关、语义无关）×2（启动时间：60ms、100ms）混合实验设计，其中，被试内变量为启动类型和启动时间，被试间变量为被试类型。

（四）实验程序

实验程序和实验仪器同实验一。实验三中被试的实验任务为：判断目标字是不是表示动物的字。实验程序自动记录被试的反应时间。具体程序见图 4-4 所示。

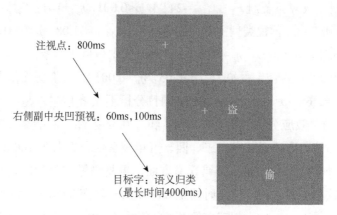

注视点：800ms

右侧副中央凹预视：60ms，100ms

目标字：语义归类
（最长时间4000ms）

图 4-4　实验三实验程序示意图

（五）实验结果

采用 SPSS16 进行数据统计分析。首先，删除反应错误的项目；其次，剔除反应时平均数在 3 个标准差之外的数据。结果见表 4-6。

表 4-6　不同预视类型下目标字的平均反应时（单位：ms）

预视类型	60ms					100ms				
	二年级	三年级	四年级	五年级	大学生	二年级	三年级	四年级	五年级	大学生
等同	852 (173)	764 (153)	679 (120)	614 (105)	542 (99)	827 (113)	763 (118)	663 (112)	603 (107)	521 (95)
语义相关	890 (189)	809 (163)	714 (133)	648 (127)	554 (107)	866 (143)	774 (132)	692 (136)	635 (109)	542 (86)
语义无关	886 (203)	798 (150)	719 (138)	651 (149)	569 (109)	868 (164)	813 (131)	733 (151)	688 (151)	593 (133)

对于反应时，3（预视类型：等同预视、语义相关预视、语义无关预视）×2（副中央凹启动时间：60ms、100ms）×5（被试类型：二年级、三年级、四年级、五年级、大学生）重复测量方差分析结果表明：被试类型主效应显著[$F_{1(4, 146)}$= 28.83，$p<0.001$，$\eta_p^2=0.44$，$F_{2(4, 535)}$=769.13，$p<0.001$，$\eta_p^2=0.85$]，即随着儿童年级的升高，其反应时逐渐缩短；预视类型主效应显著 [$F_{1(2, 292)}$=62.90，$p<0.001$，$\eta_p^2=0.30$；$F_{2(2, 1070)}$=48.17，$p<0.001$，$\eta_p^2=0.08$]；启动时间主效应不显著[$F_{1(1, 146)}$=1.53，$p>0.05$，$\eta_p^2=0.01$；$F_{2(1, 535)}$=2.76，$p>0.05$，$\eta_p^2=0.005$]；三阶交互作用不显著[$F_{1(8, 292)}$=1.07，$p>0.05$，$\eta_p^2=0.03$；$F_{2(8, 1070)}$=1.07，$p>0.05$，$\eta_p^2=0.008$]。

为了具体考察读者在语义预视效应方面的加工情况，进行 2（预视类型：语义相关、语义无关）×2（启动时间）×5（被试类型）重复测量方差分析，结果表明：被试类型主效应显著，[$F_{1(4, 146)}$=24.94，$p<0.001$，$\eta_p^2=0.41$；$F_{2(4, 535)}$=494.86，$p<0.001$，$\eta_p^2=0.79$]；预视类型主效应显著 [$F_{1(1, 146)}$=31.08，$p<0.001$，$\eta_p^2=0.18$；$F_{2(1, 535)}$=15.78，$p<0.001$，$\eta_p^2=0.03$]；启动时间主效应不显著 [$F_{1(1, 146)}$=0.24，$p>0.05$，$\eta_p^2=0.002$；$F_{2(1, 535)}$=0.34，$p>0.05$，$\eta_p^2=0.001$]；三阶交互作用被试分析显著 [$F_{1(4, 146)}$=2.68，$p<0.05$，$\eta_p^2=0.07$]；项目分析不显著 [$F_{2(4, 535)}$=1.10，$p>0.05$，$\eta_p^2=0.008$]。简单效应分析表明，在 60ms 和 100ms 条件下，小学二年级学生均没有从副中央凹处获取语义信息。三、四、五年级学生和成人在 100ms 条件下可以从副中央凹处获取语义信息。在错误率方面，重复测量方差分析表明，预视类型主效应、被试类型主效应、启动时间主效应以及三阶交互作用均不显著。

实验三结果表明，自小学三年级开始，儿童在 100ms 条件下可以获取语义预视信息。在 60ms 条件下，儿童和成人均没有获得语义预视信息。究其原因可能在于，语义信息在词汇信息中属于高水平的言语信息，对于读者尤其儿童读者而言，他们需要较长的启动时间才能从副中央凹处获取此类信息。此外，本次研究结果亦符合词汇质量表征假说，即随着年级升高，读者总体反应时逐渐减少。

五、儿童对词汇信息的预加工发展模式分析

本次研究通过三个实验、多个阅读水平，系统探讨了词汇加工中儿童对词汇信息的预加工发展模式。

（一）字形预视效应的发展情况

实验一采用真假字判断任务（词汇判断任务），考察了二至五年级小学生和成人的字形预加工特点与发展情况，结果发现，在 100ms 副中央凹启动时间下，二至五年级小学生均能从副中央凹获取字形预视信息，成人读者在 60ms 和 100ms 条件下均能获取字形预视信息。

在词汇信息类型中，字形信息属于低水平的视觉信息。二至五年级小学生在副中央凹加工中均能使用此类信息，对此儿童的加工能力并没有显著差异。此结果符合中文词汇识别的表征与加工模型的理论（周晓林，1997）。该模型认为，在词汇加工中，字形信息是基本的约束来源，字形表征的激活是其他信息类型表征激活的前提。另外，在儿童的识字时，汉语比较重视对汉字字形特征的分析与学习（Yin et al.，2013）。儿童已在日常学习中积累了大量常用字的字形表征，在词汇识别中，副中央凹处的预视字与目标字字形相似，对其的预视激活了其字形表征，从而加速了对目标字的识别，表现出了字形相似的促进效应。与成人相比，儿童需要更长的预视时间对副中央凹中的字形信息进行加工。

（二）语音预视效应的发展

实验二采用命名任务，考察了二至五年级小学生和成人的语音预加工情况，结果发现，小学二、三年级学生没有获取副中央凹处的语音信息，四、五年级学生和成人获取了此信息（100ms 条件下）。

　　本次研究结果与仅有的一项拼音文字研究结果不一致，即在本次研究中，小学低年级儿童（二、三年级）并没有获取语音预视信息，随着阅读水平的提高，儿童才能够获取语音预视信息；而德语低年级儿童（小学三年级）能够使用副中央凹中获取语音信息（Tiffin-Richards et al.，2015a）。其原因可能在于两种语言的书写系统不同，使得读者尤其儿童读者词汇加工的策略不同。在拼音文字中，德语属于正字法透明度较高的语言，其形-音对应比较规则。面对视觉文字，读者可以直接、自动地激活其语音（Grainger et al.，2010）。因此，语音信息在词汇加工中占据重要地位。然而，与拼音文字相比，汉字是世界上唯一的表意文字，其正字法透明度较低，更不存在类似于拼音文字的字形-语音对应规则。因此，汉字中字形相似的字，其读音可能完全不同；而字形差别非常大的字，其读音反而可能相同。至于汉字中的形声字，虽然其表音部件具有表音作用，但是有资料显示，仅有不到 30%的形声字的整字读音与表音部件读音一致，从而使得读者很难通过表音部件来获取整字的读音（Tan et al.，1998）。根据汉字独特的正字法特点，读者很难根据汉字的字形来准确获得其字音。因而，在汉字识别中，汉字的语音激活可能比英文迟缓一些（Tan et al.，1995），它的作用也可能更弱一些（Chen et al.，1995）。在本次研究中，二、三年级小学生的阅读技能相对较低，这可能使得他们没有从副中央凹中获取语音信息。

（三）语义预视效应的发展

　　实验三采用语义归类任务，考察了二至五年级小学生和成人的语义预视效应，结果发现，自小学三年级开始，儿童可以获取语义预视信息（100ms 条件下）。

　　与语音预视效应的发展模式类似，儿童的语义预加工能力也是随着阅读水平的提高而出现的。拼音文字中，有关成人读者的语义预视效应研究结果并不完全一致，而在汉语中，儿童可以在副中央凹加工中使用语义信息，这与汉字的表意特点有一定关系。用形旁表意这是汉字的显著特征，汉字较强的表意功能可能使汉字的语义提取比拼音文字（如英语）的语义提取快，也较明显（Hoosain，1991）。此外，儿童识字时，拼音文字儿童比较重视音-义连接的记忆，而中文儿童比较重视"形-义"连接的记忆（张学新，2011）。在小学低年级阶段，儿童的主要任务是识字，因此，对于小学三年级儿童而言，经过两年多的识字学习，其心理词典中已经储存了大量常用字的语义表征，这可能使得他们在进行词汇识别时，可以使用副中央凹处获取的语义表征促进目标字的识别。

综合三个实验，在汉字识别中，儿童对汉字信息使用的发展模式不同于拼音文字阅读发展理论的预测。根据拼音文字阅读发展理论，在识字早期，儿童主要使用语音信息进行词汇解码，后来随着阅读水平的提高，儿童才有能力直接使用字形信息进行词汇加工。然而，在本次研究中，字形信息与语音信息使用的先后顺序与此相反。字形信息在二至五年级儿童的词汇加工中一直稳定地发挥作用，而语音信息是随着儿童阅读水平的提高，在高年级阶段才发挥作用的。本次研究也提示，在进行汉字识字教学时，不仅要重视汉字读音的学习，更要重视汉字字形的分析及字形与字义关系的学习。

综上，在词汇识别中，①字形信息在二至五年级小学生的副中央凹加工中一直稳定地发挥作用；②自小学四年级开始，儿童才能够从副中央凹处获取言语信息，且语音预视效应呈现出随年级升高持续发展的模式；③小学三年级学生开始使用副中央凹中高水平的言语信息，且语义预视效应的发展模式类似语音预视效应。

第五章

字词阅读的眼动研究

第一节 儿童词汇识别发展的眼动研究概述

一、儿童阅读发展的研究现状

一直以来，认知都是心理学重要的探索领域，而语言研究为了解人们的认知打开了一扇大门。语言是人和动物相互区分的本质特征，人们能够利用语言表情达意，也能够阅读书面文字，掌握和学习知识。人类生活在一个文字的世界，阅读即成为人们生活中的重要方面，并引起了众多专家学者的研究兴趣。读者在阅读中的基本眼动特征，诸多研究中稳定出现的有关效应（词频效应，词长效应）以及背后的认知加工机制，为我们更好地了解阅读的过程提供了有力的资料和参考。但是，值得注意的是：以上的研究成果多是来源于成人被试，对于儿童的研究则少之又少。然而，在学龄期，阅读能力是儿童学习生涯里一个重要的培养方面，有关儿童阅读的发展状况有许多问题需要提上研究的日程。儿童的阅读水平是怎样发展的、其发展阶段如何、何时达到成人水平是研究者需要回答的基本问题。在此基础上，我们还需追问，成人被试表现出较为稳定的阅读效应是否适用于儿童，其背后的加工机制是怎样的。另外，儿童的阅读能力是否存在个体差异；如果存在，阅读技能和眼动控制能力是怎样起作用的。回答了这些问题，我们才能对儿童阅读的发展状况有一个清晰的了解。

二、儿童阅读发展的基本问题

（一）儿童阅读的基本眼动特征

随着年龄的增长，儿童的词汇量和阅读水平也处于提高的态势，他们在阅读理解方面变得越来越精通，直至成为一个成熟的阅读者。诸多研究的结果表明：在发展的过程中，儿童在阅读时表现出更短的注视时间、更少的注视和回视次数，其眼跳幅度和眼跳发生的可能性也在不断增加（Blythe et al., 2011）。相关研究虽然在被试及其分组、材料选取等具体方面各有不同，但是其结论相当一致，共同揭示了儿童阅读的发展的基本轨迹。例如，McConkie 等（1991）研究发现，一年级的初始阅读者（6～7 岁）的平均注视时间为 304ms，三年级（8～9 岁）为 262ms，而五年级（10～11 岁）的读者平均需要花费 243ms。就眼跳幅度来说，一年级读者的平均眼跳距离大约为 3.3 个字母，到五年级就发展到 6.3 个。Blythe（2011）对三年级、五年级儿童和成人的阅读情况进行眼动研究，结果表明，随着年龄的发展，三组被试的平均注视时间分别是 253ms、232ms 和 206ms；以句子为单位而计算的平均注视次数分别是 18.0 次、13.9 次和 10.1 次；三组被试的跳读率也在不断增长，分别是 0.09、0.16 和 0.20。这表明，儿童的阅读水平较成人仍有较大的进步空间。另外，随着阅读经验的增长，儿童的阅读能力和阅读效率不断得到完善，反映在眼动行为上，其表现出更短的注视时间和更少的注视次数，以及更大的跳读率和眼跳幅度。不仅如此，根据分析结果，10～11 岁是儿童阅读水平向成人转折的关键时期，这一阶段之后，儿童的眼动特征与成人更加接近。

大部分研究发现，低年级儿童阅读虽不熟练，但遵循着特定的发展轨迹而逐渐趋同于成人读者。值得注意的是，有些利用眼动指标进行的阅读研究却发现，即使儿童还处在阅读发展起步阶段，他们也已经表现出与成人十分相似的眼动特征（McConkie et al., 1991）。儿童具备了发展有效阅读的眼动生理基础，能够在此基础上更好地组织眼动进行注视和跳跃，然而这并不能说明儿童已经达到了成熟的阅读水平。与高技能阅读者相比，儿童的阅读效率和阅读水平仍然有很大的差距。

（二）儿童阅读知觉广度的研究现状

关于儿童知觉广度的系统研究，当首推 Rayner 在 1986 年所做的工作。他运用移动窗口范式设计了四个实验，检验了二、四、六年级小学生和成人在不同窗口设定大小条件下的知觉广度的大小。结果发现：初学者的知觉广度为 11 个字母，虽然小于成人的 14～15 个字母，却已经具备相当水平的知觉范围；和成人相同的是，儿童的知觉广度也具有不对称性，表现为阅读方向一侧的知觉广度更大；儿童与成人知觉广度的差异并不是眼动控制的结果，而是由认知加工资源限制所致。初学者由于单词确认的能力较低，需要花费较长时间进行语义通达，以致认知资源不能很好地分配到中央凹以外区域；儿童知觉广度的大小受文本难度影响，再一次验证了已有结论。实验还发现，虽然低年级儿童读者的知觉广度已经达到相当的水平，但是其阅读效率显著低于高年级和成人读者，阅读知觉广度的大小并不能很好地对这一现象做出解释。

Häikiö 等（2009）进一步将一般的阅读知觉广度分为单词长度广度（word length span，WL）、字母特征广度（letter feature span，LF）和字母识别广度（letter identity span，LI）。WL 是指读者一次注视所能获得的字母长度信息，即读者在每次注视时所能获得的信息范围。LF 是指一次注视下读者能够识别的字母特征的广度，例如字母的形状。LI 是阅读时字母身份得到识别的范围。Häikiö 等（2009）在实验中采用移动窗口范式的变式，选取了两种材料，分别是统一的二年级阅读材料和与各年级阶段相匹配的材料，分别对芬兰二、四、六年级儿童以及大学生被试进行实验，结果表明：①二年级儿童的字母识别广度为 5 个，六年级和成人被试为 9 个；②二年级儿童阅读时的眼动行为较少受到窗口大小的限制，这说明二年级儿童对词汇自动化的编码能力还较差；③实验将每个年龄组按照阅读速度的高低分成了高、低速度两个亚组，进一步考察阅读速度对各年龄读者的字母识别广度的影响，结果发现各年龄段高阅读组的字母识别广度都要大于低阅读速度组。这有可能是快速阅读的读者在中央凹处的加工效率更快，因此对于中央凹以外的信息可以分配更多的认知资源和注意，从而提高了他们的字母识别广度。

根据研究者对阅读知觉广度三个方面研究的结果，儿童在六年级以后的阅读知觉广度基本上达到成人水平，不再变化，但是儿童阅读时的眼动行为仍旧向着更加精准的方向发展，即阅读时间更短、注视次数更少，这说明知觉广度并不是引起不同年级学生阅读速率差异的原因。另外，由于字母识别广度与词汇解码能力息息相关，单词解码能力越高，词汇识别的速度就越快。Häikiö 等发现，二年级儿童的字母识别广度为 5 个，大约是成人被试的 56%；而单词长度广度是 11 个字母，占成人被试的 73%～78%；这说明即使低年级儿童能够知觉到较大范围的文字信息，但是他们对字母进行识别的范围很小，这可能与他们在阅读时词汇信息提取的快慢和程度有关，尤其与副中央凹信息的提取有关。Sperlich 等（2015）采用移动窗口范式，对 139 名一年级至三年级的德国儿童进行了知觉广度追踪研究，他们发现随着窗口的增大，儿童的阅读速度越来越快，各项眼动指标上也更加接近成人。年级间在阅读速率上的窗口效应存在差异，表现为二年级、三年级之间差异最大，这表明在这一阶段，儿童对副中央凹信息的利用率变得更大。结合有关儿童阅读发展的几个经典研究（Buswell，1922；Taylor，1965；Mc Conkie et al.，1991）的结果，儿童阅读句子的平均注视时间和平均注视次数均在一、二年级间差异最大，而不是二、三年级间，一、二年级学生之间有关阅读知觉广度和其他眼动指标存在发展趋势上的差异。Sperlich 等（2015）认为，这很可能是因为阅读知觉广度的发展是建立在一定的阅读技能的基础之上，在一、二年级这一阶段，儿童的阅读能力有了较好的发展，对注视点下的单词加工变快，因此可以较好地关注中央凹以外的信息。进一步的研究（Sperlich et al.，2016）采取非线性混合模型（nonlinear mixed model，NLMM）和交叉-延迟模型（cross-lagged panal model），对一至三年级德国儿童在移动窗口范式下的眼动数据及阅读速率进行分析，结果表明：窗口和年级出现交互效应，阅读知觉广度在二、三年级之间增长较快，这和之前的研究结果相一致。而且研究者还发现：单词解码能力能够稳定且准确地预测阅读知觉广度的发展，即在一定的年级阶段，阅读知觉广度随着儿童单词解码能力的发展而发展。这一结果较好地验证了 Sperlich 等（2015）的假设。

在国内，闫国利等（2011）采用移动窗口范式，对比了大学生和小学生的阅读知觉广度的大小，发现小学生在每次注视中注视点右侧 1 个汉字能够得到较为精细的加工，获得信息的范围为注视点右侧 2 个汉字，小于成人研究的 3 个汉字；小学五年级学生的阅读知觉广度是注视点左侧 1 个到 2 个或 3 个汉字的空间（闫国利等，2008），初中二年级学生阅读知觉广度大约为注视点左侧 1~2 个汉字，右侧为 2~3 个汉字，高二年级则为注视点左侧 1~2 个汉字，右侧 3~4 个汉字，达到成人水平。张巧明（2013）的研究表明，小学三年级被试的阅读知觉广度右侧范围为 1~2 个汉字，小学五年级被试的阅读知觉广度右侧范围为 2~3 个汉字，接近成人大学生的阅读知觉广度。该结果说明，儿童的阅读知觉广度随着年级的增大而增大，且大约在五年级达到成人水平。阅读知觉广度是可变的，受儿童阅读能力和文本难度影响。研究发现的这些趋势和国外研究相一致。

以上阅读知觉广度研究结果表明：随着年龄的增长，儿童的知觉广度在变大。国外的研究表明，儿童大约在六年级时达到成人水平，阅读知觉广度受个体差异影响，阅读速度较快的成人和儿童阅读知觉广度较大，且快速阅读的儿童在四年级就可以达到成人水平。

（三）儿童对副中央凹文字信息预视的发展研究

有关拼音文字阅读知觉广度的发展研究已经发现：低年级儿童已经能对副中央凹的信息进行较好的知觉，且在六年级的时候就可以达到成人的水平，这说明，儿童不仅可以加工当前注视点处的信息，还可以对注视点以外的信息进行加工。

对副中央凹信息的提前处理能够加快儿童的阅读速度，提高其阅读效率，并且引导儿童向前的眼跳行为。Sperlich 等（2016）的系列研究表明，儿童有可能在二到三年级对副中央凹处的信息尤为敏感，能够对这一区域信息进行预先加工，从而促进阅读的效率。但是，Sperlich 等仍然是从知觉广度的角度得出这一结论，而对于儿童是否能对副中央凹信息进行较好地利用、能够利用哪些信息、其发展的规律如何这些问题，还需要结合具体、直接的实验进行讨论。

正确、快速地认字对儿童阅读能力的发展至关重要。低年级儿童在入学之前已经掌握了较多的词汇，能够正确地对词汇进行命名，正常与他人交流。但是，这个时候儿童对字形还不熟悉，对字音的依赖较大，如何将书本中的字与儿童熟知的语音进行联系是教学工作要面临的问题。Tiffin-Richards 等（2015b）运用边界范式，采用同声词（同音异形的非词）和正字法相同的词（字母转换）作为预视字，结果表明，同无关条件相比，同声字预视字条件下被试对目标字的注视时间更短。这说明，8～9 岁的儿童能够从副中央凹处获得语音信息，这与成人研究结果相一致。在 Tiffin-Richards 等（2015b）的研究中发现，对于正字法相似的字来说，成人获得了稳定的字母转换效应（transposed letters effect，TLE），儿童被试只在特定条件下才表现出这一效应，说明对于 8～9 岁的儿童来说，其还无法利用中央凹处的字形信息来促进随后的目标字阅读。因此，Tiffin-Richards 等（2015b）认为，儿童在识别词汇的早期主要依赖语音编码，而字形信息则在发展的后期起作用，这有可能反映了儿童在词汇编码水平上的差异，低年级/低阅读技能儿童在词汇解码时更倾向于采取部分、机械的表征方式，即通过语素-音素联系来识别词汇；而高年级/高阅读技能读者则采取一种自动的、整体的表征方式，能够直接利用词汇的正字法知识，识别词汇并通达语义。

进一步地，Pagán 等（2015）研究了儿童（平均年龄为 9 岁）和成人的字母转换效应在预视中的作用，通过控制单词前 3 个字母的位置和外形，试图说明预视信息如何影响后来的词汇加工。他们在研究中操控了 7 种预视条件，分别是目标字（"captain"），单词第一个字母和第二个字母相互替换（transposed letters，TL）及被其他字母所替换（substituted letter nonwords，SL）两种条件（TL1 & 2，acptain；SL1 & 2，imptain），第一个字母和第三个字母相互替换（TL）及被其他字母所替换两种条件（TL1 & 3，pactain；SL1 & 3，gartain），第二个字母和第三个字母相互替换（TL）以及被其他字母所替换两种条件（TL2 & 3，cpatain；SL2 & 3，cgotain）。结果发现，相比各自的字母替换条件，在 TL1 & 2 和 TL2 & 3 两种条件下，成人和儿童均在目标词注视上表现出字母转换效应，这说明和成人一样，儿童也能够获取字词的正字法信息。这一结果与 Tiffin-Richards 等的发现并不一致，这有可能是因为 Pagán 等（2015）选取的儿童被试均为较高阅读技能的读者，没有阅读上的困难，所以能够较好地使用字形-字义通路来进行阅读。

对于副中央凹字母转换效应的问题研究并没有取得一致的结论，Marx 等（2015）进一步对这一问题进行了研究。他们之前的研究发现，经典的边界范式使用与目标字无关的非词或者符号作为与其他预视条件相比较的基线时，无关条件会导致加工困难，其结果往往会夸大相关预视的效益。于是 Marx 等（2015）开发出即突出操控（salience manipulation）技术来解决这一问题。在该技术中，借助圆点对目标字进行不同程度的随机掩蔽，根据掩蔽的程度可以将目标字分成不同的条件（0，10%和 20%），观察不同预视信息在不同掩蔽情况下的预加工情况。研究结果表明，四年级儿童能够对副中央凹的信息进行预视。为了更好地说明副中央凹字母转换效应，Marx 等（2015）使用这一方法对二、四、六年级儿童的字母转换效应进行研究，结果在各个年级中均发现了这一效应。这说明，即使是初学儿童，也能够从副中央凹中提取信息进行加工，注意资源在低年级儿童间已经得到很好的分配。虽然发现了低年级儿童在正字法上的预视效益，但通过观察不同年级对目标词的首次注视时间、凝视时间等指标仍可以发现，这些注视时间随着年级的增长而降低，表现为高年级儿童具有更好的阅读效率。结合该研究中不同年龄被试进行阅读流畅性、快速命名和假词命名测验的结果来看，三个测验的结果对不同年级儿童的副中央凹预视效益均有调节和预测作用，具体表现为：在各个年龄组，被试的阅读速度越快、快速命名和假词命名的成绩越好，预视效益越大。一般认为，快速命名和假词命名测验能够较好地区分读者的语音编码能力，尤其是后者，这表明读者的语音解码能力越好，其副中央凹的信息处理能力就越高。这与前面提到的观点相一致。

中文阅读的研究结果表明：五年级儿童能够预视单字的字形信息，不同于大学生的是，儿童无法预视字音信息。这与西方研究的结果并不一致（Tiffin-Richards et al.，2015b），有可能是由中文与西文的差异导致的。中文同音字比较多，加工时多依赖于字形；而西方文字属于拼音文字，语音在词汇识别中发挥着较大作用，使得两种文字在预视信息提取时出现了类型的不同。臧传丽（2006）的研究表明，初一、高一年级学生和大学生在整字和亚字水平上均能够获得预视字音和字形信息，但是无法获得语义预视信息。

以上研究结果表明，和成人一样，西方儿童能够获得字音和字形（正字法）的预视信息，且在低年级时就有所表现；中国五年级儿童能够获得字形的预视信息，初中及以上读者能够获得语音信息。

中文中有 60%的双字词，中文句子中双字词出现的频率也是很高的。相比单词字来说，双字词/短语的加工能够更好地表明读者在阅读时的认知加工方式，儿童在小学时期就接触了不同类型的双字词。那么儿童在这一类词上的注意分配如何，对副中央凹信息的预视加工怎样呢？张巧明（2013）对这些问题进行了系统的研究，结果表明：三年级儿童和五年级儿童均可以预视到双字词的第二个词，但是五年级学生的阅读效率更高。被试在预视效益上没有表现出词语类型的差异，即不同年级儿童在单纯词、复合词和短语均出现了预视效益。进一步对两种复合词类型进行研究表明：形-名复合词的预视效应大于名-名复合词。对拼音文字研究来说，Häikiö 等（2010）的研究表明：二、四、六年级儿童和成人读者在形-名复合词和名-名复合词上均表现出预视效应，且后者的预视效益更大。以上研究结果说明，儿童（尤其是低年级儿童）已经能够较好地对复合词的第二个成分信息进行预视，中国儿童对形-名复合词的预视效益更大，而西方儿童对名-名复合词的预视效果比对形-名复合词更好。究其原因，第一，相对 Häikiö（2010）等的研究，张巧明的研究只对双字词首字的字频和笔画数进行了平衡，并未对尾字字频和笔画数进行控制，使得这部分信息对第二个成分的预视产生影响；第二，这有可能是因为中文名-名双字词中有一些是有两个不相关的字组成的，如"马"和"路"两个字组成了"马路"这个词，这个时候儿童的阅读经验太少，词汇量也不够，对这类名-名复合词更倾向于单独加工，而不是一起加工，因此名-名复合词的预视变小；第三，就两个研究来说，材料的字频/词频的确定均来自成人语料库的统计结果，可能并不适合儿童，因此两个研究结果出现了分歧。对复合词进行研究，有助于了解读者阅读时副中央凹-中央凹效应，这一点在下文会涉及。

根据以上研究结果，儿童能够对副中央凹的信息进行提取，但其注意广度是有限的。个体阅读时的注意资源是如何分配的呢？关于这个问题主要涉及两个不同的理论模型：一个是 E-Z 读者模型，其核心观点是读者以序列加工的方式进行词汇识别；另一个是 SWIFT 模型，该模型认为读者能够同时将注意资源分配到不同的词汇上，进行同时加工。

有研究者对复合词进行了研究，试图探讨词汇加工是序列的还是平行的。因为复合词由两个不同但是彼此在词意上相互联系的单词组成，研究发现，读者对复合词中第二个成分的预视效应更大（Hyona et al.，2004；Juhasz et al.，2009），尤其 Hyona 等（2014）研究发现副中央凹信息的预视效应为 85ms，远远高于单字间的 30～50ms。而且，这些复合词研究中均发现了副中央凹－中央凹效应的趋势。Häikiö 等（2010）以小学生和成人为被试，进一步采用两个名词组成的复合词和形容词－名词短语对这一问题进行深入研究，实验严格地控制了两个条件下两个成分的词频、词长、整词的词频和词上以及第一个词前两个字母、前三个字母的使用频率，结果发现在复合词上存在着显著的副中央凹－中央凹效应，而且这一效应在所有的年龄组上均有表现，但在形容词－名词短语上并没有发现这一效应。这说明，对于复合词，低年级儿童和成人在阅读时均采用了平行加工的方式，对复合词的两个成分同时进行了处理，因此支持 SWIFT 模型。进一步将复合词分成高、低频两种条件进行对比分析，发现副中央凹－中央凹效应只存在于复合词是高频词的情况下，当目标词词频较低时，这一效应并没有出现。这说明在高频复合词上，被试采取的是整字加工方式，因而复合词的第二个成分能够影响第一个词；而被试在加工低频复合词时，采用的是局部加工通道，个体将复合词的两个成分分别当成独立的加工单元，从而二者不会相互影响。而对于形容词－名词短语来说，由于两个成分在意义上的联系并相对复合词不是很紧密，所以在处理时，被试将它们作为两个单元进行系列处理，因而实验中并没有发现副中央凹－中央凹效应，这一结果支持 E-Z 读者模型。和成人一样，低年级儿童在高频复合词上表现出显著的副中央凹－中央凹效应，这说明儿童在学习阅读早期就能很好地根据要加工的信息来分配自己的注意资源，并能根据文本的特征（词频）进行调节。

张巧明（2013）采用边界范式，对儿童（三年级和五年级）在中文不同类型双字词的副中央凹－中央凹效应进行研究，结果发现，不管是在单纯词、复合词还是在短语上，儿童读者只在注视次数上表现出这一效应，其他指标上并没发现，这说明中文儿童阅读时中央凹－中央凹效应并不稳定。进一步对两种复合词的研究再次印证了这个结果。这说明，小学儿童在处理文字信息时可能采取平行的加工方式。

事实上，到目前为止，关于儿童预视的发展仍有一些重要的问题没有解决，即儿童对副中央凹词汇音、形、义信息预视的先后顺序怎样？分别在什么时候达到成人水平？当前还没有较为系统、全面的研究对之进行探讨，尤其是中文方面的研究。另外，研究儿童读者预视信息的获得和预视效应的大小应该结合知觉广度的发展及阅读的发展水平来说明，儿童阅读效率的高低不仅与其知觉广度有关，还涉及副中央凹信息的预视情况，不同年龄组及同一年龄组不同阅读能力的读者在这些方面的表现如何？回答这些问题能够让我们更好地了解儿童阅读的眼动特征和认知状况。

三、儿童词汇加工的眼动研究

在阅读过程，词汇识别是一个十分重要的方面，也是一个比较基础的方面。在连续的文本中，单词是如何被加工的，单词之间的空间因素以及单词本身的语言特征是否会被考虑进来，以影响阅读的过程？另外，单词本身的语言特性也影响着对词汇的加工，如书写复杂性、正字法、词频等因素。成人读者在阅读的时候，对词间空格和词汇本身的语言因素较为敏感，表明成人的眼动控制和信息加工能够对词汇识别以及阅读理解产生影响。然而初学者的词汇量还较少，阅读经验相对欠缺，他们是否像成人一样对这些因素产生反应呢？下面将就这个问题展开说明。

（一）空格对中国儿童词汇识别的影响

在拼音文字系统中，词之间以空格分割，例如英语、德语和西班牙语。词空格能够为词汇提供明确的边界，使得要加工的信息在视觉上得以突出，因而能够促进阅读（Rayner，1998，2009）。不仅如此，词空格还能够进一步引导眼睛的运动，促使读者选择眼跳的目标（Kajji et al.，2009）。在拼音文字中，词空格通过为后来要注视的词汇提供词边界，使得读者能够提前预视单词的长度，进而规划眼跳的落点。研究表明，如果去掉空格，读者的阅读效率要下降30%~50%（Morris et al.，1990）。

然而，有些文字系统是没有空格的，比较典型的就是中文。中文是象形的方块文字，字与字之间的间隔相同，没有词长的变化，而且中文里绝大部分是双字词，还有小部分的多字词。小学生的阅读经历相对较少，对词汇的识别和认知远不如成人那样精准。研究词切分对中国儿童读者的影响，一方面可以为词空格效应提供更多的证据，另一方面可以探讨成人和儿童阅读能力存在差异的原因。沈德立等（2010）对小学三年级学生（8~9岁）进行研究，其实验逻辑与 Bai 等（2008）的研究相同，并得出了相似的结果，即正常文本和词空格文本句子阅读的总注视时间没有显著差异，但都小于非词空格和字间空格条件。进一步将三年级儿童分成高、低阅读水平两个亚组，比较他们在不同文本条件下的阅读情况，结果发现低阅读水平儿童在阅读非词空格句子时，阅读时间显著长于另外三种条件（另外三种条件没有显著差异），高技能阅读者在正常文本和词空格文本的句子总阅读时间上没有显著差异。沈德立等（2010）的研究表明，儿童在学龄早期就可以习得较为适当的阅读策略，和成人一样，他们能够利用词汇的边界信息来促进词切分，并进行词汇识别，儿童在阅读的过程中更倾向于以词为基本单位进行加工，而不是字。词间空格对于高、低阅读技能儿童的作用是一样的，但是低阅读技能学习者更加依赖低水平的边界信息来进行词切分。

国内外研究表明，读者阅读时的眼跳位置具有一定的空间分布特征。Rayner（1979）发现，读者的眼跳是基于词进行的，其下一次眼跳位置通常落在词中间稍微偏左的位置，Rayner 称之为偏向注视位置（preferred viewing location，PVL）。McConkie 等（1989）发现了最佳注视位置（optimal viewing position，OVP）效应，即当读者的首次眼跳落在词中央位置时，那么注视该词的时间和次数会较少。英文中有着明显的词空格，那么这种典型的眼跳模式是否与这一因素有关？Rayner 等（1998）通过删除英文中的词空格，对成人读者阅读的眼动轨迹进行了研究，结果发现，删除空格后被试的眼跳模式受到了干扰。具体表现为当空格存在时，注视点落在词中间偏左的位置；删除空格后，注视点则落在偏向词首的地方，而且眼跳的幅度也明显缩短。这表明英文中的眼跳控制是基于词进行的，词空格对于引导读者眼跳目标的选择有重要的视觉突出作用。那么，中文加工的眼跳机制是基于字还是基于词进行的呢？有研究（Tsai et al.，2003；Yang et al.，1999）结果表明，中文阅读既不是以字为加工单元，也不是以词为加工单元，这两个研究发现 PVL 曲线在词/字的各个位置分布的概率基本一致，并没有偏好的位置。为了进一步探索中文眼跳机制这一问题，Zang 等（2013）通过在句子中增加空格研究了儿童（8～9 岁）和成人如何利用词边界信息进行阅读和眼跳控制，结果发现，与正常无空格条件相比，词间空格条件下的平均首次注视点更靠近词中心位置，且单词注视时间更长，再注视比率更低，在成人和儿童中均发现了这一结果。这表明，词间空格有可能在副中央凹处为读者提供了词的边界信息，促进了被试对词的有效切分，故而减少了被试再注视的次数（Yan et al.，2010b；Zang et al.，2013）。在单一注视的情况下，两个年龄组的眼睛"着陆"位置均位于词中间周围；而在无空格条件，儿童的眼跳落点相比成人更加靠近近的起始点。这说明，空间线索对儿童的眼动控制具有更大的调节作用，而对于成人来说调节作用较小。和先前研究相一致的是，Zang 等（2013）同样发现了单一注视条件下眼跳落点位置的倒"U"形曲线模型以及多次注视下呈下降趋势的眼睛"着陆"位置曲线（Yan et al.，2010b），且成人和儿童在有空格、无空格条件下的趋势是一致的。这表明中文加工是复杂的，阅读的眼动轨迹不仅受到词空格的影响，还会受到词汇本身语言特性的影响（Li et al.，2011），中文阅读可能是基于词汇进行的。总体上，儿童在学龄早期就表现出与成人较为一致的眼动模式，在眼动控制方面已经颇为成熟，这为后来的阅读发展奠定了较好的生理基础，但是儿童毕竟还是阅读的初学者，其眼动控制较成人更容易受到空间线索的影响。

有学者进一步研究了词空格对中国儿童和成人学习新词的影响（Blythed et al.，2012；Liang et al.，2014；Liang et al.，2015）。Blythe 等（2012）以大学生和二年级小学生（7～8 岁）为被试，采用 20 对科技双字词（词频较低）和 20 对双字假词（认为赋予含义）作为目标词嵌在句子中，实验分为学习和测试两个阶段，分两个时间段进行。其中，学习阶段的句子一半有空格，另一半没有空格，而在测试阶段句子均没有空格。实验记录了两组被试阅读目标词的眼动轨迹。结果表明：在学习阶段，大学生和儿童阅读空格句子下对目标词的注视时间、注视及回视次数均小于正常文本；但在测试阶段，空格条件下的阅读优势只出现在儿童读者身上。一方面，这里的目标词属于低频词和假词，都是被试所不熟悉的，低频词在心理词典是以词素分解的形式存储和表征的，读者在阅读低频词时，认知先从字水平进行，识别字后，再从整体上对词汇进行整合（李馨等，2011；王春茂等，2000）。加入空格为儿童和成人提供明确的词边界信息，促使儿童和成人有效地进行词切分，并将新词看作一个整体，同时排除周围词汇的干扰，因此能够更好地识别新词。另一方面，在测试阶段，虽然空格不再出现，但是儿童在学习阶段词获得的空格促进作用进一步表现在测试阶段，而对成人没有影响，说明儿童受词空格的影响更大，成人在学习阶段就对目标词进行了有效的学习和表征，因此在测试阶段可以直接对词汇进行自上而下的加工。

Liang 等（2014，2015）进一步研究，分别比较了成人和儿童在学习双字假词时的眼动轨迹，在学习阶段设置一半句子有词空格、另一半没有词空格，而测试阶段均没有空格。结果发现，儿童只在学习阶段表现出词空格的促进作用（Liang et al.，2015），这与 Blythe 等（2012）的研究结果并不一致。Liang 等（2015）选择的被试年级为三年级，大于 Blythe 等（2012）的研究中选择被试的二年级，因此其阅读经验要好于二年级儿童。对比 Liang 等（2014）对成人的研究结果发现，三年级儿童新词阅读的总注视时间的词空格效应为297ms，而成人只有63ms，前者词空格效应显著地高。由此可知，随着年龄的增长，词空格对儿童阅读时进行词切分的促进作用越来越小，高技能阅读者更加愿意利用认知加工来进行词汇识别。

（二）字的位置频率对儿童词汇学习作用

Liang 等（2014，2015）认为，在 Blythe 等的研究中，成人之所以没有像儿童那样将词空格的促进作用延伸到测试阶段来，是因为成人在测试阶段利用了字的位置频率信息来判断词边界。具体来说，是指中文中有些字出现在词首的频率非常高，而有的字经常出现在词尾，成人的阅读经验相当丰富，能够自动识别字的位置频率信息。因此，他们在测试阶段能够利用这一信息切分词汇，从而并没有表现出阅读的差异。Liang 等（2014）的研究验证了这一解释的合理性，其结果表明：成人只在学习阶段表现出词空格效应，在两个学习阶段均表现出字位置频率效应，即一致条件下的阅读时间和注视次数显著少于不一致条件，且两个变量没有交互作用，独立地作用于词汇的获得过程。但是，儿童是否对词汇的位置频率敏感呢？Liang 等（2015）在后续研究中，采用和 Liang 等（2014）相同的实验材料设计，对 48 个三年级儿童（8~10 岁）进行研究，实验除了操纵双字词的首字和尾字位置频率，还设置了三种条件：一致条件（首字出现在词首的频率平均为94%，尾字出现在词尾的频率为 95%）、不一致条件（首字和尾字的设置和一致条件相反）和中性条件（首字和尾字出现在词语前后的平均频率大约为 54%），其实验原理和 Blythe 等（2012）相同。在字的位置频率上，一致条件下的阅读时间要显著小于不一致条件，且在学习和测试阶段均有差异，在测试阶段，两种条件之间的差异变小，这表明儿童也能利用字的位置频率信息来识别词汇，有可能是字的位置频率从正字法合理性的角度上为词汇提供了清晰的词边界，促使儿童更好地进行词切分。另一种解释站在了正字法邻近性效应的角度。正字法邻近词是通过改变单词的一个字母或者词素而形成的其他词，正字法邻近词越多，加工越容易，这就是正字法邻近词效应。一致条件下的目标词相比不一致条件拥有更多的邻近词，因此更加容易加工。测试阶段词的位置频率效应的降低说明儿童在进一步学习新词时（形成对词的表征）较少地依赖这一信息。和成人一样，儿童在学习词汇时也没有表现出空格和字位置频率的交互作用，这说明词空格和字的位置频率是影响新词学习的两个独立的因素，且字的位置频率能够作用于新词学习的不同阶段。

以上内容主要回顾并讨论了词间空格对中国儿童和成人在词汇学习及识别的作用。和成人一样，儿童（二、三年级）能够利用这一空间信息对词进行切分，进而加快对词汇的识别。儿童在阅读时有可能以词作为基本的加工单元，但是儿童对词的切分还不够自动化，对空间线索（空格）的依赖性较大。随着年龄和阅读经验的增长，儿童对这一线索变得不再倚重，即使没有词空格，高技能阅读者也能对词汇进行较好地切分。另外，字的位置频率能够为读者提供一定的词边界信息，促进词间切分，这一线索也能够为低年级儿童所利用。

总之，儿童的眼动控制发展得已经较为成熟，在眼跳落点位置上呈现出和成人相一致的空间分布规律，词间空格虽然能够引导儿童的眼跳趋向最佳注视位置，但无法改变儿童基本的眼跳规律。这与西方文字的研究并不一致，有可能是由中文本身的特征导致的。

（三）词汇的语言特性对儿童词汇加工的影响

1. 词频效应

词频效应是指个体在加工低频词时需要较长的时间，注视次数较多，而加工高频词时，时间较短，注视次数较少。词频效应不仅反映在早期的眼动指标，还出现在后期的眼动指标上（Yang et al.，1999；张仙峰等，2006）。成人表现出较为稳定的词频效应，这是成人从大量阅读经验中积累的阅读策略。那么从发展的角度来看，儿童是否也在阅读中表现出词频效应，是否在心理词典中对高频词和低频词进行不同的存储和表征呢？

国外正式发表的有关儿童阅读的相关研究，绝大多数证明了词频效应的存在，也有较少的研究不支持儿童阅读中的词频效应。Blythe 等（2009）操纵了句子中所嵌入关键词的词频大小，将之分为高、低频，对儿童（12 名，7～11 岁）和成人（12 名）的进行对比研究，结果没有发现显著的词频效应，只呈现出一定的趋势，这可能是因为该研究所选的目标词的获得年龄是 6～8 岁，从而限制了这一效应的产生。进一步地，Blythe 等（2009）利用消失文本范式，发现即使在文本呈现时间非常短的情况下（40ms），儿童（7～11 岁）和成人一样，也能较为充分地提取文字的视觉信息，并在相应的早期眼动指标上（首次注视时间和凝视时间）表现出明显的词频效应，且这时的词频效应与正常呈现下的一致。这一研究结果充分说明儿童对词频这一语言特征具有敏感性。

以上关于词频效应的研究多是对比某一年龄阶段的儿童和成人在阅读时的表现，并没有对不同年龄儿童之间的阅读情况进行研究。Huestegge 等（2009）对二年级和四年级儿童进行纵向跟踪研究，结果发现两个年龄组均表现出显著的词频效应，但是这一效应在四年级有所下降。Joseph 等（2013）进一步从适宜于儿童的语料库选取高、低频次词汇，并且采用统一的句子框架，匹配了两种条件下目标词的可预测性、长度、具体性、想象性、熟悉性、音节数、语素和音素数，比较了儿童（8～8.9 岁）和成人在默读时的眼动情况。结果发现：在凝视时间和总注视时间上，儿童阅读低频词的时间要显著高于高频词，而成人只在总注视时间上出现词频效应，这为儿童能够即时处理词汇的频率信息提供了有力的证据，并再一次印证了以往的研究结论。值得注意的是，Vorstius 等（2014）在儿童阅读发展方面做了许多有价值的研究工作，使用相同的句子作为实验材料，研究者对一至五年级的 632 名儿童读者的阅读的眼动情况进行了记录，比较了这批儿童在朗读和默读两种模式下的词频效应。结果在不同阅读方式下均发现了阅读的词频效应，不过在朗读时，由于发音的需要及读者对眼睛和语音产出的协调，词频效应变弱，且这种下降速度在一、二年级最为明显，之后随着儿童阅读能力的提高，词频效应在不同阅读方式下的差异变小。从整体上说，词频效应随着年级的增长呈下降趋势，一、二年级学生的词频效应较大，二、三年级以后开始下降，四年级后基本不再变化。Tiffin-Richards 等（2015c）采用适宜于儿童的语料库，对比了词频对儿童和成人阅读的影响，其结果和上文是一致的，即儿童阅读的词频效应大于成人。

中文里对儿童词频效应获得的研究较少，研究结果和西方文字研究的结果相一致，阅读初学者儿童能够获得稳定的词频效应（Chen et al., 2011）。Chen 等（2011）对二至六年级儿童的词频效应进行了研究，他们选用儿童熟悉的叙事文和说明文为实验材料，其中嵌入不同频率的目标字和目标词，结果在所有的年龄组均发现了相同程度的字频和词频效应，且字频和词频效应在早期和后期的眼动指标均有表现。国外研究表明，词频效应随着年级的增长减弱，这与 Chen 等的研究并不一致。本书认为这有可能是因为 Chen 等（2011）的研究使用的材料是语篇，而不是语句。语篇为词汇的加工提供了语境知识，这有可能促进儿童的词汇意思的整合，从而掩盖了各年龄组在词频效应的差异。更具体的是，他们将词频分为高、低频内容词和高频功能词（无低频功能词），结果表明，在阅读时间上，低频内容词最高，高频内容词次之，高频功能词最低，且差异显著。进一步比较发现，三年级以后的儿童阅读低频内容词的时间显著长于其他两种词，而只有五、六年级儿童阅读高频内容词的时间显著长于高频功能词。这说明，要辨别出并分别加工不同的词汇类型，需要阅读经验的积累，高年级读者的区分能力更好。该研究还比较了读者在高、低词频词汇（双字词）的落点位置，揭示出在阅读高频词时各年龄组被试均更多地注视第一个字，而在低频词上则出现了年级的差异，即高年级读者更多地注视第二个字，而低年级读者则较多地注视第一个字。

综上所述，中西方研究一致表明，儿童在学龄初期就能对词汇的使用频率十分敏感，其认知控制能够根据不同的词频来决定注视的时间和次数，这说明儿童的"心理词典"对不同的词汇是分类储存和表征的。不过，随着年龄的增长，儿童的词频效应趋减，儿童对词汇解码能力越高，对词汇的识别速度越快，其词频效应的反应就越弱。词频效应的减小表明儿童在发展过程中阅读能力在提升。

2. 词长效应

除了词汇使用频率，影响阅读的另外一个因素则是词汇长度。单词越长，需要的注视时间和注视次数就越多，这一现象叫作词长效应（Just et al.，1980）。词长效应不仅在成人阅读中较为稳定（McConkie et al.，1976），在儿童阅读中也十分显著（Joseph et al.，2009；Tiffin-Richards et al.，2015c）。由于目前并没有关于词长的中文研究，下面的内容集中介绍词长效应在西方文字的研究结果。

Hyönä 等（1995）对比了阅读障碍儿童和正常儿童在朗读状态下的眼动轨迹，结果发现两组被试均表现出显著的词长效应，即在凝视时间、重读时间（第二遍阅读时间）和注视次数上表现为长词要显著大于短词。而且，虽然阅读障碍读者在词汇再认、单词拼读和阅读理解方面的能力远远低于正常组儿童，但是在词长效应上和正常组是一致的，说明两组被试在阅读时具有相似的眼动模式。那么，词长效应在默读时是否会出现呢？Joseph 等（2009）从发展的角度上研究了英国儿童（7～11 岁）和成人的默读状况，采用同样的句子框架，选取长（8 字母单词）、短（4 字母单词）两种目标词，同时控制目标词前 3 个字母所组成的词素类型（位置特定和位置不定）。结果发现，在总体的眼动轨迹上，相比成人，儿童表现出较长的注视时间、较短的眼跳距离和较多的回视眼跳；在目标词上，短词的首次注视时间和凝视时间较短，跳读率较高，再注视比率较低，出现词长效应。而且儿童在凝视时间和再注视比率上的词长效应大于成人。在首次注视位置上，两组被试的平均首次眼跳落点位置十分相似，且均表现为随着词长的增加，其落点更接近词中央。且儿童和成人的再注视比率和位置受首次落点位置的影响是相似的，即若首次落点靠近词中时，再注视比率较小，若位于词首或词尾，则较高；当首次落点处于词首时，再注视位置偏向词尾，当处于词尾时，则偏向词首。以上结果表明，一方面，儿童和成人都能较好地利用副中央凹的信息提前对要注视的词长进行预视，计划眼跳的位置，并能在中央凹处根据首次落点情况即时调节再注视的位置和次数；另一方面，儿童在阅读时受词长的影响更大，这可能是由于儿童词汇通达需要更多且更长的视觉信息有关，尤其在长词上。只有当儿童获得了足够的视觉信息，才能更好地对当前信息进行加工、激发下一个眼跳。Tiffin-Richards 等（2015b）的研究也发现了儿童阅读中比成人更大的词长效应，并发现，在阅读长词时，儿童和成人所采取的策略不同，儿童的再注视比率较多，但其首次注视时间较长；而成人的再注视比率较少，但其首次注视时间较短。Tiffin-Richards 等认为，词长效应在儿童阅读中效应更大是因为他们在词汇通达的过程中采用亚词汇加工的处理方式，即以序列的、部分的方式进行词素–音素的转化，间接进而通达语义；而成人更倾向采用自动、整体的加工，直接识别词汇。

西方文字属于拼音文字，读者在识别时对语音的依赖较大。以英文为例，一对包含同样字母数的单词可能包含不同数量的音素（音位）。有研究者进一步探索了词长效应的具体来源，并揭示出儿童是怎样受到这些因素影响的（Bijeljac et al.，2004；Gagl et al.，2015）。Marinus 和 Jong（2010）的研究发现，音素的数量是词长效应的主要原因，而且包含辅音连缀（consonant cluster，两个相邻的辅音字母在发音时连在一起，如"soft"后的两个字母就是连续发音）单词的命名时间更长。由此 Marinus 等认为，读者对于阅读包含辅音连缀的单词（graf）相比其他的词（goud）有更大的困难。但是，Marinus 等的实验并没有分别考察辅音连缀和音素的作用，而是将他们混淆在一起（"graf"有四个音素，而"goud"有三个音素）。因此，为了更好地研究这一问题，Gagl 等（2015）分别比较了字母长度、音素长度和辅音连缀对词频效应的影响，实验同时记录了德国二年级和四年级儿童在单词命名过程中的两种命名延迟时间和眼动指标（首次注视位置、总注视次数和回视比率）。结果发现字母长度对词长效应有一定的影响，但并没有音素长度的影响大；含有辅音连缀的单词的命名时间最长，对低年级被试的影响更大。这与 Marinus 和 Jong 的研究结果相一致。在眼动指标上，两组被试在首次注视位置、总注视次数并没有显著的差异，且均表现为较少的回视行为。结合音素效应和辅音连缀效应，以及该研究中揭示的两组被试相同的眼动轨迹，可以得出：音素长度是词长效应的主要原因，辅音连缀对低年级儿童造成了更大的加工困难。儿童对词汇尤其是长词的加工，是一种序列的、遵循着词素–音素转化的方式，而不是以整词进行的（如果是整词通达，高年级被试应该较低年级读者在首次注视位置上更接近词中央，且总注视次数更少）。

总之，不管是朗读还是默读，词长都是影响儿童阅读眼动轨迹的一个十分重要的因素，这种影响不仅存在于词汇加工的早期，也存在于词汇加工的后期，而且这一效应较之成人更大。

四、儿童阅读中的个体差异对阅读的影响

（一）阅读技能

根据已有的观点，阅读能力主要受到两种技能的影响：词汇阅读技能（语音意识，词汇解码技能、流畅性与词汇知识）、一般语言理解能力（推断技能等）。普遍的观点认为，在高水平的理解策略发展成熟之前，在阅读中可以使用发展足够好的词汇阅读技能。然而，也有观点认为，基本的词汇阅读技能与一般阅读理解能力在某种程度上是平行发展的（Oakhill et al.，2003；Rapp et al.，2007）。

为了支持词汇阅读技能与一般语言理解能力是平行发展的这一观点，Oakhill 等（2012）在研究中发现，在小学期间，不同成分的技能可以预测词汇阅读技能与阅读理解能力。纵向研究发现，四年级时的音位意识、词汇阅读准确性与词汇知识可以预测六年级时的词汇阅读准确性。另一方面，儿童在四年级时的推断技能、理解监控技能与利用文章知识能力可以预测六年级的阅读理解能力。这些结果可以说明，如果年龄很小的读者掌握了必要的技能，他们可以进行由问题激发的对文章加强理解的过程；但是，如果各部分技能没有发展好的话，年龄很小的读者就不能充分利用有效的阅读理解策略。

在阅读技能的发展过程中，词汇阅读技能与一般理解能力的发展可能会存在语言之间的差异（Florit et al.，2011）。Florit 与 Cain 使用元分析发现，在正字法较浅的语言中，一般语言理解能力与阅读理解技能在很小的年龄（大约小学入学后的 1 年或者 2 年）就表现出了一定的相关关系。

我们在阅读文本时，需要动态整合低水平的眼球运动与高水平认知加工（词汇、句子理解等）。词汇质量表征认为，高质量的词汇表征有助于进行高效阅读。Veldre 等（2014）的研究结果表明，具有高质量词汇表征的成人技能读者可以从副中央凹处获得有效的信息，且可以对眼跳目标进行有效的选择。然而，儿童的词汇质量表征仍然在发展中，但是这种发展趋势对儿童在阅读中的眼动指标会产生一定影响。当然，眼球运动的灵活性对眼动指标也会产生一定影响。也就是说，儿童从阅读"新手"变为高技能阅读"专家"需要语言与眼球的协同发展。为了充分了解儿童是怎样发展成为技能读者的，必须对这两类因素的发展进行严密的分析。

此外，关于初学者及阅读障碍者眼动行为（较长的注视和较少的注视、较大的眼跳距离）和阅读技能孰为因果，有两种观点。一种观点认为，初学者和阅读障碍者在双眼控制、视觉提取方面有缺陷，使得他们无法较好地协调自己的眼睛，对输入的视觉刺激无法进行有效的注视或执行适当的眼跳，导致他们的眼动相对正常人或者高技能阅读者效率更低，即提出了眼动控制说（Pavlidis，1981）。另一种观点则认为，眼睛运动的差异是个体阅读技能的问题，不同阅读水平的读者在单词解码上有着截然不同的策略，低水平的阅读技能读者采取低级的、亚词汇水平的语素–音素对应的方式来再认或确认词汇；而高技能阅读者则可以自动地以整体的方式来识别单词。Steven 等（2015）的实验采用 11～13 岁儿童作为被试，测量被试的词汇解码能力与词汇表征能力，通过控制眼球运动灵活性这一变量，单独考察了语言技能对眼动行为的影响。结果发现，词汇丰富性对眼动指标有较好的预测作用，具体表现在凝视时间和单词再注视次数上。个体的词汇表征质量越高，阅读时凝视时间就越短，且单词的再注视次数就越少。而且，该研究发现，词汇表征能力较好的读者在早期的眼动指标表现出了词长效应，且更容易跳读较长的单词。

（二）阅读障碍

阅读障碍是一种学习障碍。使用眼动技术来考察阅读障碍时发现，阅读障碍读者在眼动形式上表现出了差异，主要体现在注视时间的延长与眼睛运动次数的增多。一些作者认为这主要是由眼球运动缺陷造成的，而另一些人认为这主要是由单词解码的难度造成的。此外，已有研究发现语言差异也会影响眼动结果。

国内学者对阅读障碍儿童的研究得到了一些结果。白学军等（2011b）选取阅读障碍儿童及与其年龄相同、阅读能力水平相同的儿童为被试，要求他们阅读正常无空格和词间空格句子。结果发现，在阅读正常无空格和词间空格句子时，阅读障碍儿童与年龄匹配组和能力匹配组儿童一样，单次注视时往往将首次注视定位于词的中心，多次注视时首次注视往往落在词的开头；当首次注视落在词的开头时再注视该词的概率增加，而且再注视往往落在词的结尾部分。由此可以得出中国儿童在阅读过程中采用的是"战略–战术"策略。关于阅读障碍儿童在词汇阅读中的认知形式，隋雪等（2010）进行了相关的实验。研究者采用眼动研究方法，考察了汉语发展性阅读障碍儿童在词汇阅读过程中的眼动特征，从而来确认他们在语素理解、语音和正字法加工中的缺陷的眼动表现。结果发现，汉语发展性阅读障碍儿童在多种任务上的正确率显著低于普通儿童，且在多项眼动指标的结果中都有体现。这表明汉语发展性阅读障碍儿童在语素理解、语音意识和正字法意识的缺陷得到了眼动数据的支持。

眼动形式在语言之间也存在差异，例如，语言的语音难度与正字法的规则性都会影响到阅读策略。在正字法深度比较浅的拼音文字中，国外学者发现了说德语的阅读障碍儿童与说英语的阅读障碍儿童之间的眼动模式存在不一致的现象。Susanne 等（2010）对德国三年级与五年级的 16 个阅读障碍儿童与 16 个年龄相匹配的控制组儿童进行了阅读材料语音难度对儿童阅读影响的实验研究，结果发现阅读障碍儿童阅读速度很慢，眼跳词汇与回视次数明显增多。随着文章阅读难度的增加，眼睛运动的次数也随着增加，但阅读障碍儿童眼睛运动的次数要显著多于控制组，然而注视时间并没有受到文章难度的影响。实验证明了语音难度影响了阅读速度与眼球运动的形式：阅读障碍儿童的眼动次数显著增加，他们在每次注视中只能以相同的注视时间分析文章的一小部分内容。这种阅读策略反映他们会使用一种间接的、亚词汇路线来进行阅读。然而，说英语的阅读者更倾向于使用整词加工的方式，比如与正字法相联系的直接的、词汇加工模式。

综合已有研究发现，阅读障碍儿童都表现出了阅读速度降低、眼跳次数与回视次数增加的现象。但在某些指标上出现了语言之间的差异：①阅读障碍儿童阅读全篇文章的回视率增加。②当文章难度增加的时候，说德语的阅读障碍儿童的眼睛运动次数会增加，但说英语的阅读障碍儿童的注视时间会增加。③说德语的阅读障碍儿童的眼跳距离小，因为他们是在较小的注视范围内加工词汇等信息。

五、儿童阅读发展的展望

有关儿童的阅读加工领域、儿童如何进行阅读、阅读中受到哪些因素影响、其背后的认知机制如何这些问题，已经有诸多研究对之进行了揭示，并取得了丰硕的成果。然而，儿童阅读是一个十分复杂的过程，还有许多问题值得探索，需要更多的研究者不断努力，发现问题，并通过严格精妙的实验设计予以解决和回答。当下，有关阅读的发展研究不断趋于多元化和成熟化，但仍有一些共性的问题需要说明。另外，关于以后的发展方向，本书也提出自己的拙见，希望起到抛砖引玉的效果。

（一）儿童阅读研究方法问题

对于儿童阅读研究，眼动仪的使用提供了十分重要的支持。眼动仪能够在自然的、不引入其他阅读任务的状态下对儿童阅读的眼动轨迹进行准确记录，保证能实时地揭示被试的认知加工情况。另外，眼动仪的使用变得越来越简便，其设计也更加人性化。例如，Tobbi、SMI 等可移动眼动记录设备的问世，使得儿童被试能够以较为舒服的方式进行阅读，眼动仪记录的准确性也不断提高。可见，眼动仪的普及为诸多研究儿童阅读的学者提供了很大的方便，在当下及以后都有着重要作用。

有关儿童的阅读研究，其材料的选取会影响研究的结果，需要十分注意。在发展的研究中，需要比较不同年级的儿童与成人的眼动轨迹。若采用同样的阅读材料，虽然能直接对眼动数据进行分析和对比，但是由于成人在阅读经验和眼动控制上更加成熟，所以，适宜于儿童阅读的刺激材料对成人来说较简单，阅读起来也更加容易。这样，同样的阅读文本对不同年龄阶段的被试来说有不同的加工难度，进一步影响研究的结果。若采用与年龄相适合的阅读材料，虽然能够排除阅读难度的影响，但是材料的不同会引起其他的干扰因素，例如句子预测性、语境等信息。目前的解决方法是同时准备两套实验材料，让低年级儿童读适合自己的材料，而高年级和成人被试同时阅读低年级及适宜于其自身年龄段的材料，以避免上述两个问题。

此外，越来越多的研究正采用篇章阅读的方式对儿童进行研究。一方面，篇章阅读更加接近读者日常生活和学习的阅读方式，具有较高的生态效度；另一方面，篇章阅读能够提供更多的眼动信息，例如句子整合、阅读策略、文本类型差异等。在以后的阅读研究中，应当优先考虑采用这一方式。

再者，词频的计算方式也是一个重要方面。不少阅读发展研究采用成人语料库对儿童阅读中的词频效应进行探索，有些研究未发现这一效应。由于成人和儿童所接触的文字信息不同，成人的阅读经历丰富，其关于词频的认识是长时间的经验积累而致，但儿童群体并不是这样的。因此，对儿童词频效应的研究应该基于儿童语料库进行，以提高研究的效度。

儿童阅读的情况随着学习时间的增长不断发生变化，同时，儿童读者，尤其是低年级读者阅读能力的个体差异非常大，因此，如果仅采用横向研究，恐怕无法很好地揭示儿童阅读发展的规律和轨迹。为了弥补这一缺点，需要对儿童进行纵向的跟踪研究。在国外，已经有相应的学术团队对儿童的阅读发展状况进行了系统的纵向研究，并取得了可喜的结果，为了解儿童阅读发展状况提供了宝贵的资料。在国内，目前还没有相关的研究成果。开展相应的纵向追踪研究是当前儿童阅读研究领域中十分紧缺的工作，在以后的工作中，研究者需要对这一方面予以足够的重视。

（二）中文阅读发展研究的基本问题

当前，西方文字的阅读发展研究已经颇具规模，而中文阅读发展研究却处于起步的阶段。中文与西方文字截然不同，中文属于表意文字系统，信息密度高，字与字之间没有空间相隔。研究中文阅读发展的认知规律能够为阅读发展领域提供更多的信息，并促进儿童阅读加工模型的构建。儿童阅读的基本问题，如一般阅读的眼动轨迹，儿童阅读广度、预视加工的发展状况都急需探讨。这些问题的解决可以使我们更好地了解中国儿童的阅读能力、词汇加工等，以总结儿童阅读的规律，为相关教师的教学工作提供科学的指导。

（三）中文阅读发展研究的应用取向

儿童的阅读发展受到诸多方面的影响，而实证研究中所包含的自变量因素有限，不能面面俱到，因此，结合实证研究和相关研究可以更好地研究儿童的阅读状况。儿童的语音意识、正字法意识、阅读速度、识字量、阅读理解能力等阅读技能的差异以及眼动控制的协调水平都是影响阅读的因素，相关测验的使用和儿童阅读眼动轨迹的结合，能够解释两者之间的相关关系，进而揭示出哪些测验能够对儿童的阅读状况进行较为稳定、有效的预测。这一研究工作具有深远的实践意义：通过一定的阅读测验，能够发现儿童阅读中存在的问题和不足，为教育工作者评价儿童阅读水平、甄别和筛选阅读障碍儿童提供有力的参照，并在此基础上，帮助教师根据儿童的不同情况制定相应的措施，进行有针对性的指导。

第二节　中文阅读的基本信息加工单元初探

一、阅读过程中的基本信息加工单元

阅读中的基本信息加工单元是每种语言研究都需要回答的一个问题，它是揭示阅读活动潜在认知机制和构建阅读模型的基础。在拼音文字中，词与词之间存在空格等明显的边界信息，大部分研究者也认为词是基本的信息加工单元，读者对于词的认识也比较清楚。然而，汉语是一种特殊的语言，通过大小相似、面积相等的方块字来呈现，词与词之间不存在任何明显的边界信息。一个汉字有时既可与前面的字形成一个词，也可与后面的字形成一个词，在某种情况下会使得句义发生改变，比如"花生长在屋后的田里"，"生"字与前面的"花"字以及后面的"长"字组合会生成两个句意不同的句子（Hsu et al.，2000b；Inhoff et al.，2005）。以此看来，中文阅读的基本信息单元并不能通过文本呈现的一些物理特点来划分。

阅读是一个主动的、复杂的认知过程，读者在提取信息时不仅会受到低水平信息（如文本呈现方式）的影响，也会受到高水平信息（如知识、经验等）的影响。读者自身的主观经验会参与其中，进行自上而下的加工。如果中文读者具有清晰的词意识，那么对于不存在词边界的汉语来说，基本信息加工单元也比较容易确定。然而，许多相关研究发现，普通的中文读者既不能准确地说出词的含义，在对连续的文本进行词切分时也存在非常不一致的情况（闫国利等，2012；Liu et al.，2013）。由此可见，中文读者既不依赖外在的信息，也没有清晰的词意识将文本划分成小的单元进行加工，但是在阅读中并没有遇到任何的困难，因此，中文阅读的基本信息加工单元的问题引起了众多学者的关注和探索，并形成了基本信息加工单元可以是"字"、"词"、"短语"、"语块"以及"主观词"等不同的观点。

二、关于中文阅读基本信息加工单元的观点

（一）字为中文阅读中基本信息加工单元

字为基本信息加工单元的观点是基于两方面的证据提出来的。首先，从认知经济的观点来看，字可能是基本信息加工单元。张必隐提出（转引自彭聃龄等，1997），汉语中单音节词素在心理词典中的存储形式占绝对优势，这种单音节词素的书面形式就是汉字，而且以字的形式进行存储是最经济的。北京语言学院（1986）经过统计发现，在 131 万个词的阅读材料中，出现 1 次以上的字只有 4574 个，也就是说只要认识了 4574 个汉字就可以阅读现代汉语中的各种材料（彭聃龄等，1997），这为以字为基本信息加工单元的观点提供了佐证。其次，词素在词汇加工中起着重要的作用。Taft 和 Forsterr（1975）在一系列实验的基础上提出了词素通达表征理论（morpheme access model，MA），并获得了一些研究的支持（Zhou et al.，1999；Chen et al.，2003）。该理论认为多词素词在心理词典中以分解词素方式表征。在词汇识别时，整词被分解为词素单元，词素单元首先得到激活，进而通达各自的语义表征，然后再进行整合，获得整词的意义。Chen 等（2003）在研究中记录了被试阅读短文时的眼动模式，并对字水平、词水平、句子/文本水平及物理特征水平四个等级的 17 个变量进行回归分析，结果发现字的复杂性和频率比词频更为重要。

虽然以字为基本信息加工单元观点的提出具有其合理性，但是随着研究的发展，词在阅读中的作用引起了研究者的重视，再加上多词单元的出现，以字为基本信息加工单元观点的影响力逐渐减弱。

（二）词为中文阅读中基本信息加工单元

在拼音文字中，词与词之间存在空格，研究发现词的属性对读者的眼动模式有显著影响。许多研究者将中文与英文对应，认为词应该也是汉语阅读的基本单元，并从不同角度进行了验证。

第一，研究者发现汉语中词是作为整体得到加工的。Cattell 在 1886 年发现，一个字母在单词中比在无意的字母串中更容易被辨认，这种优势并不是由猜测所引起，而是因为"词"是作为一个整体来进行加工而产生的，并称为"词优效

应"。Chen 等在汉语研究中也发现了词优效应。另一方面，Li 等（2008）发现词的加工影响着视觉注意的分布。研究中，被试会看到以注视点为中心的两排两列四个汉字，同一排或者同一列的两个汉字会组成一个双字词。结果发现，当两个字能组成一个词时，被试在这两个字上的视觉注意转移速度显著高于在不能组成一个词的两个字上的转移速度。这个结果与基于物体的视觉注意方面的研究结果类似，说明中文词的加工为整体加工。

第二，大量研究表明，汉语中词的属性会影响读者对该词的注视时间。早在1987 年，Just 等在中文的研究中得出了词频与注视时间的具体相关值，发现对一个词的注视时间与该词的词频呈高相关。而后，Yang 等（1999）不仅发现了汉语中的词频效应，还发现在词汇识别的早期和晚期阶段均存在词频效应。Wang 等（2010）则发现了词汇加工过程中的预测性效应。词频效应和预测性效应的发现成为支持中文阅读中以词为基本加工单元的又一个有力证据。

第三，词间空格的作用。关于空格在汉语阅读中的作用的相关研究结果，也支持词是阅读的基本信息加工单元的观点。Bai 等（2008）在中文阅读文本中加入不同方式的空格，考察空格对阅读的影响，结果发现，词间空格条件下被试的阅读效率与正常文本条件下的无显著性差异，而字间空格条件下的阅读效率显著下降。这些结果说明，词在中文阅读过程中是作为一个整体来进行加工的。

第四，Rayner 等（2007）用 E-Z 读者模型模拟了汉语阅读的眼动行为。在该模型中，他们假定词是汉语阅读的基本单位，并且用字频作为额外的预测变量发现并不能使数据更好地拟合模型。此外，Li 等（2009）在借鉴英文词汇识别理论的基础上，模拟了中文词的识别和切分过程，并构建了一个中文词切分和识别的计算模型，该模型也是基于词的。

词作为汉语阅读的基本信息加工单元得到了较多的支持和研究结果的证实，成为当前的主流观点。但是汉语读者的词意识非常模糊，当要求读者将连续的文本切分成单个的词时，产生了不一致，读者对有些词的认识是比较清晰的，如连词和介词等，但是对于另外一些词则不确定，例如，"科学技术""经济建设"等语义相关较高的两个词相邻时，很多读者就认为是一个词。由此看来，词作为汉语阅读的基本信息单元未必正确，而且，随着研究的不断深入，出现了字词混合体、语块、短语等多词单元的观点。

（三）字词混合体为中文阅读中基本信息加工单元

Yan 等（2010b）在研究中分析了中文阅读中的单字词、双字词、三字词和四字词的眼动落点分布情况后发现，当一个词只有一个注视点时，被试倾向于注视词的中心；而当一个词被注视多次时，首个注视点倾向于落在词首位置。这一结果在一定程度上说明，中文读者是以词为眼跳选择目标的，即阅读是基于词的。然而，Li 等（2011）在选择不同词长（2 字条件"原因"和 4 字条件"来龙去脉"）的关键词对这一结论进行验证时，发现两种条件下的偏好位置曲线几乎是相同的。也就是说，读者并不是以词为单位选择眼跳的目标。与此同时，Li 等（2011）基于实验结果和计算机模拟结果提出眼跳以字、词混合为基础，但作者并未对何种情况下为词、哪些情况下是字、字词结合的条件是什么等问题予以明确的解释。

（四）短语、语块、组块为中文阅读中基本信息加工单元

短语、语块或者组块多由两个或两个以上的词汇词构成，能够表达一个完整的意义。易维等（2013）在总结了拼音文字的相关研究后提出，语言使用者在长期、大量的语言接触和语言经验基础之上形成了形式和意义组合的多词单元，包含如习语、惯用语、高频搭配（如经济建设、科学技术）等，被称为语块。语块具有一定的频率性（Ellis，2002；Wray，2002）和可预测性（Siyanova，2010），和词一样，其也是心理词典中的一个单位。一些学者从中文信息处理角度对中文句子进行组块分析，获得了如名词组块、动词组块、形容词组块等一系列组块（刘芳等，2000；李素建等，2002）。马利军等（2011）探讨了汉语中惯用语加工的基本单元。研究发现，在汉语动宾结构惯用语的表征中，既存在语素单元，也存在整语单元，但整语是汉语动宾结构惯用语加工的优势单元。可见，语块等多词单元也可能是基本信息加工单元。

（五）主观词为中文阅读中基本信息加工单元

闫国利等（2013e）在总结先前研究的基础上提出了主观词的概念，即读者阅读时表征的语义单元，反映读者对词的主观表征。他们认为，学会了语言和阅读的人，都具有一个心理词典。在每个人心理词典中所列出的词条就是心理词。对个体而言，有的心理词与语法上所定义的词完全一致，有的则不一致。这种不一致是导致人们对中文进行词切分存在分歧的主要原因之一。因此，他们认为个体头脑中的词（主观词）才是其中文阅读的基本信息单位，并通过实证研究证明了主观词的心理现实性（闫国利等，2012；闫国利等，2013b）。闫国利等（2013b）

采用强迫选择作业和词汇判断任务考察主观词（在研究中定义为语法上是短语但主观评定为词的）加工的特征，均发现读者加工词和主观词的正确率和反应时没有差异，但与非词条件相比，表现为正确率高、反应时短。这一结果表明，他们所提出的主观词具有心理现实性，而且是作为整体被识别的。此外，闫国利等（2012）还考察了自然阅读中主观词的加工。研究者使用阴影标记目标词，产生四种呈现条件——正常条件、词汇词条件、心理词条件和非词条件，结果发现心理词比词汇词、非词更容易加工。以上几项研究的结果表明，汉语阅读的基本信息加工单元更可能是主观词。

（六）韵律词为中文阅读中基本信息加工单元

韵律是言语的整体特性，包括语调、重读位置、停顿等。在口语中，韵律中的边界可以作为能够帮助听者将听到的句子切分成短语（Li et al.，2009；Snedeker et al.，2008）和解歧（Frazier et al.，2006）。似乎这一声学线索在口语中才出现，其实在阅读时，读者可能会经历一种"内部言语"。Bader（1998）和 Fodor（1998）提出了著名的内隐韵律假说（implicit prosody hypothesis）。该假说认为，韵律能够被投射到阅读材料上，影响读者的句法分析选择和歧义消解，并得到了一些研究结果的证实（Breen et al.，2013；Hwang et al.，2011；Luo et al.，2013），内隐韵律不仅可以促进汇通达（Breen et al.，2011），也会影响句子的理解（Hwang et al.，2011；Kentner，2012）。

冯胜利（1996）还从韵律学的角度提出了韵律句法学及"韵律词"的概念。他认为，韵律词是最小的可以自由运用的语言单位。韵律词是依据韵律而得到的，一个韵律词包含 1～3 个音节，且大多数为 2～3 个音节，少数为单音节（多为功能词，例如连词、介词等，也有少数是单音节的动词）。多数韵律词与词汇词是重叠的，且符合语法分类，如"经济""教师"等，还有些是不符合的，如"近几年""高消费"等。许多不符合语法分类的韵律词与读者在词切分任务中切分出来的多词单元是对应的。Liu 等（2013）的研究探讨了中文读者的词切分特征，并发现了一些特点和规律。他们将连词和介词分别看作一个词，而将相邻的形容词和名词、名词和名词等组合看作是一个词，而且将大部分的助词、数词、量词和一些单字名词与相邻的字联系在一起形成词单元。同时，接近半数的被试提到，汉语词由许多字组成。按照以上这些词切分的特点和规律切分出来的词，与冯胜利提出的韵律词非常相近。此外，Hoosain（1992）和 Bassetti（2005）在研究中发现，读者在进行词切分时采用句法、语义和韵律等多种策略。由此可见，汉语阅读的基本信息加工单元在某种程度上与韵律息息相关。那么，韵律词是否具有心理现实性？是不是汉语阅读的基本信息加工单元？目前相关研究较少。

（七）中文阅读中无固定的信息加工单元

研究者在英文阅读研究中发现了最佳注视位置（optimal viewing position，OVP）和偏好注视位置（preferred viewing location，PVL），这在一定程度上说明英语阅读是基于词的。汉语阅读中是否存在 OVP 和 PVL 没有一致的结论。早期的研究并未发现汉语阅读中的注视位置效应（Tsai et al.，2003），而后期一些研究则发现了汉语阅读中的 PVL（Yan et al.，2010；Zang et al.，2013），特别是 Yan 等（2010b）的研究指出，中文读者在选择眼跳目标时是基于词的。Li 等（2014）在研究中引入一个新的移动窗口技术，探讨中文阅读中的眼跳目标选择问题，结果发现中文读者在阅读过程中并不以固定的单位进行加工，而是尽可能多地提取信息，其阅读采用的是基于加工的策略（a processing-based strategy）。此外，中央凹及副中央凹中的加工负荷均会影响读者下一次眼跳的长度（Wei et al.，2013；Liu et al.，2014）。以上几点说明，中文阅读过程中这种眼跳目标选择非常灵活，读者很可能会根据背景信息随时改变自己的加工单元，以最高效的方式进行阅读。

综合以上各类观点，字、词、短语、组块等都可能是基本信息加工单元，只是在每个人的心理词典中所占的比率有所不同。语言使用者并不是被动地去使用存储在大脑当中的词汇和语法，而是主动地、以最经济的方法去理解和运用语言。

三、研究展望

关于基本信息加工单元这一问题，已经有大量研究者进行了探讨，并取得了一定的成果。今后的研究中应考察如下几个问题。

（一）加强对不同信息加工单元的心理现实性的研究

信息加工单元是否存在心理现实性是进行下一步研究的基础。基于当前的研究，字作为基本信息加工单元的观点渐渐减弱，词作为基本单元的观点得到了较多的支持（李兴珊等，2011；Yan et al.，2013）。然而，中文读者的词意识模糊，在词的划分上差异较大（Hoosain，1992；Bassetti，2005，Liu et al.，2013），因此，词作为基本信息加工单元并不是完全正确的。闫国利等（2013e）提出主观词更可能是阅读的基本信息加工单元，并对其心理现实性进行了验证。此外，一些研究者认为，组块或者短语也是阅读的基本信息加工单元，但多为拼音文字（Arnon et al.，2010），汉语中短语及语块等多词单元作为基本信息加工单元的实证研究还较为缺乏，需要大量研究的探讨。

（二）探讨中文阅读的基本信息加工单元的研究方法

综合来看，当前基本信息加工单元的研究方法大致分为两大类：离线（off-line）的切分法和在线（on-line）的实时阅读记录法。离线的切分法大多要求读者根据自己对词的理解将连续呈现的文本（句子或者篇章）切分成单个的词（Hoosain，1992；闫国利等，2012；张兰兰等，2013；付彧等，2015），或者判断给出的文本是词还是短语（闫国利等，2013e）。采用这一方法得到的研究结果在一定程度上反映了读者内在的心理表征单元，为一些在线研究提供前提条件，但容易受到指导语、被试的状态、文本呈现的方式等主观因素的影响。在线的实时阅读记录法大多采用简单的反应时任务及眼动记录技术。有些词汇判断的反应时任务适用于单个词汇识别的研究，简单且易于操作。眼动记录技术可以检测读者自然阅读状态下的词汇识别和语义理解与整合，是目前阅读研究中运用最广泛也是最有效的方法。然而，汉语阅读中基本信息加工单元的切分灵活多变，还需要更为精密的方法来探讨这一问题，如具有时间优势的 ERP 技术及具有空间定位优势的磁共振技术。只是运用 ERP 技术进行阅读研究时读者无法做到自然阅读，因此，未来的研究可以考虑结合眼动记录技术进行研究。

此外，中文自然语言处理也是计算机科学领域的一个重要组成部分，对中文语料库进行自动文摘、智能检索、信息监控成为重要课题，确定合理、准确的基本处理单元成为以上各项工作的基础，同时在机器翻译、语音识别、智能输入和数据挖掘等领域都具有重要的应用价值（李兴珊等，2011）。计算机科学中通过基于词典、人工智能以及统计的三种分词方法解决了的大部分词汇切分问题（宋彦等，2009）。虽然心理学中寻找基本信息加工单元问题与计算机中的分词问题存在差异，但是两者具有一定的关联性，可以相互借鉴。如心理学可以借鉴基于统计的分词系统中的信息，即文本库中汉字相邻出现的概率，探讨一些高频多词单元的心理现实性，进而为计算机科学的分词研究提供实证支持。

（三）第二语言学习者的信息加工单元问题

在现有研究的基础上，汉语中的字、词、短语/组块以及主观词等在母语为汉语的大脑中存在表征，并且可能以整体方式存储和加工，但在第二语言学习者大脑中是否具有心理现实性，相关研究还较少，且多是探讨词的心理现实性问题（Shen et al.，2012；Bai et al.，2013；白学军等，2012）。如 Shen 等（2012）分别让日、韩、美、泰为母语的中文第二语言学习者阅读含有词边界信息的中文文本，结果发现，插入词空格能明显地提高中文第二语言学习者阅读中文的速度，在字间或是非词间插入空格都不同程度地阻碍了阅读。由此可见，词对于第二语言学习者是存在心理现实性的。然而，对于短语、语块等多词单元是否存在心理现实性的探讨还是空白，有待于进一步的探讨。

第六章

句子阅读的眼动研究

第一节　阅读中无关言语效应的作用机制

一、无关言语效应的理解

在日常生活中，人们的认知活动往往伴随着与之无关的背景声音。其中，言语这一类背景声音对正在进行的认知活动产生干扰的现象，被称为无关言语效应（何立媛等，2015；慕德芳等，2013；Hyönä et al.，2016）。该现象是 Colle 和 Welsh（1976）在短时记忆任务中首次发现的。在他们的实验中，被试需要首先识记通过视觉形式依次呈现的辅音字母，然后按顺序进行回忆（系列回忆），过程中忽略听到的背景音。结果发现，相比安静条件，被试在背景言语条件下的系列回忆成绩下降了 12%，研究者将这一现象命名为无关言语效应。本节将首先对无关言语效应作用机制的主要理论进行梳理与探讨，其次分析无关言语效应在阅读任务中的影响因素，最后对进一步研究的方向予以展望。

二、阅读任务中无关言语效应的作用机制

从发现无关言语效应至今已有 40 余年，随着研究的逐步深入，研究者从记忆、唤醒、注意等多种角度尝试对无关言语效应做出解释（Jones et al.，1990）。不同理论在解释无关言语效应时虽然各有其合理之处，但也都存在不足，到目前为止并没有确定的结论。其中在阅读任务中，无关言语效应理论解释的争议主要存在于以发音相似干扰假说为代表的内容干扰假说和过程干扰假说之间。本节将着重对这两种假说的理论内容和实证依据进行介绍与探讨。

（一）内容干扰假说

内容干扰假说将干扰归因于背景言语和视觉材料在内容上的混淆，认为视听

材料的内容相似性越大，干扰程度越大。其中最具代表性的理论是基于工作记忆模型的发音相似干扰假说。Baddeley 等（1974）将工作记忆分为中央执行系统、语音环、视空图像处理器三部分，称之为工作记忆模型，其中语音环由发音复述装置和语音短时存储装置两部分组成。

Salamé 等（1982）据此提出了发音相似干扰假说。如图 6-1 所示，发音相似干扰假说认为，无关言语可以自动进入语音短时存储装置，而视觉材料必须经过发音复述装置，由视觉信息转化为语音编码后才能进入存储装置。之所以出现无关言语效应，是由言语信息和视觉信息的语音编码在存储装置中发生混淆所致。

总之，以发音相似干扰假说为代表的内容干扰假说认为，只有言语才会干扰正在进行的视觉认知活动，且理论上，言语信息和视觉信息的语音编码越相似，产生的干扰越大。

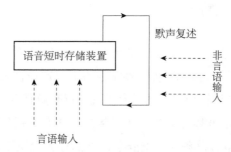

图 6-1　基于工作记忆模型的发音相似干扰假说图解

（资料来源：Hanley & Bakopoulou，2003）

（二）过程干扰假说

Marsh 等（2007，2009）基于已有研究成果提出了过程干扰假说。这一理论是针对支持无关言语效应的作用机制是一种"内容干扰"的理论而言的。前述的发音相似干扰假说即属于此类。与之相对，过程干扰假说认为无关言语对认知任务有无干扰以及干扰的程度均与内容相似性无关，干扰是一种"过程"上的冲突。具体来说，由于对视觉材料的主动加工和对背景言语的自动加工占用了相同的加工过程或策略，二者产生冲突，因此破坏了正常的任务表现。

可见，过程干扰假说认为，无关言语效应的产生是由无关言语特征和认知任务类型二者共同决定的，只有当言语加工和任务加工占用相同过程时，干扰才会发生。换言之，言语本身并不能决定干扰的产生，干扰任务的也不一定是言语，同时无关言语效应并不局限于某一种认知任务中。

三、阅读任务中无关言语效应的实证依据

综上所述，内容干扰假说和过程干扰假说的分歧主要体现在以下三点：第一，言语是否是观察到无关言语效应的充分必要条件；第二，无关言语效应的产生是否受认知任务类型的调节，即在背景言语和阅读材料不变的情况下，无关言语对阅读的影响是否随任务要求的变化而变化；第三，无关言语效应是否与背景言语和阅读材料的内容相似性有关。

（一）无关言语的特征

部分研究发现，言语并不是观察到无关言语效应的充分必要条件，结果支持过程干扰假说。一方面，干扰阅读理解任务的不一定是言语，非言语背景音（如白噪音、粉红噪音、电话铃声等）同样会干扰阅读理解任务（Martin et al.，1988）；另一方面，并非所有言语都会干扰认知任务。一些研究报告，在具备言语声学特征但无语义成分的背景言语条件与安静条件下的任务表现没有显著差异（Hyönä，2016）。

然而，另有一些研究得到相悖的结果。Ljung 等（2009）发现道路交通噪声降低了阅读速度，但对阅读理解水平没有显著影响，并且很多研究报告无意义言语也会影响正常的阅读表现（Banbury，1998；Jones et al.，1990；Martin et al.，1988；Oswald et al.，2000）。

不同研究所得结论不同可能与获得无意义言语的方法不一有关，如表 6-1 所示。

表 6-1　几种主要无意义言语类型的比较

无意义言语类型	操纵方法与言语特征	研究结果
（1）不熟悉外语	被试完全没有掌握的外语； 与被试的母语在声学特征上很难一致，但方便易得，不需处理	有意义言语<不熟悉外语<安静（篇章阅读任务）（Martin et al.，1988）； 有意义言语=不熟悉外语<安静（散文回忆任务）（Banbury et al.，1998）； 有意义言语=不熟悉外语=安静（篇章阅读任务）（Hyönä et al.，2016）

续表

无意义言语类型	操纵方法与言语特征	研究结果
(2) 倒播言语	正常言语的音频由后往前播放； 保留言语总体的频谱特征，但破坏了语音结构	有意义言语=倒播言语<安静（语境错误校对）； 有意义言语<倒播言语<安静（非语境错误校对）(Jones et al., 1990)； 有意义言语<倒播言语<安静（Oswald et al., 2000）
(3) 字词混乱言语	将正常言语以字或词为单位，随机打乱后以同样的语调朗读出来； 保留言语总体的频谱特征和语音结构，但仍包含字词的语义信息	有意义言语=字词混乱言语<安静（篇章阅读任务）(Hyönä et al., 2016; Martin et al., 1988)
(4) 非词混乱言语	替换掉正常言语中每个词的一个字母使其构成非词，随机打乱后以同样的语调朗读出来； 保留言语总体的频谱特征和语音结构，不包含语义信息	字词混乱言语<非词混乱言语<安静（篇章阅读任务）(Martin et al., 1988)

注："="">"<"比较的是背景言语条件下的任务表现，"="表示差异不显著，"<"表示差异显著。

可见，现有在阅读任务中考察无关言语效应的研究，对于无意义言语的操纵方法较不一致。不同研究的被试、任务、材料均不同，这为研究结果的综合比较带来困难。因此，有必要在同一种任务背景和同一批被试材料下，考察不同类型的无意义言语产生的影响，明确言语的语音语义句法等不同特征在无关言语效应中发挥的作用，从而为理论探讨提供有力的证据。

（二）认知任务的类型

内容干扰假说的理论内容并不涉及对认知任务的描述，没有突出任务加工过程的重要性。然而已有研究发现，当任务的加工过程发生变化，同样的言语材料造成的影响会随之不同。Marsh 等（2009）采用类别样例词回忆任务（category-exemplar recall task），发现有意义言语破坏了被试按照语义类别组织词汇回忆顺序的回忆策略，说明背景言语在一定程度上影响了任务的加工过程。此外，研究发现只有在按照语义类别组织词汇回忆顺序时，有意义言语条件下的回忆成绩才显著低于无意义言语条件下的回忆成绩，而在按词汇呈现顺序系列回忆的任务要求下，两种背景言语条件则不存在显著差异。在两种回忆顺序的任务要求下，视听材料没有变化，这说明真正使言语的语义成分对任务造成干扰的，是对按照语义类别组织词汇这一回忆策略的使用，而非视听材料在内容上的相似程度。因此实验结果支持过程干扰假说。

此外，Jones 等在呈现类别词（category-names）后，要求被试报告对应的样例词（exemplars），发现与语义流畅度干扰程度相关的是无关言语与报告词单的语义相关性，而与语音流畅度干扰程度相关的则是无关言语与报告词单的语音相似性。可见，在分别侧重语义理解和语音加工的认知任务中，言语的语义成分和声学特征在无关言语效应中各自起不同的作用，为过程干扰假说提供了另一角度的支持证据。

在短时记忆任务中，目前较为一致的结论是有意义言语与无意义言语条件下的回忆成绩没有显著差异，说明言语的语义成分不影响短时记忆任务中无关言语效应的发生（Jones，1995；Salamé et al.，1982）。然而，在侧重语义加工的阅读任务中，言语的语义成分发挥着主导作用（Marsh et al.，2014）。研究发现，虽然有意义言语和无意义言语均会干扰任务表现，但有意义言语条件下的问题回答错误率显著更高（Martin et al.，1988；Oswald et al.，2000）。而在另外一种性质的任务，即写作任务中，无意义言语并不影响正常的写作表现，研究者得出言语的语义成分是干扰写作任务唯一来源的结论（Sörqvist et al.，2012）。但是，Banbury 和 Berry（1998）在散文回忆任务中得到不同的结果，发现有意义言语与无意义言语条件下被试回忆散文的精确度没有显著差异。研究者因此认为，同短时记忆任务一样，言语有无语义不影响无关言语效应的发生。Oswald 等（2000）对此提出质疑，指出 Banbury 等在实验中要求被试逐字回忆散文内容，并将每段语篇分为 13 小节，如果小节顺序回忆错也不计分，认为相比一般的阅读任务，该任务更加偏重对语篇文字顺序信息的识记。与之相似，Hyönä 等（2016）同样发现在有意义言语和无意义言语（字词混乱言语）条件下，句子第一遍阅读的重读时间没有显著差异。但值得注意的是，Hyönä 等（2016）在实验中使用的无意义言语仍保留字词水平的语义信息，Martin 等（1988）曾报告，字词混乱言语相比由非词组成的混乱言语对篇章阅读会产生更显著的干扰。

尽管仍存争议，但现有结果可以说明，不同任务下，言语在无关言语效应中发挥作用的成分不同。这一结果可通过 Marsh 等（2009）提出的过程干扰假说给出很好的解释：言语的语音和语义成分在无关言语效应中发挥的作用孰轻孰重，受到认知任务性质的调节。当完成认知任务的过程更加注重语义信息的提取和加工时，言语的语义成分起主导作用；而当认知任务偏重通过复述识记顺序信息时，言语变化的声学特征便发挥决定作用。

总之，内容干扰假说在理论内容上仅关注背景言语和视觉材料在语音、语义等方面的内容相似性，缺乏对认知任务类型的描述。在解释不同任务类型下相同的背景言语会对任务产生不同的影响以及产生影响的主要言语成分不同等研究结果方面，过程干扰假说更加合理、可靠。

（三）无关言语与认知任务的关系

内容干扰假说认为，背景言语与阅读材料在语音、语义等内容上越相似，无关言语对阅读任务的干扰程度就越大；而过程干扰假说则认为，无关言语效应并不受言语材料与阅读材料内容相似程度的影响。

围绕"无关言语对阅读任务的干扰程度是否受言语材料和阅读材料的内容相似程度影响"这一问题，研究主要从两种途径进行探讨：第一，在同一任务类型下操纵视听材料的内容相似程度，观察无关言语效应是否随之变化，若内容相似程度增加，无关言语效应量也随之增加，则支持发音相似干扰假说，反之则支持过程干扰假说；第二，控制视听材料不变，通过改变指导语等方式操纵被试完成认知任务的主要加工过程，由于视听材料内容相似程度不变，若两种任务要求下的阅读表现存在显著差异，则支持过程干扰假说，反之则支持发音相似干扰假说。

Marsh 等（2009）从第二种途径探讨无关言语对阅读的干扰基于内容还是过程。研究控制背景言语材料和视觉阅读材料不变，通过改变指导语，要求被试分别按照语义类别组织词汇回忆顺序或者按照呈现顺序系列回忆词汇。研究发现，当被试按照语义类别组织回忆顺序时，有意义言语条件下的回忆成绩要显著低于无意义言语和控制条件下的回忆成绩，无意义言语并未造成干扰；当被试按照呈现顺序系列回忆词汇时，背景言语均使回忆成绩降低，但有意义言语和无意义言语条件下的回忆成绩没有显著差异。结果表明，在视听材料内容相似程度不变的前提下，当任务主要加工过程发生改变，同一言语对任务表现的影响也会随之变化，支持过程干扰假说。

综上所述，关于偏重语义理解的复杂认知任务中无关言语效应的作用机制，已有的研究普遍支持过程干扰假说，这与短时记忆任务中得出的结论相符（慕德芳等，2013；Oswald et al.，2000）。然而，考虑到虽然类别样例词回忆任务相对一般的短时记忆任务更加侧重语义理解，但毕竟与阅读理解任务不同，目前尚未有研究在阅读任务中通过控制视听材料内容相似程度不变，操纵任务主要加工过程不同的角度对无关言语效应的作用机制进行直接的验证，同时尤其缺乏来自汉语等非拼音文字系统的实验证据，相关理论问题还有待进一步的探索。

四、问题与展望

综上所述，由于存在研究数量相对较少、研究技术手段单一、变量控制方法不同等局限性，对于阅读任务，尤其是在中文阅读任务中无关言语效应的作用机制，亟须更多研究进一步进行探讨。未来对无关言语效应的考察可从以下几个方面开展。

（一）无关言语效应的影响因素

明确无关言语效应的影响因素，有助于深入了解无关言语干扰阅读任务的作用机制。需要说明的是，除内容干扰假说和过程干扰假说之外，阅读任务中无关言语效应的作用机制还有另外一种可能的解释，就是其依据的是注意捕获理论。注意捕获是指，某些新异刺激不受当前任务制约而吸引注意的现象（Yantis，1993）。Cowan（1995）认为，无关言语效应之所以发生，是因为个体在进行视觉认知任务时同时听到的背景声音转移了注意力。虽然目前尚未有阅读研究探讨注意在无关言语效应中发挥的作用，但使用短时记忆任务的研究可以为验证注意捕获理论是否适用于阅读任务提供思路。Elliott 等（2012）指出，存在三种方法可以验证无关言语效应是否与注意有关：①考察占用注意资源不同的言语材料是否对认知任务产生不同程度的干扰；②工作记忆容量是注意控制的有效指标，因此第二种方法是在考察被试在工作记忆容量方面的个体差异是否与对无关言语的抗干扰能力相关；③不同年龄被试的注意控制能力不同，因此第三种方法是在考察被试成熟因素对无关言语效应的影响。

很多研究在短时记忆任务中对无关言语效应的影响因素进行了探讨，影响因素可总结为以下两个方面：一是材料因素，如阅读材料与背景言语的词频、句长、语义复杂程度，以及针对被试而言的自我相关度（Röer et al.，2013）等；二是被试因素，如年龄（Meinhardt et al.，2014；Schwarz et al.，2015）、性别、习惯偏好（Perham et al.，2012）、阅读能力、特殊群体（Kattner et al.，2014）等人口学因素，以及对背景言语的适应（Röer et al.，2013）和预知（Röer et al.，2015）等暂时被试因素。那么，短时记忆任务中发现的影响因素是否适用于阅读理解任务呢？

Boyle 等（1996）依据句法的复杂性（定语从句的位置）操纵难度变量，将实验材料分为简单句和复杂句，研究发现，不同类型的背景音对句子合理性判断任务的影响并不受句法难度的调节。Hyönä 等（2016）也发现，背景音类型与阅读材料句法难度的交互作用不显著。值得一提的是，Gathercole 等（1993）指出，工作记忆的语音环在加工长而复杂的句子时尤其重要，那么根据发音相似干扰假说，无关言语对难度较高的句子阅读的干扰应更加显著，与现有研究结果不符。

Sörqvist 等（2010）探究了在阅读理解过程中，个体工作记忆容量与对无关言语的抗干扰能力之间的关系。经研究发现，工作记忆容量（以数字更新任务中正确回答出数字的个数计算）较低的个体更容易受到无关言语的干扰。然而，Sörqvist（2010）采用另一种方法，即用运算广度任务衡量工作记忆容量，发现了不同的结果。研究发现，在言语背景音下，工作记忆容量不同的个体在散文阅读理解任务中的表现并没有显著差异。

总之，很少有研究考察阅读任务中无关言语效应的影响因素问题，且已有研究结果并不一致，未来对无关言语效应作用机制的探索可从影响因素的角度开展一系列研究。

（二）无关言语效应在阅读过程中的作用阶段

句子加工的阶段一般分为词汇识别、句法加工和语义理解、将语义输出与世界知识相整合三部分。探讨无关言语影响阅读理解的具体阶段，有助于深入了解效应的作用机制。Waters 等（1987）认为，工作记忆的语音环只在句子加工的晚期，即将语义输出与世界知识整合时才被使用。那么根据发音相似干扰假说，无关言语应该只在句子加工晚期发生作用。换言之，如果无关言语干扰了句子加工的早期阶段（即词汇识别），则与发音相似干扰假说不符。

Cauchard 等（2012）首次借助眼动追踪技术考察无关言语对语篇在线阅读的影响。研究发现，在背景言语条件下，读者的阅读时间显著延长，注视次数增加，凝视时间增加，重读时间（词间回视时间）显著增加，并且言语条件和安静条件下重读时间的差值占据了总阅读时间差值的58%。由于重读时间是指示句子晚期加工的指标，这个结果表明，无关言语至少干扰了句子的晚期（词汇后水平）加工。

对于无关言语是否会干扰句子的早期加工（即词汇识别）这一问题，当前研究并未进行考察。已有研究指出，词频效应是指示词汇通达的有效指标（Paterson et al.，2012），下一步研究工作可通过探讨句子阅读中无关言语对高频与低频目标词识别的影响来进行。

（三）脑成像技术和眼动追踪技术的应用

结合 PET（正电子发射断层成像）、fMRI（功能性磁共振成像）、ERP（事件相关电位）、眼动追踪等先进技术，探索与心理现象相关的生理机制，是当前无关言语效应的研究趋势。其中，眼动追踪技术能够在正常的阅读环境中，实时记录并分析读者的阅读行为，其多样性的眼动指标也为研究无关言语对阅读的影响过程和影响阶段提供了充分的数据支持，已经应用于阅读任务中的无关言语效应研究（王梦轩等，2015；Cauchard et al.，2012；Hyönä et al.，2016）。

然而，PET、fMRI、ERP 等技术目前只在短时记忆任务或视觉搜索任务中使用（刘思耘等，2016；Mittag et al.，2013；Sætrevik et al.，2015）。Rayner 等（2012）指出，PET、fMRI 可以提供关于阅读的精确的脑活动定位信息，这为区分言语的语音和语义成分在干扰中发挥的不同作用提供了可能；ERP 毫秒级的时间分辨率能够反映出从词汇识别阶段开始的大脑活动，为探讨无关言语作用于阅读任务的时间进程提供更有力的证据。此外，实现眼动追踪技术与脑成像技术同步记录，在自然阅读的背景下同时收集眼动行为数据和脑电数据，能够从行为和神经生理结合的角度考察无关言语效应，对于深入了解无关言语效应的作用机制具有重要意义。

第二节　句子阅读中无关言语效应的眼动研究

一、无关言语效应的作用机制概述

无关言语效应是指认知活动受到同时呈现的背景言语干扰的现象。Colle 等（1976）首次发现，在不熟悉的外语背景音下，被试按呈现顺序回忆（即系列回忆）辅音字母的成绩大幅降低。除普遍使用的短时记忆系列回忆任务之外，在偏重语义理解的阅读等复杂认知任务中同样存在无关言语效应（何立媛等，2015；Cauchard et al.，2012；Oswald et al.，2000）。

无关言语效应的作用机制是当前研究的焦点之一（慕德芳等，2013；Hyönä

et al.，2016）。关于阅读任务中无关言语效应的作用机制的理论可分为内容干扰假说和过程干扰假说两类（Marsh et al.，2009），本章第一节曾详述。总之，两类假说争论的核心在于无关言语效应的产生是源于视听材料内容上的混淆，还是源于相同加工过程产生的冲突。内容干扰假说认为干扰程度是由视听材料的内容相似程度决定的，而过程干扰假说认为干扰程度与内容相似程度无关，与言语材料和阅读材料的主要加工过程是否一致有关。

关于无关言语对认知任务的干扰基于内容还是过程，先前研究普遍通过操纵视听材料内容相似性，来考察干扰程度是否随视听材料内容相似程度的增加而增加，即从验证内容干扰假说的角度进行探讨（Hyönä et al.，2016；LeCompte et al.，1997）。本节则尝试从直接验证过程干扰假说的角度探讨加工机制问题。

为验证过程干扰假说，要在保持视听材料内容相似性一致的前提下，考察干扰程度是否受到视听材料主要加工过程冲突程度的影响。已有研究表明，自然阅读和校对阅读采用的是不同的加工策略（闫国利等，2014），校对阅读除需完成高水平的语义加工之外，还需要更加注意字词拼写及句法合理性等信息（Jones et al.，1990）。因此，当控制阅读材料和言语材料在两种阅读条件下完全一致时，可以实现视听材料内容相似性一致，但主要加工过程的冲突程度不同。

本节拟操纵言语的语义成分，考察有意义言语和无意义言语对自然阅读和校对阅读的影响，有两个假设：①根据内容干扰假说，所有具备言语声学特征的背景音都会干扰认知任务，因此，有意义言语和无意义言语均会影响正常阅读（虽然有意义言语产生的干扰可能更大）。而根据过程干扰假说，由于阅读理解任务的主要加工过程为语义提取与分析，不具备语义成分的无意义言语对阅读任务的影响将不显著。②根据内容干扰假说，干扰程度取决于视听材料的内容相似性，那么，自然阅读和校对阅读条件下观察到的无关言语效应将不存在显著差异；反之，无关言语影响自然阅读和校对阅读的任何差异都将归因于二者加工过程的不同，支持过程干扰假说。

此外，之前在阅读任务中考察无关言语效应的研究大多以阅读理解正确率或阅读速率作为因变量，不能反映言语对阅读任务加工过程的实时影响。眼动追踪是一种能够记录在线阅读行为的灵敏而有效的技术，多种早期和晚期的眼动指标为研究言语影响阅读理解的时间进程提供了充分的数据支持（Cauchard et al.，2012）。

综上所述，本节将采用眼动追踪技术，考察有意义言语和无意义言语分别对自然阅读和校对阅读的影响，探讨言语干扰句子阅读的作用机制。

二、实验方法

（一）实验设计

本次实验采用 2（任务类型：自然阅读，校对阅读）×3（背景音类型：有意义言语，无意义言语，无背景音）两因素混合实验设计。其中，任务类型为被试间因素，背景音类型为被试内因素。

句子阅读材料分为三组，组间顺序固定，组内随机呈现，分别伴随三种背景音阅读。采用循环法平衡背景音的呈现顺序，从而控制了处理的顺序效应及材料差异。

（二）实验被试

被试为 36 名天津某大学在校学生，平均年龄 20.7 岁（SD=2.1）。母语均为汉语，视力或矫正视力正常，听力正常。36 名被试随机分配至自然阅读任务组和校对阅读任务组，经 t 检验发现，两组被试的年龄没有显著差异（t=0.78，p>0.05），各组的男性被试均为 3 名。被试均不了解实验目的，实验结束后获得一定报酬。

（三）实验仪器

实验采用 Eyelink 1000 型眼动记录仪，采样频率为 1000Hz。眼动记录仪的被试机显示器分辨率为 1024×768 像素，刷新频率为 120Hz。被试眼睛距离屏幕 70cm。每个汉字在屏幕上的大小为 27×27 像素，约为 0.86°视角。

（四）实验材料

实验选用闫国利等（2014）的句子材料，其中，练习句 6 个，填充句 60 个，实验句 60 个，句长 17～20 个字，无句法歧义和语义歧义，句中无标点符号。50%的句子后面会有一道阅读理解判断题。26 名在校大学生（不参加正式实验）对句子难度和通顺性进行 5 点评定。难度评定结果为 M=2.36（1 代表非常简单，5 代表非常难），通顺性评定结果为 *M*=1.64（1 代表非常通顺，5 代表非常不通顺），符合实验要求。

　　参照 Levy 和 Begin（1984）的设计，被试在校对阅读与自然阅读条件下都需要阅读 60 个实验句。但是在校对阅读条件下，在 60 个填充句中会设置 1～2 个错别字，均为不符合语境的真字。该设置的目的是使被试进入校对阅读的状态。自然阅读条件下的 60 个填充句中没有任何错误。具体见表 6-2 所示。

表 6-2　阅读材料示例

句子类型	任务类型	句子
实验句	自然阅读	气泡是由残余燃料在真空环境中扩散形成的
	校对阅读	气泡是由残余燃料在真空环境中扩散形成的
填充句	自然阅读	一种新的血样检测试剂将要面向公众出售
	校对阅读	一种新的血样<u>捡</u>测试剂将要面向公众出<u>兽</u>

注：下划线标注的是错别字，在正式实验时填充句中并不呈现下划线。

　　背景音类型包括有意义言语、无意义言语和无背景音三种。有意义言语取自中国中央电视台《新闻联播》2014 年的 6 期节目（1 月 4 日，1 月 9 日，6 月 5 日，6 月 23 日，9 月 27 日，10 月 27 日）。首先将视频转换为 WAV 格式的音频，位深度 16bit，采样率 44.1kHz。然后通过剪接，只留下同一位男播音员播报新闻简讯的内容，时长 16 分 19 秒，足够所有被试完成该条件下的实验内容。无意义言语是借助软件 Matlab 对同一段音频采用 Scramble 程序语言处理之后得到的，处理后的无意义言语不具备语义，但保留言语的频谱特征和语音结构，因此位深度、采样率及时长均与有意义言语相同。两种类型的无关言语的播放音量控制在 58～66dB（A）。无背景音条件的音频是一段在实验室安静状态下的录音，音量经标智GM1357 分贝仪测定为 45dB（A）。言语材料通过耳机呈现，采用 Dell 笔记本电脑，用 Windows Media Player 播放。

（五）实验程序

　　对每名被试单独施测。被试进入实验室后，首先熟悉实验环境，然后戴上耳机，阅读被试机屏幕上的指导语。自然阅读条件下的被试会看到："下面屏幕上会依次呈现一个个句子，请以正常的速度阅读并理解每句话的含义。为检查你是否正确理解了这句话，有些句子后面会跟着一道判断题，需要通过手柄上的按键作

'是'或'否'的判断。在实验过程中，耳机里会听到一些声音，忽略即可，你只需要专心阅读句子。"校对阅读条件下的指导语在此基础上增加以下内容："在理解句义的同时，注意有些句子里含有一个或两个错别字，发现一个错别字按左键，两个错别字按右键，没有错别字的话按下键继续。"之后主试再口述一遍指导语和注意事项，指示反应的按键位置，确认被试理解无误；调整眼动仪，进行三点眼校准；校准成功后，进入练习阶段。在被试对实验流程和反应操作没有疑问后，开始正式实验。实验过程中，必要时重新进行眼校准。整个实验大约持续 30 分钟。

三、不同背景音下的阅读理解结果分析

（一）阅读理解的正确率分析

被试回答阅读理解判断题的平均正确率为 93.7%。不同背景音条件下差异不显著，$F_{(2, 68)} = 1.89$，$p > 0.05$；自然阅读和校对阅读差异不显著，$F_{(1, 34)} = 0.52$，$p > 0.05$；二者交互作用亦不显著，$F_{(2, 68)} = 1.14$，$p > 0.05$。数据表明被试在不同的背景言语条件和任务类型条件下均认真阅读并基本正确地理解了句子，具体数据见表 6-3。

表 6-3　不同背景音下被试完成两种阅读任务的正确率和标准差（%）

类别	有意义言语	无意义言语	无背景音
自然阅读	90.7（10.0）	90.8（11.0）	96.4（5.5）
校对阅读	95.0（9.0）	92.5（11.1）	94.6（6.4）

（二）不同背景音下被试的眼动指标分析

眼动数据的删除标准：①单一句子中的注视点少于 3 个的项目；②注视时间短于 80ms 或长于 1200ms 的注视点；③3 个标准差以外的数据。剔除的无效数据占总数据的 1.43%。

本次研究选择的因变量包括阅读速率（字数与总阅读时间的比值）、平均注视时间（所有注视点持续时间的平均值）、均字注视次数（注视次数与字数的比值）（Zawoyski et al.，2015）、均字回视次数（回视次数与字数的比值）等眼动指标。由于实验句字数不一致（17～20 字），所以本次研究使用均字注视次数和均字回视次数来反映被试阅读时的加工负荷。

　　研究采用线性混合模型（linear mixed models，LMMs）分析眼动数据，使用 R 语言环境下的 lme4 数据处理包（Bates et al.，2012）。在分析过程中，对眼动数据进行了 log 转换（Pan et al.，2015），这是由于转换后的数据更加拟合所构建的线性混合模型，原始数据和转换后的数据在显著性上是一致的。模型指定被试和项目作为交叉随机效应，指定背景音类型、任务类型以及二者的交互作用作为固定因素，其中，背景音类型为被试内因素，任务类型为被试间因素。整体分析的描述统计结果如表 6-4 所示。

表 6-4　不同背景音下被试的眼动指标（*M*±*SD*）

类别	自然阅读	校对阅读
（1）阅读速率（字/分钟）		
有意义言语	310（174）	169（68）
无意义言语	344（220）	170（67）
无背景音	341（201）	167（62）
（2）平均注视时间（ms）		
有意义言语	246（35）	258（38）
无意义言语	239（36）	256（38）
无背景音	245（40）	255（37）
（3）均字注视次数（次）		
有意义言语	0.86（.39）	1.37（0.50）
无意义言语	0.82（.37）	1.35（0.51）
无背景音	0.78（.35）	1.34（0.44）
（4）均字回视次数（次）		
有意义言语	0.23（0.14）	0.42（0.22）
无意义言语	0.23（0.15）	0.41（0.22）
无背景音	0.21（0.14）	0.39（0.18）

　　就背景音类型来看，有意义言语条件与无背景音条件下的阅读速率、均字注视次数、均字回视次数均存在显著差异，表现为在有意义言语条件下读者的阅读速率降低（b=0.058，SE=0.018，t=3.24），并且平均每个字需要产生更多的注视次数（b=-0.058，SE=0.017，t=-3.39）与回视次数（b=-0.083，SE=0.033，t=-2.53）。而无意义言语条件和无背景音条件下的各项眼动指标均没有显著差异（|ts|<1.36），

说明背景言语干扰了读者的正常阅读，而这种干扰是由言语的语义成分导致的。

就任务类型来看，除平均注视时间外，在各项指标上都得到显著的任务类型主效应，表现为相比自然阅读条件，校对阅读条件下的阅读速率更低（$b=-0.61$，$SE=0.11$，$t=-5.72$），均字注视次数（$b=0.54$，$SE=0.094$，$t=5.74$）和均字回视次数（$b=0.69$，$SE=0.11$，$t=6.30$）更多。就背景音类型和任务类型的交互作用来看，在阅读速率和均字注视次数上，发现有意义言语和无背景音的比较与任务类型之间存在显著的交互作用（阅读速率：$b=-0.11$，$SE=0.036$，$t=-3.09$；均字注视次数：$b=0.096$，$SE=0.034$，$t=2.83$）。经简单效应分析发现，言语的语义成分只对自然阅读造成干扰，表现为有意义言语条件下阅读速率降低（$b=0.11$，$SE=0.026$，$t=4.33$），均字注视次数增加（$b=-0.11$，$SE=0.025$，$t=-4.31$），而对校对阅读的影响不显著（$|ts|<0.40$）。在对平均注视时间的分析上，没有得到显著的主效应或交互作用（$|ts|<1.52$）。

四、无关言语影响阅读理解任务的作用机制

本次研究的主要目的在于探讨无关言语影响阅读理解任务的作用机制。实验操纵言语的语义成分，考察不同类型背景言语对自然阅读与校对阅读的影响。研究结果主要关注两个方面：其一，有意义言语和无意义言语是否干扰了正常的阅读行为？其二，背景言语对自然阅读和校对阅读的影响有无差异？下面将就上述两个方面展开讨论。

就背景言语类型的主效应来看，本次研究发现，有意义言语显著降低了读者的阅读速率，并且读者需要产生更多的注视和回视以完成对句子的加工和理解，而无意义言语和无背景音条件在各项指标上均不存在显著差异。研究结果表明：第一，具备言语声学特征的背景音不一定能干扰认知任务，这对内容干扰假说提出了质疑；第二，在阅读理解任务中，言语的语义成分对无关言语效应的发生起到决定性作用。这与先前部分研究结果一致。Martin 等（1988）首次考察了言语的语义和语音成分对篇章阅读任务的影响，研究以母语为英语且均不熟悉俄语的读者作为被试，结果发现，英语背景音下读者的阅读理解正确率显著低于俄语背景音下的阅读理解正确率。Sörqvist 等（2012）发现，在有意义言语条件下，被试写作输出的字词句减少，错误拼写词汇量增加，词间停顿时间延长，而无意义言语并不会产生显著影响。

　　然而，现有研究结果普遍支持在短时记忆系列回忆任务中，言语的语义成分不影响无关言语效应的发生，决定言语对系列回忆任务造成干扰的是言语变化的声学特征（Jones et al.，1992）。为何言语的语义成分在不同任务中发挥的作用不同呢？内容干扰假说仅关注视听材料内容的相似性，没有涉及对受到言语干扰的认知任务及其加工过程的描述，难以回答这一问题。综合言语特征和任务特征的过程干扰假说则可对此做出很好的解释。过程干扰假说指出，干扰是由言语的自动加工过程和阅读材料的主动加工过程相同产生的冲突造成的，因此，当任务强调语义理解时，言语有无语义决定了干扰是否发生；而当任务强调顺序回忆时，言语变化的声学特征起主导作用。

　　就背景言语类型与任务类型的交互作用来看，本次研究发现，有意义言语与无背景音条件下的阅读速率和均字注视次数只在自然阅读状态下存在显著差异；而在校对阅读状态下，当任务更注重字词信息的识别时，言语并未产生显著干扰。结果说明，即使视听材料的内容相似程度一致，当自然阅读、校对阅读状态下对句子的加工过程与言语加工过程冲突程度不一致时，干扰程度也不同，支持过程干扰假说。

　　Marsh 等（2009）的类别范例词回忆任务研究结果同样支持过程干扰假说。研究者要求被试识记一系列属于不同语义类别的词单，如"brass，lead，Cherry，Pliers，lemon，Chisel，Giraffe，pig"。结果发现，只有在要求被试按照语义类别组织词汇回忆顺序时，无关言语才会降低回忆成绩，而系列回忆成绩并没有受到无关言语的影响。这表明，言语干扰的是对以语义类别组织词汇回忆顺序这一策略的使用，而非对词单内容信息的保持。Hyönä 等（2016）指出语义相似性不是决定无关言语效应的因素。实验借助眼动追踪技术进行研究，发现与阅读材料语义内容相似性不同的两种背景言语对阅读的影响并没有显著差异，不支持内容干扰假说。综合以上论述，过程干扰假说能够对阅读任务中观察到的无关言语效应提供更合理的解释。

　　需要指出的是，本次研究存在一些有待进一步思考的问题：第一，校对阅读同样涉及语义加工过程，因此根据过程干扰假说，校对阅读加工与言语加工也应存在一定程度的语义加工过程的冲突，虽然其冲突程度相对自然阅读条件较低；第二，在校对阅读中，读者不仅需要理解句义，还要判断错别字个数，因此不能排除地板效应的可能。但是可以确定的是，通过操纵阅读材料与言语材料的主要加工过程的冲突程度来直接验证过程干扰假说，作为在阅读任务中探讨无关言语效应作用机制的一种新视角，能够为理论探索提供新的依据，为今后本领域的研究提供一种新的方法。

本次研究得出如下结论。首先，在阅读理解任务中同样存在无关言语效应。言语的语义成分在对阅读理解任务的干扰中起到决定作用。其次，无关言语的语义成分干扰了自然阅读，而对校对阅读的影响不显著。实验结果支持过程干扰假说。

第三节　句子阅读中绕口令效应的眼动研究

一、绕口令效应概述

大约在 5000 多年前的黄帝时代就有了关于绕口令的记载，如《弹歌》"晰竹，续竹，飞土"。可见，在文字出现以前，绕口令已经在人们的口头语言中存在了。《辞海》中关于绕口令的解释是："绕口令又称急口令、拗口令、吃口令，民间语言游戏的一种，将声母、韵母或声调极易混同的字，组成反复、重迭、绕口、糊口的句子，要求一口气急速念出"（辞海编辑委员会，2009）。

绕口令既是人民群众休闲逗趣的语言游戏，也是语音训练的典型素材。经常练习绕口令有利于头脑反应灵活，用气自如，口齿伶俐，还可以避免口吃。绕口令的语言特色正在于它的拗口。随着中文阅读研究的发展，关于绕口令阅读的相关内容也越来越受到研究者的关注。研究开始从认知心理学的角度探索绕口令之所以绕口的内在机制。随着语言文字的形成和发展，人们越来越注意到汉字字音前后各部分的异同现象，发现了越来越多的同音字或近音字。

已有大量研究证实了读者阅读绕口令的时间要显著长于阅读正常句子的时间，即绕口令效应。目前关于绕口令效应的研究重点大都集中在绕口令效应是否存在及其对阅读效率的影响等方面。

（一）绕口令效应的国内外研究现状

最早对绕口令效应进行全面研究的是 McCutche 和 Perfetti。他们要求读者默读由辅音相同的首字母的词构成的句子，与此同时还要出声阅读与默读句子中的词含有相似（b/p）或相同（t）辅音首字母的词的句子，并且对默读的句子进行句子语义可接受性判断，即是否理解句子的意思。结果发现，与阅读正常句子相比，读者阅读含有相同辅音首字母的句子的时间更长，进行语义可接受性判断所需时间也更长（McCutchen et al.，1982）。Haber 等（1982）记录了被试默读和朗读绕口令和控制句（与绕口令在句子结构、句法、语义上相匹配的非绕口令句子）的阅读时间及在朗读中出现的口误（音节增加、犹豫停顿、重复、音节改变），结果发现读者朗读和默读绕口令的阅读时间都显著长于控制句，并且在默读和朗读两种阅读方式中　　绕口令和控制句的阅读时间差异是相同的。此外，读者在朗读绕口令时出现的错误数量及错误类型也显著多于朗读控制句。Ayres（1984）认为Haber 等（1982）在实验中使用的绕口令句子含有的重复音节较少，提出使用含有更多重复音节的绕口令段落，来考察读者阅读绕口令和正常句子的差异，因此要求被试阅读绕口令段落及与之相匹配的正常段落（无音节重复的段落），得到的结果与 Haber 一致：读者阅读绕口令段落要比阅读没有音节重复的正常段落花费更长的时间。

目前大部分研究都集中探讨了英语的绕口令效应，除了英语，也有部分研究者考察了其他文字中的绕口令效应。Zhang 等（1993）考察了汉语中的绕口令效应。实验一采用自定步速的移动窗口范式，记录了读者朗读和默读绕口令段落和与之匹配的非绕口令段落的错误率、阅读时间等，结果发现读者阅读绕口令的时间显著更长，朗读的错误率更高，这表明汉语中也存在着绕口令效应。还有研究者对日语中的绕口令进行了研究，Matsunga（2014）要求读者分别朗读和默读日语绕口令，并记录反应时和错误率，同样发现读者阅读绕口令的时间显著长于与之匹配的控制句，朗读错误率也显著多于控制句，这证实在日语阅读中也存在绕口令效应。

绕口令效应的发现最先是从英语绕口令研究开始的。就英语这种拼音文字而言，语音和正字法之间关系密切，这给绕口令效应的研究带来一个问题，就是绕口令效应的发生到底是语音干扰还是视觉混淆？研究者针对这一问题进行了探讨。McCutchen 等（1991）以大学生为被试，在要求读者阅读绕口令和与之匹配的控制句的基础之上，又增加了一个数字记忆负荷任务。要求被试在阅读句子之前，先记忆一列数字（与绕口令发音相似的数字或与绕口令发音不相似的数字），结果发现读者在记忆完数字后，再阅读与之前记忆的数字发音相似的句子的时候，受到的干扰显著大于数字记忆之后再阅读与所记忆数字发音不相似的句子。由此研究者认为，绕口令效应并非是由视觉混淆引起的，而是由语音干扰带来的。而对于中文而言，语音和正字法之间不存在混淆的因素，两个发音相同的汉字在视觉上可以完全不相似（如：闻-wen；雯-wen）。因此就中文绕口令而言，完全可以实现文本中的字发音相似而视觉上不相似。如果依旧存在显著的绕口令效应，则可以进一步说明绕口令效应是由语音干扰引起，而非视觉混淆。Zhang 等（1993）使用了 McCutchen 等（1991）在实验中所采用的数字记忆负荷范式，记录了读者阅读中文绕口令段落和与之匹配的正常段落的阅读理解成绩，结果与 McCutchen 等（1991）的结果一致。读者阅读中文绕口令段落的阅读成绩显著低于正常段落的阅读成绩，这也进一步表明绕口令效应是由语音干扰引起，这种干扰影响了读者的理解和记忆。

（二）绕口令效应发生的加工阶段

关于绕口令效应发生的加工阶段问题，不同的研究者有不同的观点。一部分研究者认为，绕口令效应主要发生在句子加工的晚期。McCutchen 等（1991）再次验证了 McCutche 和 Perfetti 在 1982 年提出的绕口令效应。并通过词汇判断任务，要求被试对由辅音相同的首字母的词构成的词串以及与之匹配的控制词串进行词汇判断，结果发现在词汇判断任务中并没有显著的绕口令效应，由此研究者进一步提出了绕口令效应主要发生在句子的理解与整合阶段的观点。之后，有研究者进一步考察了绕口令效应的时间进程问题。Kennison 等（2003）研究通过控制绕口令和与之匹配的控制句的句子边界（句尾边界）来验证绕口令效应的发生阶段问题。Kennison 等（2003）认为如果绕口令效应先于句尾效应出现，则说明绕口令效应在早期加工阶段就出现了；如果绕口令效应出现在句尾效应之后，则说明绕口令效应主要发生在晚期加工阶段。结果发现绕口令效应仅出现在句尾效应之后，由此说明绕口令效应主要发生在句子加工的晚期。

还有一部分研究者认为，绕口令效应既发生在词汇通达阶段，也存在于后期的句子整合阶段。有研究者对 McCutchen 等（1991）的词汇判断任务的实验结果提出了质疑，他们采用更长、发音更加相似的词串重复了 McCutchen 等（1991）的词汇判断任务实验，结果发现读者在词汇判断任务中也存在显著的绕口令效应。因此，研究者们指出绕口令效应既存在于词汇加工早期，也存在于后期的句子理解与整合阶段（Robinson et al.，1997）。Warren 等（2009）通过眼动追踪技术，记录了读者阅读绕口令和与之匹配的控制句时的眼动数据，结果再次验证了绕口令效应的存在，读者阅读绕口令的注视时间等都显著长于阅读与之匹配的控制句，同时还发现无论是早期的眼动指标还是晚期的指标都表现出了显著的绕口令效应。由此研究者认为绕口令效应既存在于早期加工中，也存在于晚期加工中。

（三）特殊群体的绕口令效应

研究者不仅在大学生被试中发现了绕口令效应，在特殊群体如聋人被试中也发现了显著的绕口令效应。由于聋人读者听力丧失，其能否对语音信息进行加工一直存在争议，而有研究者通过考察聋人读者的绕口令效应来验证聋人群体在阅读过程中是否存在语音信息的加工过程，结果发现，无论是聋人读者还是健听的大学生读者，两者阅读绕口令的时间都显著长于阅读正常句子，这进一步说明绕口令效应不仅存在于健听读者中，在聋人读者中亦存在；而对于聋人读者而言，其也能够在阅读过程中利用到语音信息（Hanson et al.，1991）。

读者在阅读绕口令时时间之所以更长，与它含有大量的同音字（词）或近音字（词）有密切的关系。McCutche 等（1982）指出，读者在句子加工过程中，语音信息会激活并保存在工作记忆中，当重复的音素出现时，读者就会产生混淆，这种混淆会一直持续到句子加工完成，因此绕口令的阅读时间更长。

二、绕口令效应的心理机制

随着研究者对绕口令效应研究的深入，对绕口令效应的发生机制也逐步展开讨论。McCutche 等（1982）指出绕口令效应的语音干扰既可能来自发音过程的干扰，也可能是工作记忆中语音表征信息的干扰。发音干扰指的是读者阅读时的发音计划过程产生了干扰和竞争；而工作记忆干扰指的是读者在阅读过程中储存在工作记忆中的语音相似性信息产生重叠，干扰了读者的理解和整合。

（一）发音干扰假说

Sevald 等（1991）提出朗读和默读中的绕口令效应是由发音干扰引起的。发声是一种伴随着语音的扩散激活而出现的提取过程，这种语音的扩散激活从首字母的辅音开始，再到元音，直到某个词的发音结束。在语音的扩散激活过程中，连续的发音线索会反馈到音节水平上。如果连续的发音线索是相似的，那么这种语音干扰也就由此产生了。Sevald 等（1991）要求被试朗读辅音相同（cat/cab）或不同（cab/bat）的词，结果发现朗读辅音相同的词的时间显著长于朗读辅音不同的词。这一结果与绕口令阅读的结果一致。研究者认为当读者发了 cat 的音之后，再发 cab 的音时，cat 的发音就与之形成了竞争。当/kae/的音节信息正在被提取时，语音的扩散激活会反馈到 cat 上，因此导致/t/和/b/之间出现了竞争。而读者在阅读绕口令的时候也存在这样一个激活竞争过程，使得读者的阅读时间增加。但是 Sevald 等（1991）提出的发音干扰假说更适合解释朗读中的绕口令效应，那么在默读过程中是否也存在这样的发音干扰？目前还没有直接的证据回答这个问题。

（二）工作记忆干扰假说

默读中的绕口令效应是如何产生的呢？大部分研究者都支持工作记忆过程干扰的解释（McCutche et al.，1982；Zhang et al.，1993；Kennison et al.，2003）。由于绕口令中存在大量语音相同或相近的字，在阅读时工作记忆中自动激活的语音表征信息出现重叠，使得读者出现语音上的混淆，导致对绕口令的阅读时间增加、速度下降。Rayner 等（2012）认为读者在阅读时，工作记忆中自动激活的语音表征信息出现重叠与读者的内部言语密切有关。

内部言语是一种不出声的言语活动，但言语运动器官实际上仍在活动，它向大脑发送动觉刺激，执行着和出声说话时相同的信号功能。内部言语既包括语音运动（内部发音），也包括语音编码（听到自己的声音）（Rayner et al.，2012）。内部言语的一个很重要功能就是有助于将词语整合成更大的单元。在阅读过程中，读者有时候会听到内部的声音，它反映并指导读者对所读词语的结构进行理解。目前，研究者认为可以通过三种方法来研究内部言语，包括测量阅读过程中是否有言语活动常伴的肌肉运动；考察不可能使用内部言语的任务是否会干扰阅读；考察文本的语音特性（例如同音异义或音素相似性）是否影响阅读。其中，第三种考察文本语音特性对阅读的影响的方法是最常用的方法，由此也衍生出来一系列相关的效应，如绕口令效应、音素相似性效应。

Kosslyn 等（1977）的研究表明，读者的阅读速度会受到所读文章作者的阅读速度的深刻影响。在阅读文章之前，读者会听到假定的文章作者的声音。如果假定的作者的阅读速度较快，那么读者的阅读速度也会变快；如果假定的作者读得慢，那么读者的阅读速度也会变慢。这一研究结果表明内部言语是存在的。当个体读一封来自熟悉的人的信时，比如妈妈，其通常会感受到（听到）她的口音，或者重读，或者语调模式（Brown，1970）。而且在阅读文章时，读者不会只听到单音调的读的声音（除非读者本身平时的讲话是单音调的）。相反，读者会觉察到词的重读和语调模式（Alexander et al.，2008；Kurby et al.，2009）。可见，内部言语在阅读过程中发挥着重要影响。

Ashby 等（2005）认为，读者在默读过程中的内部言语的语音表征或许是不完整的，因为它可能只是为无声发音做的准备，而不是真正的执行内部发音。这个观点与 Perfetti 等（1982）的"语音编码在默读过程中激活"观点一致：认为无论词汇通达由书面词的视觉模式直接引起，还是通过规则—类推的方法间接引起，词汇通达的结果都自动激活了语音信息。但是，他们也认为，读者不会对文本中的每个词语都进行完整的语音表达，因为详细的语音激活需要太长的时间，从而不能进行高效阅读。

此外，研究者在中文读者身上也发现了言语编码的存在，中文读者在短时记忆发音相似的词和字母时也会出现混淆（Tzeng et al.，1980；Tzeng et al.，1977；Yik，1978）。尽管大量研究表明表意文字（如中文）的阅读者可能直接从视觉表征直接通达字义，但在阅读过程中，书面文字和其对应的发音之间的联系依旧会被激活，这对理解文本起到重要作用。

Huey（1908）认为，阅读过程中的内部言语是理解文本的关键因素。内部言语有助于理解文本，即内部言语通过加强短时记忆从而促进高级阅读理解过程。还有研究者认为内部言语既能帮助读者通达词义，还有助于阅读中的高层次理解加工。也就是说，在通达词义之后，大脑中会形成所阅读词汇的某种"言语"表征，这些表征有助于加工短语、从句、句子或者其他更大单元。而内部言语的韵律——节奏和旋律，哪些词语被强调，什么地方该停顿——也能够帮助判断所读句子的意思（Rayner et al.，2012）。总之，内部言语在阅读理解中起重要作用。读者读到的大部分词语都会激活语音编码，语音信息会被保存在工作记忆中用来理解文本。语音表征信息既能影响词语识别，也会影响阅读理解。

综上，绕口令效应的发生机制主要包括两点：一是发音过程中发音线索之间的竞争；二是阅读过程中储存在工作记忆中的语音表征信息的重叠带来的干扰。

三、汉语特点与绕口令效应

目前关于绕口令效应的研究中，大部分研究者考察的是英语绕口令，仅有一例研究考察了中文绕口令（Zhang et al.，1993）。与表音文字相比，汉字本身独特的特点更有利于研究者深入地考察绕口令效应。

首先，汉字可以排除视觉相似性的混淆。汉字的字形和发音之间的对应关系相对较弱，发音相同的汉字可以具有完全不同的字形（Zang et al.，2011）。因此，在考察绕口令效应的过程中，中文字词可以自然地避开字形带来的混淆，更好地揭示绕口令效应的本质。

其次，与拼音文字相比，汉语是一种单音节语言，一个汉字对应一个单音节，而且汉语句子中没有冠词，只有少量的介词，因此其音节重复率更高，由此带来的绕口令效应更明显。而大多数英语单词都是由复合音节构成的，音节与音节之间的语音重复程度并不高。在英语的实验研究中，每个音节的音素重复比率都相对较低。此外，英语中句法的限定使得一句话中包含较多的冠词、介词等，这都降低了词与词之间的语音重复比率。在 McCutche 等（1982）的研究中，其所采用的绕口令材料，词与词之间的语音重复比率约为 60%，而音节之间的重复比率低于 50%。因此，英语中的绕口令效应极有可能受到低音节重复比率的影响而削弱。

最后，汉语的一个重要特点是存在大量的同音字。Tan 和 Perfetti（1998）的研究中指出，现代生活中的常用汉字约为 4574 个，常用的音节约为 420 个（不考虑声调），因此平均约 11 个汉字共享一个发音。还有研究者发现汉字同音字音节在总音节中所占的比率约为 80.49%（尹文刚，2003），且汉字的同音字密度更大（闫国利等，2013b）。综上，汉字的独特属性可以带来更多、更丰富的绕口令语料，也可以使研究者更深入地探讨绕口令效应。

四、实验方法

（一）实验被试

选取天津市某大学的 19 名大学生参加实验，平均年龄 *M*=19.5（*SD*=1.32）。所有被试视力或矫正视力正常，母语均为汉语，均不了解实验目的。

（二）实验设计

采用单因素 2 水平（句子类型：绕口令，控制句）被试内设计。

（三）实验材料

材料的编制：绕口令材料选自张喜燕（2014）的《绕口令小辞典》和王克瑞、杜丽华（2012）的《播音员主持人训练手册：绕口令》，从中选取 60 句绕口令并进行改编。控制句为非绕口令句子，与绕口令句子在结构、字数和意义上相匹配，绕口令中语音相近或相同的字占总字数的 50%；控制句中无语音相近的字；绕口令和控制句的句子长度都为 17～24 个字，平均句长为 21.05 个字（M=21.05，SD=2.02）。两类句子的平均笔画数（绕口令为 7.65；控制句为 7.59；t=0.14，p>0.05）和平均字频（字频来自基于电影对白编制的汉语字词语料库，绕口令为 3843/百万；控制句为 3874/百万；t=0.28，p>0.05）均无显著差异。

材料的评定：20 名不参加后续眼动实验的大学生对 60 句绕口令和 60 句控制句的通顺性和合理性进行了 5 级评定（1 表示不通顺/不合理、5 表示通顺/合理），结果见表 6-5 所示。

表 6-5　两类材料评定结果

类别	绕口令	控制句
通顺性	3.88（0.37）	3.95（0.43）
合理性	3.83（0.42）	3.75（0.46）

对材料评定做配对样本 t 检验，结果表明，两类句子在通顺性（t=1.37，p>0.05）和合理性（t=−1.23，p>0.05）上均无显著差异。最终从两类句子中各自选出 56 句作为正式实验材料，例句见图 6-2 所示。

> 绕口令　史老师时常讲时事而石老师时常读报纸。
> 控制句　王老师经常讲政治而何老师经常读报纸。

图 6-2　两种条件下实验句举例

材料的呈现：实验材料分为 2 组，每组设置 8 个练习句，56 个实验句（绕口令和控制句各 28 句，且绕口令与其匹配的控制句不出现在同一组内），50%的句子后设置阅读理解题；句子随机呈现，被试随机接受其中一组实验材料。

（四）实验仪器

实验采用 Eyelink 2000 眼动仪（采样率为 1000Hz），被试机屏幕刷新频率为

120Hz，分辨率为 1024×768 像素，屏幕尺寸为 35cm。被试眼睛距离屏幕约 63cm，刺激以宋体形式呈现，每个汉字为 28×28 像素，视角为 0.9°。

（五）实验程序

1）被试进入实验室熟悉环境，由主试讲解指导语："本次实验为句子阅读实验，实验过程中屏幕上会呈现一个句子，请认真阅读并理解句子的含义。有的句子后面带有一个问题，要求判断该问题与上一个句子的意思是否一致，'是'按左键，'否'按右键。每次句子呈现之前，屏幕上会出现一个小圆点，盯住小圆点的中心会自动呈现下一个句子，每个句子读完后请按翻页键。准备好了，开始对眼睛进行校准。"

2）每次实验开始前都进行三点校准，校准成功后进入实验。被试首先进行练习，以熟悉实验过程。练习结束后重现进行校准。然后进行正式实验。阅读材料以逐句的方式呈现在屏幕中央，被试的任务是认真阅读每一屏呈现的句子，自己控制阅读速度，读完一句后按手柄的翻页键，再进行一次漂移校正以保证记录精确性，然后出现下一个句子；带有问题的句子，被试需先回答问题（"是"按左键，"否"按右键），再进行一次漂移校正。正式实验之前有 8 个练习句子，使被试熟悉实验程序。实验过程中所有句子随机呈现，必要时重新进行校准，整个实验约 40 分钟。

五、汉语阅读过程中绕口令效应的实验结果

2 名被试阅读理解题目的正确率较低（分别为 21%和 14%），其数据被删除。参考以往数据删除标准来整理数据，逐个检查试验，删除追踪失败的数据，删除注视点小于 4 个的句子，删除注视时间小于 80ms 大于 1200ms 的注视点，删除位于平均数加减 3 个标准差之外的数据。总共剔除的无效数据占总数据的 5.26%。采用 SPSS 19.0 统计软件进行数据处理。

被试回答阅读理解题的正确率分别为 86%（绕口令）和 85%（控制句），两者无显著差异（$t=0.77$，$p>0.05$）。阅读理解题的回答正确率反映读者对所读句子的理解程度。读者阅读绕口令和阅读控制句的正确率没有显著差异，说明读者在两种句子类型下都进行了认真阅读。

（一）整体分析

整体分析主要是指从宏观上对读者的眼动特征进行分析。本次研究中选取了总阅读时间、平均注视时间、注视次数、平均眼跳幅度、平均回视次数和平均跳读率作为对整句进行整体分析的眼动指标，结果见表 6-6 所示。

表 6-6　绕口令和控制句整体分析眼动指标

眼动指标	绕口令	控制句
总阅读时间（ms）	12 450（3 423）	10 635（2 636）
平均注视时间（ms）	250（46）	244（44）
平均眼跳幅度（字）	2.46（0.36）	2.71（0.38）
注视次数（次）	39.5（9.20）	33.5（7.20）
阅读速度（字/分钟）	132（40）	165（85）
平均回视次数（次）	11.4（3.72）	9.7（3.38）
平均跳读率（%）	44（8）	47（8）

整体分析数据表明，总阅读时间、平均注视时间、注视次数、平均回视次数都表现出了相同的趋势。读者阅读绕口令的总阅读时间显著长于控制句 [$t_{1(16)}$ = 3.48，$p<0.05$，$d=0.19$；$t_{2(55)}$ =4.14，$p<0.05$，$d=0.78$]；阅读绕口令的平均注视时间要显著长于控制句 [$t_{1(16)}$=2.53，$p<0.05$，$d=0.86$；$t_{2(55)}$ =-2.83，$p<0.05$，$d=0.53$]；阅读绕口令的注视次数要显著多于阅读控制句 [$t_{1(16)}$ =4.13，$p<0.05$，$d=0.41$；$t_{2(55)}$ =-3.99，$p<0.05$，$d=0.75$]；阅读绕口令时的平均回视次数显著多于阅读控制句 [$t_{1(16)}$=3.29，$p<0.01$，$d=0.15$；$t_{2(55)}$=3.17，$p<0.05$，$d=0.42$]。

而平均眼跳幅度、阅读速度、平均跳读率也表现出相同的趋势。读者阅读绕口令的平均眼跳幅度要显著小于阅读控制句 [$t_{1(16)}$ =-2.53，$p<0.05$，$d=0.86$；$t_{2(55)}$ = 4.23，$p<0.05$，$d=0.79$]；阅读绕口令的速度显著慢于阅读控制句 [$t_{1(16)}$ =-2.52，$p<0.05$，$d=0.86$；$t_{2(55)}$ =-2.12，$p<0.05$，$d=0.40$]；阅读绕口令的平均跳读率显著小于阅读控制句 [$t_{1(16)}$=4.79，$p<0.05$，$d=0.69$；$t_{2(55)}$ =-3.35，$p<0.05$，$d=0.45$]。

（二）局部分析

局部分析主要是指对兴趣区（研究者感兴趣的目标字/词或短语）进行的深入分析，本次研究选取首次注视时间、单一注视时间、凝视时间、总阅读时间和跳读率作为局部分析的指标。将绕口令和控制句中的相同的字作为目标字（如"常""讲"），具体分析了相同的字在两类句子中眼动模式上的差异，结果见表6-7所示。

表 6-7　绕口令和控制句局部分析眼动指标

眼动指标	绕口令	控制句
首次注视时间（ms）	263（30.93）	254（31.11）
单一注视时间（ms）	263（30.72）	255（31.70）
凝视时间（ms）	277（31.25）	269（30.62）
总阅读时间（ms）	511（119.12）	463（101.37）
跳读率（%）	44（8）	47（7）

从局部分析的数据结果来看，反映阅读加工早期的眼动指标如首次注视时间、单一注视时间等指标上的结果趋势基本一致。读者阅读绕口令的首次注视时间要显著长于阅读与之匹配的控制句［$t_{1(16)}=3.26$，$p<0.05$，$d=0.15$；$t_{2(55)}=1.99$，$p<0.05$，$d=0.27$］；读者阅读绕口令中目标字的单一注视时间要显著长于控制句［$t_{1(16)}=2.79$，$p<0.05$，$d=0.98$；$t_{2(55)}=1.41$，$p>0.05$］；读者对绕口令中目标字的凝视时间显著长于控制句［$t_{1(16)}=1.997$，$p<0.05$，$d=0.71$；$t_{2(55)}=1.28$，$p>0.05$］。对总注视时间的分析结果表明，读者在绕口令上的总注视时间要显著长于控制句［$t_{1(16)}=3.16$，$p<0.05$，$d=0.12$；$t_{2(55)}=2.85$，$p<0.05$，$d=0.38$］。关于跳读率结果，读者对绕口令中目标字的跳读率也显著小于控制句［$t_{1(16)}=-4.41$，$p<0.05$，$d=0.56$；$t_{2(55)}=3.07$，$p<0.05$，$d=0.41$］。

六、汉语阅读过程中绕口令效应的特点分析

本次研究通过记录读者在阅读绕口令和与之匹配的控制句时的眼动模式，得到了与 Zhang 等（1993）一致的结果，即被试阅读绕口令的时间显著长于阅读控制句的时间，在汉语阅读中也存在显著的绕口令效应，进一步证实了英语绕口令效应的研究结果。此外，本次研究所采用的实验材料不存在语音和正字法信息之间的混淆，因此，本次研究结果还证实了绕口令效应是由语音混淆引起的，而非视觉混淆。

从整体分析的结果来看，绕口令的总阅读时间显著长于控制句。总阅读时间是指读者在阅读句子过程中所用的总的时间，是反映读者文本加工情况的一个重

要指标。与控制句相比，读者对绕口令的加工时间更长，说明绕口令文本所需要的加工负荷更大。平均注视时间反映读者对所注视字词的编码和提取的情况，当读者对所注视字词的编码和提取比较容易时，其注视点所持续的时间就越短；反之，注视时间就越长。读者阅读绕口令的平均注视时间要显著长于控制句，这说明读者对绕口令句子中字词的编码和提取比较困难，注视时间也较长。简而言之，绕口令中语音的干扰增加了读者的编码和提取难度。注视次数与总阅读时间一般呈高相关，亦可以有效地揭示文本的认知加工负荷。某一文本的认知加工负荷越大，读者的注视次数就越多。读者阅读绕口令的注视次数要显著多于阅读控制句，可见，绕口令文本的认知加工负荷要显著大于控制句。回视次数能够反映读者对文本信息的再加工过程，它也是反映文本加工难度的有效指标。如果读者在阅读过程中回视次数较多，则说明文本加工的难度较大。读者阅读绕口令的回视次数显著多于阅读控制句，也再次证实了由于语音干扰绕口令的加工难度要大于控制句。

眼跳的作用是为了改变注视点，使新的刺激位于中央凹，以便看得更加清楚。眼跳幅度的大小在一定程度上可以反映计划下一次眼跳的位置。文本难度越大，读者的眼跳次数就会增加，其平均眼跳幅度就会缩小。读者阅读绕口令的平均眼跳幅度要显著小于阅读控制句，说明与控制句相比，绕口令的阅读难度更大，迫使读者在阅读时增加眼跳次数，缩小眼跳幅度。阅读速度可以有效反映读者对文本的加工效率，文本加工难度越大，读者的阅读速度就会越慢；反之，阅读速度越快。读者阅读绕口令的速度显著慢于阅读控制句，说明与加工控制句相比，绕口令的加工难度较大，效率较低。跳读率是指首次阅读中兴趣区被跳读的概率。跳读率在某种程度揭示了读者对文本的加工难度，在平均跳读率上，读者阅读绕口令的跳读率显著小于阅读控制句，说明读者在加工绕口令的过程中跳读较少，注视较多。

综上，整体分析的指标都表现出了相同的趋势，在所有指标上都表现出了显著的绕口令效应。读者在文本加工过程中，储存在工作记忆中的语音信息会被激活。中文中含有大量的同音字和近音字，因此，读者在加工绕口令文本的过程中，储存在工作记忆中的语音信息在激活扩散的同时，相似的语音信息还会出现重叠。当读者在阅读过程中需要提取工作记忆中的信息时，相似的语音信息就会产生竞争，从而增加读者的认知加工负荷，影响读者的加工效率。

从局部分析的结果来看，反映早期文本加工阶段的指标都表现出来相同的趋势。首次注视时间是指读者在首次通过阅读中某兴趣区内的首个注视点的注视时间，它能够有效反映词汇通达的早期阶段的特征。读者在绕口令阅读上的首次注视时间要显著长于与之匹配的控制句。这说明，在词汇通达的早期，绕口令的语音干扰就开始对读者的阅读产生影响了。单一注视时间是指在最初的从左到右的句子阅读中，兴趣区内有且只有一次注视时的注视时间，它是字词识别中语义激活阶段的良好指标（Rayner，1998；张仙峰等，2006）。绕口令的单一注视时间要显著长于控制句。这也进一步说明词汇识别的早期阶段就表现出了显著的绕口令效应。凝视时间是指从首次注视点开始到注视点首次离开当前兴趣区之间的持续时间，是反映词汇通达早期阶段的重要指标。研究发现凝视时间也存在相同的趋势，即读者对绕口令中目标字的凝视时间显著长于控制句。这些分析说明，在词汇通达的早期阶段绕口令效应就开始起作用了，并且一直持续到词汇通达的晚期阶段。

反映晚期加工阶段的总注视时间也表现出来显著的绕口令效应。总注视时间是指落在兴趣区内所有注视点的时间总和。总注视时间对较慢和较长时间的认知加工过程敏感（Holmqvist et al.，2011）。读者在绕口令上的总注视时间要显著长于控制句，说明绕口令效应影响了读者在文本加工阶段后期的理解与整合。在局部分析的跳读率上也发现读者对绕口令中目标字的跳读率要显著小于与之匹配的控制句。

从局部分析的结果不难发现，无论是反映早期加工阶段的首次注视时间、单一注视时间、凝视时间，还是反映晚期加工阶段的总注视时间，都表现出显著的绕口令效应，可见绕口令效应是从早期词汇通达开始出现，一直持续到晚期的句子整合与理解。本次实验结果支持了失前研究者对绕口令效应的时间进程的研究结果（Robinson et al.，1997；Warren et al.，2009）。绕口令中相似性的语音信息在词汇识别阶段就激活并发生竞争，影响了读者的词汇通达。这种相似性语音信息之间的竞争一直持续到晚期的整合与理解阶段，直到句子加工结束。

另外，本次实验得到的正确率结果与 Zhang 等（1993）的结果有一个小差别。在 Zhang 等（1993）的研究中，读者在绕口令上的错误率要显著多于控制句，也表现出来显著的绕口令效应，而本次实验的结果是读者在绕口令和控制句上阅读理解的正确率没有显著差异。该结果可能是与材料类型和任务导向的不同有关。首先，Zhang 等（1983）在实验中所采用的绕口令和控制句都是以段落的形式呈现的，而本次实验所使用的绕口令和控制句都是单个句子的形式；其次，Zhang（1983）等的实验要求被试默读之后进行自由回忆，并书写回忆的内容。在这种任务导向之下，读者可能会对默读的内容进行仔细阅读、重读，以便能够正确地进行自由回忆和书写任务。而在本次实验中，我们所采用的任务是要求被试根据所读的句子对问题进行"是/否"判断。本次实验设置阅读理解题的目的是检验读者是否认真阅读句子，问题难度设置较低。因此，在绕口令和控制句上，没有发现正确率存在显著差异。

本次研究结果进一步说明语音编码在自然阅读过程中也有重要影响。读者阅读绕口令的时间增加与读者在阅读过程中自动激活的语音编码有密切联系。绕口令中的大量同音字与近音字所激活的语音表征信息出现重叠与竞争，导致句子的加工难度增大，这会影响读者一次获取的空间信息范围，进而干扰读者的正常加工。

综上，汉语中存在绕口令效应，与阅读正常句子相比，绕口令的阅读速度更慢、向右眼跳幅度更小、注视次数更多、平均注视时间更长。无论是表音文字还是表意文字，语音信息在阅读过程中都有重要影响。

第四节　新闻广播背景音对大学生阅读效率的影响的眼动研究

一、新闻广播背景音对阅读的影响的综述

人们在阅读、办公、写作业时，会伴随着令人分心的、无关的背景音（如广播、谈话声等），而这些背景音会影响人们完成当前任务的效率。由此，研究者提出了无关言语效应，即被试在识记数字或单词时，同时播放的无关背景音会影响其回忆成绩（Colle，1976）。无关言语效应最初是在序列顺序回忆任务中发现的，之后，研究者在校对阅读、阅读理解、课文记忆、写作等方面均发现了无关背景音的干扰作用（Jones，1990；Martin，1988；Banbury et al.，1998；Sörqvist et al.，2012）。

许多探讨无关背景音对阅读影响的研究一致认为，背景音的语义对阅读的干扰作用较大。Martin（1988）的实验发现，阅读的这种干扰作用依赖于言语的语义特征。Oswald 等（2000）采用有意义的无关言语背景（早新闻）和无意义的无关言语背景（倒序播放的早新闻）进行实验，结果表明，有意义的和无意义的无关言语背景都会对阅读理解产生干扰。与无意义无关言语的干扰相比，有意义无关言语的干扰作用更大，即无关言语中的语义成分会影响读者的阅读效率。Sörqvist

等（2010）的研究结果也表明，有意义背景音会使读者的阅读成绩下降。Fabrice 等（2012）探讨了无关言语（广播节目）和音乐对阅读的影响，结果显示，相比音乐和安静条件，无关言语使读者的阅读速度变慢。鲁忠义和张亚静（2007）的研究发现，被试在无关言语（一段介绍图书馆的播音）条件下语篇意义判断的反应时要显著长于安静条件下的反应时。何立媛等（2015）的结果表明，相比安静和白噪音，包含语义的无关言语干扰了阅读过程，而白噪音（不包含语义成分且无语音特征变化）没有产生干扰。

阅读是一个复杂的认知任务。阅读过程包含词汇识别、语义整合等一系列信息提取的过程。其中，阅读知觉广度是阅读研究的基本问题之一。阅读知觉广度是指读者在阅读过程中一次注视获得的有用信息的范围（Rayner，2011；Shen，2009），能有效反映读者阅读效率。而读者的阅读知觉广度的大小并不是固定不变的，除了受不同语言系统的影响，它还受阅读技能（闫国利等，2013c；Rayner，1986）、阅读材料难度（Rayner，1986；Henderson et al.，1990）、被试年龄（Rayner，2009；闫国利，2011；闫国利等，2013a）、掩蔽材料（闫国利等，2013d）等许多因素的影响。那么背景音对读者阅读知觉广度的影响如何？目前尚未有这方面的深入研究。

以往关于背景音对阅读效率影响的研究大都记录反应时、回忆成绩、正确率等指标（Colle et al.，1976；Jones et al.，1990；Wogalter et al.，1988；Sörqvist et al.，2012），而本节拟采用眼动追踪技术，直接、即时地记录读者阅读过程中的认知加工特点，准确把握读者理解文本的即时认知过程，以更为精细的阅读知觉广度指标来探讨无关背景音对读者阅读效率的影响。

本节以大学生为被试，选取新闻广播（无关言语）、白噪音和安静 3 种背景条件，考察在不同背景音条件下大学生阅读知觉广度的变化，进而揭示背景音对阅读效率的影响。研究假设：与白噪音和安静条件相比，在新闻广播背景音条件下，大学生的阅读受到较大干扰，阅读知觉广度变小。

二、实验方法

（一）实验被试

天津某大学 28 名大学生，年龄范围 21～25 岁，视力或矫正视力正常。

（二）实验设计

实验采用 3（背景音类型：新闻广播、白噪音、安静）×5（窗口大小：L1R1 条件、L2R2 条件、L3R3 条件、L4R4 条件、整行条件）两因素被试内设计。

参考相关研究（Rayner，2009），实验采用阅读速度（阅读速度=阅读的总字数/总阅读时间）、阅读时间、有效读速（有效读速=平均速度×正确率）、注视次数这四个指标。

（三）实验材料

从书籍及杂志中选取陈述句 193 句，每个句子皆包括 24 个字，句中无生僻字、无标点符号。分别请 13 名大学生（不参加后续眼动实验）对句子的通顺性和难度进行 5 点评定。通顺性评定结果均值为 4.1（1 代表非常容易，5 代表非常困难），难度评定结果均值为 4.3（1 代表非常容易，5 代表非常困难）。最终选取 150 个实验句子，5 个练习句子。字体是宋体，字号为 21 号，每个字在屏幕上的大小为 28×28 像素，约 0.9°的视角。

参考相关的研究设计（闫国利等，2014），5 种对称窗口条件设计如图 6-3 所示。

```
※※※※※经典文※※※※※※※※※※※※※     L1R1
            *
※※※※与经典文学※※※※※※※※※※※※     L2R2
            *
※※※说与经典文学在※※※※※※※※※※※     L3R3
            *
※※小说与经典文学在儿※※※※※※※※※※     L4R4
            *
网络小说与经典文学在儿童数字阅读中的比重不相上下     整行
            *
```

图 6-3　5 种窗口示意图

实验材料的平衡。为平衡背景音、窗口大小和句子的顺序，将 150 个句子分成 15 组，每组 10 个句子，每组内的 10 个句子呈现顺序不变。采用拉丁方设计组成 3 种背景音的呈现顺序和 5 种窗口的呈现顺序，共有 15 种处理顺序，使得每组句子在每种处理条件中都出现过。被试随机接受一种处理顺序。

无关言语材料选取自 2015 年 12 月 16 日的《新闻联播》，时长约为 20 分钟，声音强度为 56.3～78.3dB；白噪音的时长约为 20 分钟，声音强度为 66.6～67.4dB。

（四）实验仪器

实验采用 Eyelink 2000 型眼动仪，采样率为 1000Hz。被试机的刷新率为 120Hz，分辨率为 1024×768 像素。使用数字式噪音计（型号 GM1357）测量新闻联播和白噪音的音量强度，背景音用联想电脑 E435 的播放器 Windows Media Player 及索尼立体声耳机播放。

（五）实验程序

1）让被试熟悉实验环境，主试向被试宣读指导语，之后被试戴上耳机。

2）进行三点校准，确保仪器准确记录被试的眼动轨迹。

3）校准之后开始练习。

4）进行正式实验。在实验中随机设置 75 个阅读理解题，确保被试认真阅读句子。每个被试大约需要 45 分钟完成全部实验。

三、不同背景音条件下的阅读知觉广度

根据以往的研究，采用以下标准删除数据：①追踪失败（眼动仪没有数据记录）；②注视次数少于 3 次的句子；③注视时间小于 80ms 或大于 1200ms 的数据；数据使用 SPSS 19.0 软件处理。

（一）不同背景音类型与窗口条件的重复测量方差分析

对背景音类型与窗口条件进行重复测量方差分析不同背景条件下眼动指标的平均数和标准差见表 6-8。

表 6-8　不同背景音条件下各眼动指标的平均数和标准差

窗口大小	广播条件				白噪音条件				安静条件			
	阅读速度（字/分钟）	阅读时间（ms）	有效读速（字/分钟）	注视次数（个）	阅读速度（字/分钟）	阅读时间（ms）	有效读速（字/分钟）	注视次数（次）	阅读速度（字/分钟）	阅读时间（ms）	有效速度（字/分钟）	注视次数（次）
L1R1	223（67）	8063（3451）	213（66）	27（10）	237（64）	7051（1959）	219（58）	24（7）	240（82）	7219（3215）	228（81）	24（10）
L2R2	292（93）	6043（2851）	284（95）	22（10）	296（99）	5801（2021）	287（96）	21（7）	300（82）	5480（1797）	289（88）	20（6）
L3R3	313（92）	5622（2225）	279（86）	21（8）	328（107）	5242（2012）	318（111）	20（7）	328（87）	5022（1616）	302（91）	19（7）
L4R4	319（82）	5451（2021）	294（64）	20（7）	332（82）	5018（1781）	312（84）	19（6）	344（98）	4846（1689）	325（104）	19（6）
整行	301（80）	5490（1755）	281（80）	21（6）	326（100）	5266（1967）	315（96）	20（6）	329（92）	5039（1587）	322（95）	19（6）

重复测量方差分析结果显示，在阅读速度上，背景音的主效应达到边缘显著 $[F_{(2, 54)} =3.29$，$p=0.045]$。事后检验发现，广播条件下的阅读速度显著慢于安静下的阅读速度（$p<0.05$），广播和白噪音下的阅读速度差异达到边缘显著（$p=0.05$），白噪音和安静下的阅读速度无显著差异（$p>0.05$），即广播干扰了阅读的速度。窗口的主效应显著 $[F_{(4, 108)} =61.46$，$p<0.001]$。事后检验发现，L1R1 窗口条件下的阅读速度与其他四种窗口条件（L2R2 条件、L3R3 条件、L4R4 条件、整行条件）下的阅读速度均差异显著（$ps<0.001$）；L2R2 窗口条件下的阅读速度与其他四种窗口条件（L1R1 条件、L3R3 条件、L4R4 条件、整行条件）下的阅读速度均达到显著差异（$ps<0.001$）；L3R3 窗口条件、L4R4 窗口条件、整行窗口条件下的阅读速度无显著差异（$p>0.05$）。背景音类型与窗口条件之间不存在交互作用，$F_{(8, 216)} =0.40$，$p>0.05$。

在阅读时间上：背景音的主效应显著 $[F_{(2, 54)} =8.25$，$p<0.05]$。事后检验发现，广播条件下的阅读时间与安静和白噪音下的阅读时间存在显著性差异（$p<0.05$），白噪音和安静下的阅读时间无显著性差异（$p>0.05$）。即广播对阅读起到了干扰作用，使阅读时间增加；窗口的主效应显著 $[F_{(4, 108)} =51.98$，$p<0.001]$。事后检验发现，L1R1 窗口条件下的阅读时间与其他四种窗口条件（L2R2 条件、L3R3 条件、L4R4 条件、整行条件）下的阅读时间均达到显著差异（$ps<0.001$）；L2R2 窗口条件下的阅读时间与其他四种窗口条件（L1R1 条件、L3R3 条件、L4R4 条件、整行条件）下的阅读时间均达到显著差异（$ps<0.01$）；L3R3 窗口条件下的阅读时间与 L4R4 窗口条件下的阅读时间达到显著差异（$p<0.05$），与整行窗口条件下的阅读时

间无显著差异（*p*>0.05）；L4R4 窗口条件与整行窗口条件下的阅读时间无显著差异（*p*>0.05）。背景音类型与窗口条件之间不存在交互作用 [$F_{(8, 216)}$=0.60，*p*>0.05]。

在有效读速上，背景音的主效应显著，$F_{(2, 54)}$=4.40，*p*<0.05。事后检验发现，广播条件下的有效读速与安静和白噪音下的有效速度达到显著性差异（*ps*<0.05），白噪音和安静下的有效读速无显著性差异（*p*>0.05）。即广播干扰了有效读速；窗口的主效应显著 [$F_{(4, 108)}$=37.34，*p*<0.001]。事后检验发现，L1R1 窗口条件下的有效读速与其他四种窗口条件（L2R2 条件、L3R3 条件、L4R4 条件、整行条件）下的有效读速均达到显著差异（*ps*<0.001）；L2R2 窗口条件下的有效读速与 L1R1 窗口条件、L4R4 窗口条件、整行窗口条件下的有效读速均达到显著差异（*ps*<0.01），而与 L3R3 窗口条件下的有效读速无显著差异（*p*>0.05）；L3R3 窗口条件下的有效读速与 L4R4 窗口条件、整行窗口条件下的有效读速无显著差异（*p*>0.05）；L4R4 窗口条件下的有效读速与整行窗口条件下的有效读速无显著差异（*p*>0.05）。随着窗口的增大，被试的有效读速增加。背景音类型与窗口条件不存在交互作用 [$F_{(8, 216)}$=1.16，*p*>0.05]。

在注视次数上，背景音主效应显著 [$F_{(2, 54)}$=8.48，*p*<0.05]，事后检验发现，与安静和白噪音条件相比，广播条件下的注视次数显著增多（*ps*<0.05），安静和白噪音下的注视次数无显著差异（*p*>0.05）；窗口的主效应显著，$F_{(4, 108)}$=38.04，*p*<0.001，事后检验发现，L1R1 窗口条件下的注视次数与其他四种窗口条件（L2R2 条件、L3R3 条件、L4R4 条件、整行条件）下的注视次数均达到显著差异（*ps*<0.001）；L2R2 窗口条件下的注视次数与其他四种窗口条件（L1R1 条件、L3R3 条件、L4R4 条件、整行条件）下的注视次数均差异显著（*ps*<0.01）；L3R3 窗口条件下的注视次数与 L4R4 窗口条件下的注视次数差异显著（*p*<0.05），与整行窗口条件下的注视次数无显著差异（*p*>0.05）；L4R4 窗口条件下的注视次数与整行窗口条件下的注视次数无显著差异（*p*>0.05）。背景音类型与窗口条件之间不存在交互作用 [$F_{(8, 216)}$=0.71，*p*>0.05]。

综上所述，与安静和白噪音的条件相比，广播背景音使得被试的阅读速度变慢、阅读时间增长、有效读速下降、注视次数增加。随着窗口的增大，被试的阅读速度加快，阅读时间缩短，有效读速增加，注视次数减少。

（二）广播条件下的阅读知觉广度

阅读知觉广度的确定参照以往研究（闫国利等，2014）的计算方法，在 4 个指标上进行了比较：以整行条件为基准，分别与 L1R1 条件、L2R2 条件、L3R3 条件及 L4R4 条件相比较，出现无显著差异的最小窗口大小即为知觉广度的右侧范围。

将整行条件与 L1R1 条件、L2R2 条件、L3R3 条件及 L4R4 条件分别进行配对比较。L1R1 条件与整行条件的 t 检验的结果显示，在 4 个指标上都存在显著性差异：阅读速度 $[t_{(27)} = -7.34，p < 0.001]$；阅读时间 $[t_{(27)} = 5.27，p < 0.001]$；有效读速 $[t_{(27)} = -5.31，p < 0.001]$；注视次数 $[t_{(27)} = 4.45，p < 0.001]$。L2R2 条件与整行条件的 t 检验结果显示，在 4 个指标上都不存在显著性差异：阅读速度 $[t_{(27)} = -1.25，p > 0.05]$；阅读时间 $[t_{(27)} = 1.88，p > 0.05]$；有效读速 $[t_{(27)} = 0.29，p > 0.05]$；注视次数 $[t_{(27)} = 1.37，p > 0.05]$。

由研究结果可知，在广播背景音下，被试的阅读知觉广度为注视点右侧 2 个汉字。

（三）白噪音条件下的阅读知觉广度

该条件下知觉广度范围的确定方法同上，将整行条件与 L1R1 条件、L2R2 条件、L3R3 条件及 L4R4 条件分别进行配对比较。L1R1 条件与整行条件 t 检验结果显示，在 4 个指标上都存在显著性差异：阅读速度 $[t_{(27)} = -7.25，p < 0.001]$；阅读时间 $[t_{(27)} = 6.14，p < 0.001]$；有效读速 $[t_{(27)} = -6.73，p < 0.001]$；注视次数 $[t_{(27)} = 4.51，p < 0.001]$。

L2R2 条件与整行条件 t 检验结果显示，在阅读速度、有效读速两个指标上存在显著性差异：阅读速度 $[t_{(27)} = -2.25，p < 0.05]$；有效读速 $[t_{(27)} = -2.18，p < 0.05]$。在阅读时间、注视次数两个指标上不存在显著差异：阅读时间 $[t_{(27)} = 1.84，p > 0.05]$；注视次数 $[t_{(27)} = 1.93，p > 0.05]$。L3R3 条件与整行条件 t 检验结果显示，在阅读速度、有效读速两个指标上不存在显著性差异：阅读速度 $[t_{(27)} = 0.63，p > 0.05]$；有效读速 $[t_{(27)} = 0.23，p > 0.05]$。

由结果可知，在白噪音条件下，阅读速度和有效读速两个指标支持注视点右侧 3 个汉字空间，阅读时间和注视次数两个指标支持注视点右侧 2 个汉字空间。因此，在白噪音条件下，阅读知觉广度大小为注视点右侧 2～3 个汉字。

（四）安静条件下的阅读知觉广度

无噪音条件下知觉广度范围的确定方法同上，将整行条件与 L1R1 条件、L2R2

条件、L3R3 条件及 L4R4 条件分别进行配对比较。对于 L1R1 条件与整行条件，t 检验结果显示在 4 个指标上都存在显著性差异：阅读速度，$t_{(27)} = -7.99$，$p < 0.001$；阅读时间，$t_{(27)} = 4.91$，$p < 0.001$；有效读速，$t_{(27)} = -6.93$，$p < 0.001$；注视次数，$t_{(27)} = 4.67$，$p < 0.001$。L2R2 条件与整行条件 t 检验结果显示，在阅读速度、阅读时间、有效读速 3 个指标上存在显著性差异：阅读速度，$t_{(27)} = -3.55$，$p < 0.01$；阅读时间，$t_{(27)} = 2.33$，$p < 0.05$；有效读速，$t_{(27)} = -3.12$，$p < 0.01$；在注视次数指标上不存在显著差异，$t_{(27)} = 1.48$，$p > 0.05$。L3R3 条件与整行条件 t 检验结果显示，在阅读速度、阅读时间、有效读速 3 个指标上不存在显著性差异：阅读速度，$t_{(27)} = -0.09$，$p > 0.05$；阅读时间，$t_{(27)} = -0.11$，$p > 0.05$；有效读速，$t_{(27)} = -1.21$，$p > 0.05$。

由结果可知，在安静条件下，阅读速度、阅读时间和有效读速 3 个指标支持注视点右侧 3 个汉字空间，在注视次数上则支持注视点右侧 2 个汉字空间。因此，在安静条件下，阅读知觉广度为注视点右侧 2~3 个汉字。

综合以上结果得出：广播条件下的知觉广度为注视点右侧 2 个汉字，安静和白噪音条件下的知觉广度为注视点右侧 2~3 个汉字。

四、无关背景音对阅读知觉广度的影响分析

以往的研究多数探讨了无关背景音（词、文章故事、新闻广播、电视剧对话、音乐等）对阅读过程的干扰作用。阅读知觉广度从更精细的角度研究阅读中的认知加工过程，所以本次研究探讨了无关背景音对阅读知觉广度的影响。结果发现，新闻广播背景音使被试的阅读知觉广度变小。表现为与白噪音和安静条件相比，在新闻广播背景音条件下，大学生的阅读时间更长，阅读速度变慢，有效读速下降，注视次数增加；而白噪音和安静条件无差异。这表明新闻广播背景音使得读者的知觉广度变小，即读者在一次注视中能够获得的有用信息范围变小，从而降低了读者的阅读效率。

（一）窗口大小对阅读活动的影响

本次实验的结果表明，随着窗口的增大，被试的阅读速度更快，阅读时间更短，有效读速增加，注视次数减少，即窗口的大小对阅读活动有重要影响。闫国利等（2011）认为能否从副中央凹获取信息会对阅读效率产生明显影响。较小的

窗口不利于副中央凹和边缘视觉的信息提取，严重影响阅读活动。当窗口越来越大时，对阅读活动的影响会逐渐减小，当窗口大到能使被试获得所有有用的信息范围时，阅读的眼动指标与正常阅读时的眼动指标没有差异，阅读活动不受影响。

（二）广播和白噪音对阅读知觉广度的影响

本次研究发现，广播条件下知觉广度为注视点右侧 2 个汉字，安静和白噪音条件下知觉广度为注视点右侧 2~3 个汉字。新闻广播背景音使读者的阅读知觉广度变小，干扰了读者的阅读效率，这与黄有玉等（2015）的研究结果是一致的。黄有玉等（2015）的研究结果发现电视剧对话使小学生的阅读知觉广度变小，白噪音没有影响阅读知觉广度。

在三种背景音条件下，新闻广播背景音对阅读的知觉广度干扰较大。基于冲突–过程模型，我们可以解释这种现象。Marsh 等（2009）认为在阅读中对任务的语义加工和对无关言语的语义加工形成了竞争，此时无关言语的语义成分发挥了它对任务的破坏性。Cauchard 等（2012）认为阅读过程中的语义加工和对无关言语的自动语义加工两者之间发生冲突，从而对阅读理解产生干扰。在本次研究中，读者对新闻广播背景音的语义加工干扰了阅读过程的语义加工，影响了读者获取有效信息的范围，即知觉广度的大小；而白噪音和安静两种背景音不包含语义信息，没有影响知觉广度的大小。

根据本次研究的结果，读者在阅读过程中应尽量避免无关言语的干扰，因为无关言语中的语义信息会干扰读者对阅读任务的加工，从而使阅读效率下降。在现实生活中，读者在阅读时应尽量避免广播、电视、音乐等无关言语的干扰。

综上，与白噪音和安静条件相比，新闻广播背景音使大学生的阅读效率下降，干扰了阅读活动。在广播条件下，大学生的知觉广度为注视点右侧 2 个汉字，而安静和白噪音条件下的知觉广度为注视点右侧 2~3 个汉字。在新闻广播背景音条件下，大学生的阅读知觉广度变小，阅读效率下降。

第七章

重复阅读的眼动研究

第一节　大学生英语语篇重复阅读的眼动研究

一、重复阅读的理论及其对阅读的影响

重复阅读（repeating reading）是一种将相同文本连续阅读多遍的教学策略（LaBerge et al.，1974）。大量研究证实，重复阅读可以有效提高读者的阅读速度和准确性（Chard et al.，2002；Holder，2017；Roundy et al.，2009；Strickland et al.，2013；Therrien，2004；Yeganeh，2013）

LaBerge 等（1974）提出的自动化理论（automaticity theory）可以很好地解释重复阅读效应。该理论认为，为确保充分理解文章，读者在将更多的认知资源分配到高水平加工时，必须达到低水平加工上的自动化。当低水平加工不能自动进行时，读者就会消耗大量认知资源来识别单词，这就降低了对文章整体意义的关注度。重复阅读有助于读者实现解码和识别文本词汇的自动化，通过促进低水平信息加工的自动进行来提高阅读的效率。

先前考察重复阅读效应的研究大多以阅读理解正确率或阅读速率作为因变量（Chang et al.，2013），随着阅读研究技术的发展与推进，部分研究者开始使用眼动追踪技术探究重复阅读过程中阅读行为的实时变化。眼动追踪是一种能够记录在线阅读行为的灵敏而有效的技术，多种早期和晚期的眼动指标为研究重复阅读影响阅读加工的时间进程提供了充分的数据支持。

李春玺（2012）采用眼动记录法进行研究发现，随着阅读遍数的增加，读者的平均注视时间降低，注视次数和回视次数减少，眼跳幅度增大。研究还发现，3～4 遍是最为有效的重复阅读次数。除促进文本低水平加工之外，重复阅读还会影响高水平加工，表现为重复阅读削弱了句末"打包"（warp-up）效应（Kaakinen et al.，2007），增加了读者对语篇主题结构的熟悉性等（Hyönä，1995）。

然而，就重复阅读过程中的眼动行为是否受词频等文本特征的调节这一问题，已有研究的结果并不一致。词频效应是指在阅读中对词汇的注视时间会受词频的影响，较之高频词，读者对低频词的注视时间更长的现象（Inhoff et al.，2008；Rayner et al.，1986；Yan et al.，2006）。词频效应被视作指示词汇通达的有效指标（Paterson et al.，2012）。Raney 等（1995）发现，重复阅读过程中，读者对高频词和低频词的识别没有显著差异。而有研究发现，阅读遍数和目标词词频交互作用显著，重复阅读对读者阅读低频词的促进作用要大于对高频词的促进作用（Foster et al.，2013；Zawoyski et al.，2015）。可见，重复阅读对阅读过程中的词频效应会产生何种影响仍没有统一的结论。

　　虽然重复阅读是促进读者提高母语阅读流利性的最经典、引用频率最高的方法（Kuhn et al.，2003），但重复阅读在二语教学研究中的运用才刚刚兴起（Gorsuch et al.，2008）。研究发现，由于口语水平较低、词汇量不足、语法知识欠缺等问题，读者二语阅读的流利性远低于母语阅读（Grabe，2009）。例如，Fraser（2007）报告了在精读（rauding）、跳读（scanning）、略读（skimming）、学习（learning）和记忆（memorizing）5 项任务中，母语为汉语的大学生阅读汉语的效率均显著高于阅读英语的效率。其中在最接近自然阅读的精读任务中，大学生的母语阅读速率平均为每分钟 441.63 字（或词素），而二语阅读速率仅为每分钟 181.02 词。

　　已有研究表明，重复阅读能够显著提高二语阅读流利性和阅读理解水平（毕雅静，2012；贺学勤，2014；徐珊珊，2016；Chen et al.，2009；Gorsuch et al.，2015；Taguchi et al.，2002）。Chang 等（2013）通过 13 周的重复阅读训练，发现母语为汉语的大学生阅读同一英语语篇的速率每分钟提高了 47 个词，阅读理解正确率提高了 19%；而没经过重复阅读训练的大学生的二语阅读速率每分钟仅提高了 13 个词，正确率提高了 5%。

　　然而目前尚无文献报告重复阅读对二语语篇理解的实时影响。鉴于 Grabe（2009）指出，对于二语读者来说，低水平加工比高水平加工更为困难，且 Zawoyski 等（2015）发现，相较高水平读者，低水平读者从重复阅读训练中获益更多，因而推断，重复阅读对于二语阅读的影响可能表现出与母语阅读不同的特征。对于母语语篇重复阅读的眼动研究结果是否同样适用于二语阅读仍不清楚。

　　综上所述，本章拟采用眼动追踪技术，考察重复阅读对母语为汉语的大学生英语语篇阅读的实时影响，具体研究问题为以下两个方面：第一，重复阅读是否能够提高大学生英语语篇阅读的阅读效率，在阅读理解正确率、阅读速率以及眼动行为指标上会有怎样的表现。第二，重复阅读是否影响二语阅读中的词汇识别阶段，具体来说，就是重复阅读对高频词加工和低频词加工的影响是否会有不同的作用模式。

二、实验方法

（一）实验设计

本次实验采用 2（目标词频：高，低）×5（阅读遍数：1 遍，2 遍，3 遍，4 遍，5 遍）两因素被试内设计。

（二）实验被试

随机选取天津某大学大二至大四年级学生 50 人（其中男生 2 人），被试的平均年龄为 22.40 岁（SD=1.93 岁）。母语均为汉语。所有被试的视力或矫正视力正常。

（三）实验材料

语篇材料是一篇英文的科技说明文。该语篇材料节选自《心理学与生活》一书，包括 7 个句子、206 个单词。该语篇材料描述了学生在做多项选择题时对改变答案的自我认知与实际结果有无偏差的科学研究。

目标词选择：将语篇中所有的名词按词频高低排序后，选取频率最低的 6 个单词作为低频词（范围为每百万词出现 1～21 次，平均每百万词出现 10.5 次），频率最高的 6 个单词作为高频词（范围为每百万词出现 180～1826 次，平均每百万词出现 570.3 次），目标词的词频确定依据《中国英语学习者语料库》（桂诗春，2003）。目标词不出现在句首句尾及行首行尾。

材料评定：随机选取 28 名未参与正式实验的在校本科生对材料的难度和主题熟悉度完成 5 点量表评定（1 非常容易～5 非常困难，1 非常不熟悉～5 非常熟悉），平均难度为 3.04，平均主题熟悉度为 3.25。难度和主题熟悉度适中，符合本次实验要求。

（四）实验仪器

实验采用 Eyelink 1000 型眼动记录仪（采样率 1000Hz），被试机的显示器分辨率为 1024×768 像素，刷新率为 120Hz。被试眼睛距屏幕约 70cm。语篇以黑色 20 磅的 Courier New 字体（该字体中每个字母占据的空间相同）呈现，1.5 倍行距，并配以白色背景，分两屏呈现在电脑屏幕上。每个字母在屏幕上的大小为 14 像素，约为 0.45°视角。

（五）实验程序

对每名被试单独施测。被试进入实验室，首先熟悉实验环境，然后阅读被试机屏幕上的指导语，并由主试口头讲解实验内容和实验操作，确保被试理解正确。然后进行九点眼校准，校准成功后（误差值均在 0.4°以下）被试进入实验。通过练习帮助被试熟悉实验过程，然后开始正式实验。在正式实验中，同一段语篇先后呈现 5 遍，每一遍呈现之后都会给出两个不同的是非判断题，以考察被试的阅读理解情况。平衡是非判断题出现的顺序。被试通过键盘按键反应。整个实验大约持续 20 分钟。

三、重复阅读对大学生语篇阅读的影响分析

1 名被试阅读理解判断题的正确率低于 0.60，将其数据删除。根据表 7-1 的数据，被试回答阅读理解判断题的平均正确率为 72%。尽管存在正确率随阅读遍数增加而增加的数据趋势，但不同阅读遍数的正确率之间并没有达到显著差异 [$F_{(4, 192)}$ = 2.18，$p>0.05$]。因而研究主要关注重复阅读对于读者阅读速度的影响。

表 7-1　不同阅读遍数条件下读者阅读理解正确率

类别	1 遍	2 遍	3 遍	4 遍	5 遍
正确率	65%（31%）	70%（32%）	67%（35%）	81%（27%）	75%（32%）

首先根据以下标准删除数据：①眼动追踪失败；②持续时间小于 80ms 或大于 1200ms 的注视点；③平均数正负 3 个标准差之外的数据。剔除的无效数据占有效数据的 1.84%。采用 SPSS22.0 软件进行数据处理。

在本次研究中，眼动数据分析分为两部分：一是对篇章眼动指标的整体分析，包括总阅读时间、回视次数、平均注视时间和平均眼跳幅度；二是对目标词眼动指标的局部分析，研究将嵌在语篇中的 6 个高频词和 6 个低频词分别用矩形框标

出，作为局部分析的兴趣区。局部分析的眼动指标包括跳读率、首次注视时间、凝视时间和总注视时间。

（一）整体分析

以阅读遍数为自变量、各整体眼动指标为因变量进行重复测量方差分析，各指标的均值和标准差见表 7-2 所示。

表 7-2　重复阅读条件下整体眼动指标

重复遍数	总阅读时间（ms）	注视次数（次）	回视次数（次）	平均注视时间（ms）	平均眼跳幅度（字母）
1 遍	140 158（36 321）	496（127）	172（58）	231（21）	8.69（1.59）
2 遍	118 047（34 104）	417（119）	149（50）	225（21）	9.23（1.92）
3 遍	96 158（36 777）	340（119）	119（53）	225（20）	9.74（2.06）
4 遍	84 452（36 873）	296（113）	103（48）	222（22）	9.94（2.06）
5 遍	75 950（35 858）	266（114）	91（43）	222（22）	10.05（2.19）

结果显示，在总阅读时间上，阅读遍数的主效应显著 [$F_{(4, 192)}$=66.61，$p<0.001$，η^2=0.58]。经事后检验可知，随着阅读遍数的增加，总阅读时间逐渐减少（$p<0.05$）；第 4、第 5 遍的总阅读时间差异不再显著（$p>0.05$）。

在注视次数和回视次数上，阅读遍数的主效应同样显著 [注视次数：$F_{(4, 192)}$=72.41，$p<0.001$，η^2=0.60；回视次数：$F_{(4, 192)}$=60.40，$p<0.001$，η^2=0.56]。进一步分析可知，随着阅读遍数的增加，每遍阅读的注视次数和回视次数均显著减少（$ps<0.05$）。

平均注视时间的阅读遍数主效应也显著 [$F_{(4, 192)}$=7.29，$p<0.001$，η^2=0.13]。进一步分析可知，第 1 遍阅读的平均注视时间显著长于后 4 遍（$ps<0.05$）；而后 4 遍阅读的平均注视时间无显著差异。

在平均眼跳幅度上，阅读遍数的主效应亦达到显著性水平 [$F_{(4, 192)}$=21.73，$p<0.001$，η^2=0.31]。事后检验结果表明，随着阅读遍数的增加，眼跳幅度不断增大（$ps<0.05$），而后 3 遍阅读的平均眼跳幅度无显著差异（$ps>0.05$）。

（二）局部分析

本次研究选取跳读率、首次注视时间、凝视时间和总注视时间等局部眼动指标进行重复测量方差分析，各指标的均值和标准差见表 7-3 所示。

表 7-3　重复阅读条件下局部眼动指标

重复遍数	高频				低频			
	跳读率（%）	首次注视时间（ms）	凝视时间（ms）	总注视时间（ms）	跳读率（%）	首次注视时间（ms）	凝视时间（ms）	总注视时间（ms）
1 遍	11%（12%）	243（49）	671（248）	710（257）	2%（5%）	258（48）	942（306）	968（334）
2 遍	15%（17%）	233（43）	549（251）	617（263）	4%（10%）	232（38）	703（272）	735（281）
3 遍	18%（22%）	225（41）	454（205）	544（230）	12%（19%）	231（42）	612（298）	671（311）
4 遍	24%（22%）	231（47）	374（202）	467（185）	19%（27%）	231（41）	563（304）	615（267）
5 遍	30%（27%）	230（51）	351（212）	459（218）	19%（28%）	235（45）	509（297）	560（274）

　　经两因素重复测量方差分析，在各局部指标上均得到显著的阅读遍数主效应 [跳读率：$F_{(4, 192)}$=12.32，$p<0.001$，η^2=0.20；首次注视时间：$F_{(4, 192)}$=4.62，$p<0.001$，η^2=0.09；凝视时间：$F_{(4, 192)}$=41.92，$p<0.001$，η^2=0.47；总注视时间：$F_{(4, 192)}$=32.64，$p<0.001$，η^2=0.41]。事后检验表明，第 3 遍阅读的跳读率与首次阅读的跳读率存在显著差异（p=0.021），而阅读第 3 遍之后，跳读率不再显著增加；阅读第 2 遍之后，首次注视时间便不再显著减少；而凝视时间和总注视时间随阅读遍数的增加而表现出不断减少的趋势（$ps<0.05$）。

　　除首次注视时间 [$F_{(1, 48)}$=2.40，$p>0.05$] 外，在跳读率、凝视时间和总注视时间上均得到显著的词频主效应 [跳读率：$F_{(1, 48)}$=43.12，$p<0.001$，η^2=0.47；凝视时间：$F_{(1, 48)}$=72.54，$p<0.001$，η^2=0.60；总注视时间：$F_{(1, 48)}$=31.35，$p<0.001$，η^2=0.40]。

　　阅读遍数和词频的交互作用仅在凝视时间 [$F_{(4, 192)}$=2.95，p=0.02，η^2=0.06] 和总注视时间 [$F_{(4, 192)}$=3.56，p=0.008，η^2=0.07] 上达到显著。经简单效应分析发现，尽管 5 遍阅读中均观察到词频效应，但第 1 遍阅读表现出的词频效应最为显著 [凝视时间：$F_{(1, 48)}$=94.85，$p<0.001$；总注视时间：$F_{(1, 48)}$=59.94，$p<0.001$]。随着阅读遍数的增加，在凝视时间和总注视时间上，词频效应量有逐渐缩小的趋势。就目标词词频的两个水平来看，重复阅读对低频词（$Fs>27.27$，$ps<0.001$）的促进作用要大于对高频词（$Fs>16.42$，$ps<0.001$）的促进作用（图 7-1）。

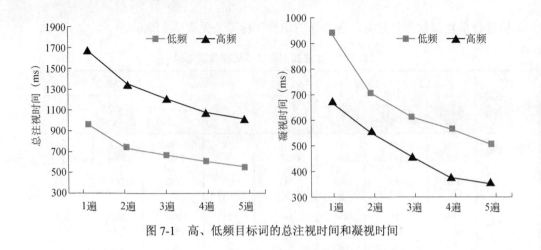

图 7-1　高、低频目标词的总注视时间和凝视时间

四、重复阅读对大学生英文语篇阅读的影响分析

大量实证研究结果支持重复阅读是一项有效提高读者阅读流利性的措施，但无法对重复阅读效应的认知机制予以解释。虽然有研究应用眼动追踪技术考察了母语重复阅读中读者眼动行为的变化，但研究结果并不能完全推广到二语重复阅读中。本次研究采用眼动追踪技术，探讨重复阅读对母语为汉语的大学生阅读英语语篇的影响，结果发现随着重复阅读遍数的增加，读者的总阅读时间、注视次数、回视次数、平均注视时间均有所减少，眼跳幅度逐渐增大，而阅读理解正确率有逐渐提高的趋势（差异不显著），因此我们认为，重复阅读可以有效提高母语为汉语的读者阅读英语语篇的效率。

根据 LaBerge 等提出的自动化理论，为确保充分理解文章，读者在将更多的注意资源分配到高水平加工（句法分析、语义整合、与世界知识联结）之前，必须达到低水平加工（词汇识别）的自动化。因此，重复阅读对阅读流利性的促进作用主要是通过帮助读者完成词汇识别的自动化来实现。本次研究为该理论提供了进一步的实证支持。研究发现，随着阅读遍数的增加，反映词汇通达阶段的首次注视时间、凝视时间、总注视时间等局部指标逐渐减少。同时，由于在早期眼动指标（首次注视时间、凝视时间）和晚期眼动指标（回视次数）上均发现了显著的重复阅读效应，所以研究结果表明，重复阅读既影响语篇加工的早期阶段，也影响语篇加工的晚期阶段。

对于母语为汉语的大学生阅读英语语篇最为有效的重复阅读遍数，本次研究发现，随着阅读遍数的增加，各眼动指标在第 1 遍和第 2 遍阅读之间差异最为显著，在第 4 遍阅读之后，反映阅读速率的最重要指标即总阅读时间不再显著降低，因此在本次研究条件下，4 遍阅读是中文读者英语语篇重复阅读最为有效的遍数，即 4 遍的重复阅读可使读者受益最大。这与母语重复阅读的研究结果一致（Foster et al.，2013）。自动化理论认为，在阅读过程中，当读者达到自动化阶段时，则仅需较少的认知资源即可自动识别单词。因此，在读者刚开始阅读时，需要将注意力集中在识别单词上，但当经过多次重复阅读时，读者已达到词汇识别的自动化水平，则无需花费更多的认知资源用于单词加工，这就意味着在阅读遍数较少时重复阅读效应更容易出现，但是到一定水平后效应就逐渐趋于稳定。

此外，本次研究选取高、低频词作为目标词进行分析，在跳读率、首次注视时间、凝视时间和总阅读时间上均发现显著的词频效应。值得注意的是，本次研究在凝视时间和总注视时间上观察到阅读遍数和词频之间的交互作用显著，表现为第 1 遍阅读的词频效应（凝视时间：271ms；总注视时间：258ms）显著大于第 2 至 5 遍阅读的词频效应（凝视时间：154～189ms；总注视时间：101～148ms），反映了首次重复阅读（第 2 遍阅读）最为有效地促进了词汇识别效率，这为自动化理论提供了来自二语研究的眼动证据。从目标词词频的角度分析，重复阅读对高频词和低频词阅读的促进作用不同。就第 2 遍阅读来看，重复阅读对低频词阅读的促进作用（233ms）要显著大于对高频词阅读的促进作用（93ms），这与已有研究结果一致（Zawoyski et al.，2015），说明对于二语读者来说，重复阅读主要是通过促进低频词的识别来提高整体阅读效率。Raney 等（1995）未发现重复阅读遍数和词频的交互作用，Foster 等（2013）推测可能与选择被试群体的阅读技能有关，Raney 等（1995）的研究对象是熟练成人读者，Foster 等（2013）和 Zawoyski 等（2015）的研究对象是二年级小学生。Faulkner 等（1999）指出，重复阅读主要促进熟练读者在语篇语义理解整体水平的加工，因而对熟练读者来说不需要将过多的认知资源耗费在字词识别上；相反，重复阅读对于低技能读者或阅读初学者则主要促进词汇水平的加工。鉴于本次研究以二语读者作为研究对象，其阅读水平远低于同龄母语读者，因此，本节中重复阅读影响二语读者词汇加工的结果支持了这一推断。

综上所述，本次研究得出：①重复阅读可以有效提高中文读者的英语语篇阅读效率；②重复阅读既促进了语篇的早期加工，也促进了晚期加工；③阅读 4 遍是本次实验情境中二语重复阅读最为有效的阅读遍数；④重复阅读对低频词识别的促进作用要显著大于对高频词识别的促进作用。

第二节　图画书重复阅读对 4～5 岁幼儿注视模式的影响

一、幼儿阅读图画书的研究现状

在这个信息充斥的时代，对信息的阅读是人们必不可少的一项生活要求。具备必要的阅读能力是人们必须掌握的基本能力。许多研究表明，幼儿时期的阅读能力能够稳定地预测其今后的诸多能力。比如有学者指出，阅读能力能够稳定地预测学业成就，并且在早期阅读中落后的孩子，在今后的学习中会持续落后，在高中阶段阅读和书写有困难的学生在今后将面临各种各样的负面效应，例如辍学、低收入、高失业率等（Rachel et al.，2003）。我国《3～6 岁儿童学习与发展指南》明确提出幼儿应当喜欢听故事、看故事，并且还应具备初步的阅读理解能力，这些目标的达成要求成人应为幼儿提供丰富的阅读材料及宽松的阅读环境。

蒙台梭利认为"反复练习对于幼儿来说是必要的"。对于学前儿童来说，重复行为是一种典型的行为，这种行为发生在健康、语言、社会、科学、艺术等各大领域（蒙台梭利，2006）。这些重复行为的发生是幼儿心理发展的需要，是幼儿在各种同化与顺应中不断寻找与外界的平衡的需要，即重复是一种同化与顺应的途径，幼儿能够利用重复来获得技能（欧阳新梅，2010）。阅读是通过书面材料获取信息的一种主动性过程。日常生活中，人们经常需要不止一次地阅读同一篇材料，以求更好、更充分地理解材料内容。图画书是幼儿最常见的一种阅读材料，对于图画书的阅读能够促进幼儿语言能力的发展，如何更好地利用图画书是近几年关于学前儿童阅读教育的研究热点。那么，我们有必要将阅读图画书与幼儿的重复行为进行结合而探寻重复阅读的价值，即重复阅读对于儿童在阅读时的信息获取及把握是否有影响值得我们进一步探讨与分析。在研究阅读的众多方法中，眼动分析法已经成为一种重要的研究方法。它利用红外照射精确地记录被试在阅读时的眼动数据，通过分析这些眼动数据，揭示阅读时眼动过程的规律。当前，眼动分析法逐渐被运用于幼儿图画书阅读的研究中，研究者能够分析幼儿在阅读图画书时表现出来的眼动规律，从而发现幼儿在阅读图画书时的眼动运用机制，对学前阅读教育的研究发展起到了促进和指导作用（闫国利等，2011）。

大量已有研究揭示了幼儿在阅读图画书时呈现出一定的眼动规律，并且不同的阅读方式能够影响幼儿在阅读图画书时对文字的关注。对儿童进行分享阅读时的眼动进行研究发现，成人指读时儿童对文字的注视时间显著高于不指着文字的情况（Evans et al.，2005）。幼儿在聆听故事时主要依赖对图画信息的加工来理解图画书，而在自主阅读的方式下，幼儿能够通过文字来获取相关信息，即自主阅读比分享阅读更能增加儿童与文字接触的机会，但是阅读方式不同不影响幼儿对于图画书主人公的关注程度（韩映虹等，2011；刘妮娜等，2012）。还有许多学者从教育的角度对重复阅读进行研究，结果发现重复阅读对促进幼儿的语言发展具有一定的积极作用，如儿童经过重复阅读的训练后，故事阅读的流畅性显著提高（Gellert，2014），并且重复阅读五次比重复阅读三次在词语阅读和语音意识方面有更加显著的进步（Korat，2009）。还有研究对幼儿在聆听故事时的重复阅读进行了研究，结果发现第四次阅读相对于第一次阅读来说，对录音文本中重点元素关注的进入时间明显减少，这也就是说，儿童能够更快地关注录音文本中提到的重点元素，对文本和图画之间的联系理解得更加深入，体现出幼儿对文本关注的增加（Marian et al.，2013）。另外，还有学者研究了幼儿在重复阅读方式下对文本中高频词和低频词的关注程度，结果发现，伴随重复次数的增加，幼儿对低频词的关注也在增加（Evans et al.，2013）。

纵观以往研究可以发现，幼儿对故事书中内容的关注程度与幼儿对故事内容的理解具有相关关系，如更多的与文字接触的机会能够有效提高幼儿的文字意识。只是以往对于幼儿重复阅读的研究大多数是对年龄较大的孩子进行，而且主要关注阅读流畅性、阅读理解、语音意识等方面。那么，4～5岁的儿童经过重复阅读后，对图画书中文字及图画的关注是否存在有规律的变化？其对于图画中不同元素，例如故事主角、故事细节、图画背景的关注是否会随着阅读次数的增加而表现出一定的变化趋势？本次研究拟在幼儿重复阅读同一本图画书 5 次之后，考察其对图画书中文字区、图画区主角、细节以及背景等方面的关注是否受到重复阅读方式的影响，以期能够为成人更好地理解与运用儿童早期阅读教育中经常使用的重复策略提供科学的实证依据。

二、实验方法

（一）实验被试

本次实验选取天津市南开区某幼儿园 40 名中班幼儿（48～60 个月）作为被试。被试的选择经过一系列程序。首先，从幼儿园抽取 65 名中班幼儿，对幼儿进行皮博迪词汇理解测试、图画书识字量测试以及家庭基本情况调查。然后，根据皮博迪词汇理解测试得分、图画书识字量测试结果以及家庭基本情况问卷得分进行选择，最终选择 3 项测试得分基本处于同一水平的 40 名幼儿作为被试。被试的选择过程较为严密，力求达到被试的同质性。

（二）实验材料

本次实验选取图画书《你看起来好像很好吃》作为研究材料。眼动仪上呈现经过电脑处理过的图画书图片，每一页都被标准化地分为上面的图画区和下面的文字区，图画和文字的面积比例保持在 4：1，从而保证眼动注视区域的一致性。每一页图画书与相应的朗读配音合成视频，每一页图画书呈现的时间一致，呈现时间为 40s，整本图画书按顺序完整地呈现给被试。所有参加实验的被试均未阅读过此书。

词汇理解测试材料采取皮博迪词汇理解测试软件。该测试呈现在平板电脑上，适用于 3～8 岁的儿童，主要用于考察被试对词汇的理解。每一页呈现一个词语和四幅图片，被试根据主试对词汇的朗读，根据自己的理解选取符合词语意思的图片。例如，出现"苹果"一词时，主试朗读词语"苹果"，选项中的四幅图画分别为：A 梨图片、B 橘子图片、C 苹果图片、D 香蕉图片。由被试进行选择，若选择 C，则回答正确，否则错误。若连续错误多题，则测试停止。测试软件给出的原始分为最终得分。经统计，65 名备选被试原始得分平均为 49.50 分（21.00～79.00，$SD=18.40$），同时备选被试得分大多集中在平均分，因此本次研究以平均分为基准，将超过或低于平均分 20 分的备选被试数据筛除，余下被试在此测试上的得分情况见表 7-4 所示。

识字量测试材料来自《你看起来好像很好吃》一书。对该书中的全部文字进行整理，共计 130 个文字，然后将这 130 个文字按照词频及笔画数进行由易到难的排序，排序后以每页 5 个文字呈现在白纸上，共 26 页。幼儿从第一页开始进行指读，答对一个计 1 分，若 5 个文字全部答错或不知道则计分停止。备选被试识字量测试结果原始得分平均为 12.22 分（4～24 分，*SD*=6.03），以平均数为基准，将超过或低于 8 分的备选被试筛除，所余被试在此识字量测试上的得分情况见表 7-4 所示。

表7-4　儿童词汇测试与识字量测试统计结果

测试项目	样本数（人）	最小值	最大值	*M*（*SD*）
皮博迪词汇理解测试	40	30.00	69.00	48.01（12.50）
图画书识字量测试	40	5.00	20.00	12.75（5.04）

　　家庭基本情况调查问卷为自编问卷，共 6 个项目，前 5 个项目为封闭式问题，分别调查家长文化程度、家庭结构、家庭月均收入、家庭阅读频率、幼儿对重复阅读的喜爱程度，第 6 个项目为开放式问题，主要了解幼儿喜欢的重复行为。经统计，家长文化程度主要集中于大学本科、研究生及以上，家庭结构以三口之家为主，个别家庭为三代同堂，家庭月均收入集中于 6000～10 000 元，大多数家庭阅读频率在每周一次，少数家庭在每周两至四次，个别家庭在每周五至七次，孩子对重复阅读的喜爱程度集中于"偶尔"或者"比较喜欢重复"选项，统计结果见表 7-5 所示。

表 7-5　被试家庭基本情况调查统计结果

项目	选项			
	A	B	C	D
家长文化程度	0	4	30	6
家庭结构	28	0	12	0
家庭月收入	0	3	37	0
家庭阅读频率	27	10	3	0
幼儿对重复阅读的喜爱程度	1	31	8	0

　　注：家庭文化程度：A=初中及以下，B=高中，C=大学本科，D=研究生及以上；家庭结构：A=三口之家，B=两口之家，C=三代同堂，D=其他情况；家庭月收入：A=3000 元及以下，B=3000～6000 元（不含 3000 元），C=6000～10 000 元（不含 6000 元），D=10 000 元以上；家庭阅读频率：A=每周一次及以下，B=每周两次到四次，C=每周五次到七次，D=每周七次以上；幼儿重复阅读喜爱程度：A=从不，B=偶尔，C=比较喜欢重复，D=非常喜欢重复

（三）实验仪器

本次实验采用瑞典 Tobbi XT300 型眼动仪，其采样率为 300Hz，屏幕刷新率 75Hz，分辨率为 1920×1080 像素。被试与屏幕之间的距离为 60cm。

（四）实验程序

被试共进行了 5 次阅读，主试记录第一次和第五次阅读的眼动数据。第二、三、四次阅读为幼儿聆听阅读，每次阅读和下一次阅读时间间隔为 1～2 天。眼动实验程序如下：被试进入实验室，开始正式进入图画书阅读眼动实验阶段，大约需 10 分钟。该实验具体分为熟悉、校准和阅读三个阶段。眼动实验采用五点校准，图画书采用连续呈现的方式，每一页呈现时间固定，自动翻页。

（五）兴趣区划分

本次研究将眼动区域分为文字区和图画区，其中图画区被分为故事主角、故事细节以及图画背景三个部分。本次研究将文字区、图画区中的故事主角部分、图画区中的故事细节部分以及图画区中的背景部分作为关注区域，采用眼动仪自带数据分析软件进行区域记录。其中，故事细节是指根据故事线索每一个新角色的出现。

（六）眼动指标

本次研究使用以下眼动指标：总注视时间，平均注视时间，总注视次数，进出区域总次数。首次注视前时间，这是被试首次进入该区域前的时间，这段时间越短，说明被试更快进入区域，对该区域的关注越早（孙方方，2011）。在本次研究中，此指标用来统计被试进入文字区前的时间。

三、幼儿重复阅读图画书的结果分析

（一）重复阅读对幼儿文字区注视的影响

从幼儿在文字区注视的眼动特点来看（表 7-6 和图 7-2），对于同一本图画书，第一次阅读和第五次阅读的总注视时间、平均注视时间、总注视次数、进出区域总次数和首次注视前时间均存在显著差异 [$ts_{(78)} > 2.23$, $ps < 0.05$, $\eta^2 > 0.208$]，并且第五次阅读的总注视时间、平均注视时间、总注视次数、进出区域总次数与第一次阅读时相比都有显著提高，文字区首次注视前时间则存在显著减少。

表 7-6　不同重复阅读次数时幼儿在文字区眼动指标上的比较

阅读次数	总注视时间（s）	平均注视时间（s）	总注视次数（次）	进出区域总次数（次）	首次注视前时间（s）
第一次	54.34（7.61）	0.18（0.01）	165.10（36.01）	49.84（9.88）	16.31（1.27）
第五次	82.91（10.27）	0.23（0.01）	289.38（38.84）	95.21（11.80）	9.49（0.91）

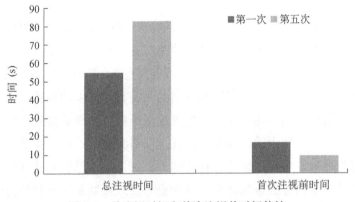

图 7-2　总注视时间和首次注视前时间统计

（二）重复阅读对幼儿图画元素注视的影响

被试对图画书主角、细节和背景元素区域的注视结果见表 7-7 所示。

表 7-7　不同重复阅读次数时幼儿在图画各元素上的眼动指标比较

区域	阅读次数	总注视时间（s）	平均注视时间（s）	总注视次数（次）	进出区域总次数（次）
主角	第一次	121.05（4.58）	0.34（0.01）	358.60（10.16）	152.90（4.05）
	第五次	91.48（4.17）	0.33（0.01）	280.20（10.72）	130.43（5.06）
细节	第一次	45.18（1.49）	0.30（0.01）	141.50（4.51）	38.08（1.15）
	第五次	37.84（2.19）	0.29（0.01）	130.63（7.77）	37.03（2.24）
背景	第一次	37.71（1.83）	0.25（0.01）	138.88（5.54）	39.60（1.26）
	第五次	37.44（2.16）	0.25（0.01）	142.30（7.94）	41.45（1.85）

在主角元素上，第一次阅读与第五次阅读相比，被试的总注视时间、总注视次数、进出区域总次数存在显著差异，表现为第五次比第一次对主角的注视程度显著降低。在细节信息的注视上，相比第一次阅读，第五次阅读时被试的总注视时间、总注视次数显著减少，而二者在平均注视时间、进出区域总次数上不存在显著差异。在背景信息的注视上，阅读次数未显著影响儿童的注视特点，即第一次阅读与第五次阅读在所有指标上均不存在显著差异。

四、重复阅读对幼儿图画书阅读的影响分析

本次研究发现，幼儿没有因为重复阅读次数多而对图画书产生厌倦情绪，相反，他们会不断地关注图画书中的各种信息，并且对图画书保持一定的兴趣，这说明重复行为是幼儿身上常见的行为，并同样存在于图画书阅读领域。这也与在甄选被试时家庭基本情况调查中家长对幼儿重复喜爱程度的描述一致。对于幼儿的重复，可以用皮亚杰的儿童认知发展理论来解释。该理论提到了幼儿适应外界环境的两个过程，分别为同化和顺应。儿童在自我调节过程中需要通过同化与顺应达到一定的平衡。所谓同化就是将新的外部信息纳入已有的认知结构的过程。所谓顺应则是改变已有的认知结构，从而更有效地接纳和处理新信息的过程。以此观点来看，儿童的重复行为是儿童以其自我调节方式，通过同化与顺应适应外部环境的过程，是使儿童自己的心理发展达到某种程度的平衡过程。幼儿对重复的喜爱可以被运用于健康、语言、社会、科学、艺术等各大领域，有助于幼儿在认知、情感、技能等方面获得全面、和谐的发展。

本次研究发现，随着重复次数的增加，幼儿对文字区的总注视时间、平均注视时间、总注视次数、进出区域次数发生了非常显著的变化，第五次阅读比第一次阅读的注视时间、注视次数显著增多，这说明幼儿在多次阅读图画书后，能够更加关注文字，对文字产生了更大的兴趣。结果还显示，幼儿首次进入文字区的时间也发生了显著的减少，这说明随着重复阅读，幼儿能够更快地关注到文字，对文字区的兴趣提早。这一结果与国外的一些研究具有一致性，其原因可能在于，对于幼儿来说，增加阅读次数就是增加阅读机会，也就是增加阅读时间，而幼儿对于外界环境是不断探索的，阅读时间和机会的增加有利于促使幼儿不断探索对于自己来说新鲜的事物。幼儿在第一次阅读图画书时，大多数时间的注视都是集中图画上的，随着阅读次数的增加，文字对于儿童来说逐渐成为一项新鲜事物，

这使得幼儿对自己逐渐熟悉的图画变得不再那么感兴趣，从而将兴趣点转移到对自己而言相对陌生的文字上。特别值得一提的是，在实验开始前，对被试识字量的测试表明，幼儿对实验所选图画书中的文字并不熟悉，绝大多数都可谓是生字，但是在重复阅读 5 次之后，很多幼儿在聆听录音文本时，能够不自觉地指出相应的生字，这说明重复阅读能够影响幼儿的文字意识，激发幼儿的早期读写能力。只是限于本次研究的样本量较小，这一研究发现还有待今后进一步证实。

本次研究发现，第五次阅读与第一次阅读相比，幼儿对图画元素的总注视时间和总注视次数出现明显减少趋势，这与文字区的研究结果完全相反，其中，幼儿对主角区阅读的前后差异更加明显。这说明随着重复次数的增加，幼儿对主角和细节不再感到新奇，关注程度明显降低，兴趣明显减少。此外，在实验过程中，幼儿偶尔会不自觉地对研究者提到接下来发生的故事，这也说明幼儿在重复阅读多次后，对故事越来越熟悉，从而对图画元素的关注程度明显降低。另外，本次研究还发现，第五次阅读与第一次阅读相比，幼儿对图画书中背景区域的注视并没有发生明显变化，第五次和第一次阅读对背景区域的注视特点基本一致。这说明幼儿在阅读过程中能够很快发现故事的有效部分，判断出背景并不是图画书中的主要有效部分或关键部分，所以对这些非主要部分的关注程度一般。

总之，伴随着阅读次数的增加，幼儿明显在故事形象和文字之间产生了联结，因此增加了对文字的关注。由于总注视时间相等，这种对文字关注的增加必然是幼儿减少了对图画的关注的结果。

第三编

特殊人群汉语阅读的眼动研究

第八章

聋生阅读的眼动研究

第一节　聋人阅读的基本现状

一、聋人阅读困难的现象与特点

根据 2007 年 5 月国家统计局、第二次全国残疾人抽样调查领导小组发布的第二次全国残疾人抽样调查主要数据公报，我国 6～14 岁学龄残疾儿童为 246 万人，其中听力残疾儿童 11 万人（中华人民共和国统计局发布的全国第二次残疾人抽样调查公报，2007）。然而，国内外有关聋人阅读的研究却发现聋人普遍存在阅读困难（Mayberry et al.，2011；贺荟中等，2007）。聋人群体由于听力丧失，主要通过其他的感觉通道来加工语言信息（Bélanger et al.，2015），这也就导致其在阅读方面存在一定困难。国外研究发现，聋人的阅读困难具体表现在如下四个方面。①聋人整体的阅读理解水平不高，阅读发展滞后于同龄健听学生（Chan et al.，2018；Wauters et al.，2006）。有研究对 15～16.5 岁中学聋生的阅读能力进行分析后发现，这些聋生只能够达到 9 岁健听学生的阅读水平（Conrad，1977；Traxler，2000）。另外，从阅读水平增长率来看，健听学生每年增长一个年级的阅读水平，但是聋生则大约是三年增长一个年级的阅读水平（Qi et al.，2012）。②在字词识别或单词解码方面，聋人群体也存在困难（Coppens et al.，2013）。有研究发现，聋生的单词阅读技能显著低于同龄健听学生（Kargin et al.，2012；Kyle et al.，2015；Merrills et al.，1994），也有研究在考察影响聋人阅读效率的因素时发现，词汇量大小可以很好地预测聋人群体的阅读效率（Gough et al.，1986；Morenopérez et al.，2015）。③在句子阅读上，聋生语法意识薄弱，语法发展缓慢（Lederberg et al.，2013）。Edwards 等（2011）考察了 8～12 岁聋生的语法理解能力，结果表明这些聋生语法能力较低。Barajas 等（2016）以 6～13 岁的聋生为研究对象，考察聋生的文本理解水平和语法结构知识，并探讨两者之间的关系。结果发现，聋生对语法结构的理解在一定程度上可预测文本理解水平。④有研究者比较了聋生与年龄匹配组在语篇阅读方面的差异，结果发现，虽然两组被试在语篇阅读过程中都能够利用因果推理解决问题，但是相比年龄匹配组，聋生的因果推理能力更弱（Davey et al.，

1983；Doran et al.，2003）。Walker 等（1998）以 195 个 9～19 岁聋生为研究对象，比较聋生回答一般性问题和推理性问题的差异，结果发现这些聋生在回答推理性问题时错误率更高、表现更差。

国内研究者对聋生的阅读能力也进行了相关研究。Chan 等（2018）以小学二年级聋生为研究对象，考察了聋生早期阅读发展的影响因素，通过回归分析发现，词汇量可显著预测聋生的阅读理解能力。张帆等（2017）的研究发现，中轻度聋生在阅读"是……的"句子时面临更大的困难，对该类型句子的句法意识薄弱。贺荟中等（2007）将语言发展前全聋的高中四年级聋生与普通学校高中一年级的健听学生进行对比研究，发现语言发展前全聋的高中四年级聋生的篇章阅读效率显著低于健听学生。贺荟中等（2014）考察了不同阅读能力水平聋人的推理加工效率，发现与高阅读能力的聋人读者相比，低阅读能力聋人读者的推理加工效率较低。

阅读是人类获取知识经验的重要途径，是个体成长和发展过程中一项必要的认知活动，因此，探究聋人阅读的心理机制，有针对性地实施聋人阅读技能提升的干预措施，对于提升聋人学习能力、受教育水平和社会化水平具有重要的意义。目前，聋人阅读研究已成为国内外教育界和心理学界的研究热点和核心问题。

由于较多聋人的第一语言是自然手语（视觉语言），其与书面语差别很大，而书面语学习和流畅地阅读是获得知识、提升自我的必要途径。聋人阅读的针对性指导策略需要建立在对聋人阅读机制了解的基础上，目前关于聋人阅读机制的研究仍不完善，聋人和健听人的阅读加工模式是否相同、语音编码缺失是否是聋人阅读困难的原因以及语音编码在阅读中的作用都处于争议阶段（贺荟中，2004；Bélanger et al.，2015）。

有学者认为，聋人词汇识别不同于健听儿童的形—音映射和通过口语词汇来实现，聋人可能依赖视觉字母再认策略和知觉知识或手语词汇，这启发我们考虑多种阅读机制，而不是只考虑语音编码，更应该思考哪种认知技能和知识基础能够帮助聋人自动和流畅的获取书面文字的意义。聋人主要依靠视觉建构他们的世界知识和语言技能，视觉加工的差异可能会导致不同的知觉过程，从而对阅读产生影响，并且聋人视觉技能的改变可能会影响阅读策略（Bavelier et al.，2006；Dye et al.，2008），因此，我们可以从聋人视觉认知的角度探讨其对聋人阅读的影响。

目前关于聋人视觉注意资源分配的独特性已得到行为研究和脑成像研究结果的支持，这些研究均发现聋人在低水平的视知觉任务中表现出视觉注意资源的空间再分配——中央凹以外视觉区域注意增强的特点（Dye et al.，2009；闫国利等，

2017b）。那么这种视觉注意资源的再分配特点又如何影响其高级的认知活动——阅读的呢？

国外关于拼音文字的研究发现，聋人在阅读中表现出更强的副中央凹加工能力，进而有较大的阅读知觉广度和更高的阅读效率（Bélanger et al.，2015；Bélanger et al.，2012；Bélanger et al.，2018）。而关于聋人中文阅读的研究发现，聋人在中文阅读中具有副中央凹注意增强的现象。那么，聋人的这种视觉注意资源在空间上的再分配特点是否会由于其更强的副中央凹信息加工能力进而表现出更大的阅读知觉广度？

二、聋人视觉注意资源分配特点

由于早期听觉通道受损或缺失，聋人在加工外界信息时，更多地使用视觉通道，大脑跨感官的可塑性使得聋人注意资源的分配表现出了其自身独有的特点。

聋人的平均阅读能力较差，因此关于聋人视觉注意资源分配特点的行为研究或脑成像研究大多倾向采用简单的几何图形、英文字母、LED 灯等来作为刺激材料（Proksch et al.，2002），而关注聋人视觉注意特点对阅读影响的研究较少。目前，国外研究只涉及聋人视觉注意特点及其视觉注意资源再分配的转折期对于高技能聋人阅读知觉广度的影响（Bélanger et al.，2018；Bélanger et al.，2012；Bélanger et al.，2015），而有关聋人更大的副中央凹预视研究也为聋人中文阅读中副中央凹注意增强特点提供了证据（Pan et al.，2015；Yan et al.，2014；刘璐，2017；张茂林，2007），这为进一步研究聋人的高级视觉认知、完善聋人阅读机制提供了证据。

到目前为止，关于聋人在低水平视知觉任务中的表现结果主要有三种情况，与之对应，研究者就注意资源的分配特点形成了三种观点：注意缺陷假说（deficiency hypothesis），注意补偿假说（compensation hypothesis），以及两种观点的整合——整合假说。

（一）注意缺陷假说

注意缺陷假说认为感官间是相互依存的，感官的整合过程对于个体正常发展是非常重要的，通过整合才能使各个感官获得完整的发展。如果某个感官存在缺陷会导致其余感官中的一种或者多种产生缺陷。

目前众多研究表明，听力缺失影响聋人视觉中心注意发展的改变，耳蜗植入所带来的听力补偿对视觉的促进从反面解释了听力受损对视觉选择注意的负面影响，支持早期听力受损会带来视觉注意能力减弱的注意缺陷假说。

（二）注意补偿假说

注意补偿假说认为，早期的听力剥夺或受损会使其他感官为适应复杂的环境而获得功能上的补偿，表现出视觉注意加工增强的现象（中央凹视觉以外注意增强包括更大视觉优势和容易受到更大的干扰）。聋人视觉注意补偿的观点主要在使用手语的成年聋人的行为研究和脑成像研究中得到了支持。关于聋人行为实验的研究表明，聋人在不同难度的低水平视知觉任务中均表现出了中央凹以外视觉注意增强的特点。

聋人在执行低水平视知觉任务中会表现出中央凹以外视觉注意增强的特点，但是需要说明的是：①聋人的这种特点并不是由手语造成的，虽然这种增强只发生在聋人手语被试中，没有表现在健听人手语被试中（Bavelier et al.，2001；Neville et al.，1987b；Proksch et al.，2002；Dye et al.，2009）。②聋人表现出的视觉注意增强是选择性的，并不是在所有的任务中都增强（Bavelier et al.，2006），在基本的视觉感觉阈限上和计数任务中没有表现出和健听人的差异。

（三）整合假说

基于以上关于聋人注意的两种解释，Dye 等（2010）提出了整合性观点，认为两个假说并不冲突。首先，注意缺陷假说主要说明的是时间分配（视觉注意中心位置），而视觉注意补偿假说则涉及视觉注意的空间分配。其次，注意缺陷假说关注的是儿童（有不同的病因学基础），注意补偿假说关注的是较为同质的成年聋人。两种假说关注的是具有不同背景被试注意资源分配的不同方面（时间/空间），因此，Dye 等认为，早期失聪不会带来视觉注意的绝对缺陷或者增强，早期失聪后的聋人其视觉存在一个发展的过程，在其发展过程中视觉注意的不同方面受到不同方式的调节。

总之，聋人注意资源的分配是一个缓慢发展的过程，均在童年期发生转折。早期失聪或先天失聪聋人为适应环境而发生视网膜结构改变和大脑皮层的跨感官重组而逐渐表现出中央凹以外视觉注意增强的特点。

第二节　聋人阅读的眼动研究

一、聋人读者的阅读知觉广度

Bélanger 等（2012）采用移动窗口范式考察熟练聋人读者和不熟练聋人读者与熟练健听读者在英文阅读知觉广度上的差异。与健听读者相比，熟练聋人读者的英文阅读知觉广度较大，不熟练聋人读者与健听读者的知觉广度相近。乔静芝等（2011）同样采用移动窗口范式探讨了中国聋人大学生汉语阅读的知觉广度，研究发现聋人大学生与健听大学生的右侧阅读知觉广度范围相同，而在左侧范围上聋人大学生大于健听大学生，这表明聋人大学生汉语阅读的知觉广度大于健听大学生。

以上研究得出，无论是在英语还是汉语阅读中，聋人读者的阅读知觉广度具有不对称性，且比健听读者（阅读水平匹配）要大。这表明，在阅读水平无显著差异的前提下，聋人读者每次注视所获取的信息范围更大。Bélanger 等（2012）认为，这支持了关于聋人视觉注意的整合观点。该观点认为，由于聋人缺少听觉通道的刺激输入，使其视觉注意资源的分布发生了变化——从中央凹视野转移到了边缘视野，即聋人的边缘视觉注意增强（Dye et al.，2009；向明强等，2010），这使得聋人对副中央凹处刺激有更多的注意分配，促进了副中央凹处的信息加工效率，从而能够在副中央凹处获得了更多的信息，获取更大范围的文本信息，因此其知觉广度更大。但与 Bélanger 等（2012）的研究中固定左侧知觉广度大小为 4 个英文字母不同，乔静芝等（2011）考察了聋人读者注视点左侧知觉广度的大小。结果发现，中国聋人大学生与健听大学生知觉广度的差异正是表现在注视点左侧，这表明聋人大学生在阅读加工中不仅受到阅读方向的影响而表现出阅读知觉广度上的不对称性，而且可能由于中央凹以外的视觉注意增强，使其左侧阅读知觉广度更大。

二、聋人读者的副中央凹预视效应

目前，已有研究通过眼动技术来考察聋人读者对副中央凹处字形、语音、语义以及手语表征的预加工，以此来揭示聋人读者词汇加工的基本特点。

（一）副中央凹语音预视效应

对于正常读者而言，语音编码在阅读学习中起重要作用，是实现熟练阅读过程中所需的早期词汇识别的重要线索。但聋人几乎无法获得口语语言，那么语音编码的缺失是否对聋人的阅读加工造成影响呢？目前，在关于语音编码与聋人阅读行为的关系研究中尚未有明确结论。另外，如果聋人的视觉注意由于听力损伤或丧失而得到增强，那么这是否能够预测聋人在副中央凹处的预加工效率更高，从而获得更大的预视效应呢？

为此，Bélanger 等（2013）采用边界范式考察了聋人读者的副中央凹预视效应，结果发现，无论是熟练还是不熟练的聋人读者，在早期指标上均只表现出了正字法预视效应，而未有语音预视效应；而健听读者则能获得正字法和语音的预视效应。这一结果也支持了 Bélanger 等（2012）的研究结果。虽然两个研究的群体不同（法国聋人和美国聋人）、语言不同、采用的技术不同（行为实验和眼动研究），但其结果均表明即使熟练的聋人读者在阅读中也并未激活语音编码，反驳了聋人的阅读困难是由语音编码的缺失导致的。

但另一项以中文文本为阅读材料的研究（Yan et al.，2014）发现，对于高阅读水平的聋人读者，在预视时间较长的条件下，其表现出显著的语音预视效应。这个结果支持了聋人读者对语音信息的使用与其阅读水平相关的观点（Harris et al.，2004；Wang et al.，2008），而与 Bélanger 等（2013）的结果存在矛盾。对此，Yan 等（2014）认为，汉语初学者会通过习得拼音规则来形成汉字发音的表征方式，高阅读水平的聋人读者在日常生活中会利用拼音来用电脑或手机输入汉语进行沟通，因而，相比于低阅读水平的聋人读者，他们可能通过这种拼音规则形成了语音表征，从而在阅读加工中表现出语音预视效应。但关于聋人读者能否获得语音编码仍需进一步探究。

（二）副中央凹语义预视效应

以往对拼音文字的研究发现，读者难以对高水平的语义信息进行预加工，因而难以获得副中央凹处的语义预视效应（Altarriba et al.，2001）。但由于语言的特性，汉字与拼音文字在正字法、语法、词法与语义的关系上存在差异，汉字的正字法信息比语音信息通常更多地表意，因而汉语易于更快、更直接地进行语义加工（白学军等，2011a）。如果聋人在词汇加工中不依赖语音编码，那么他们是否可以"绕过"语音的通路，由字形直接快速地通达语义呢？

因此，Yan 等（2014）采用边界范式考察了中国聋人汉语阅读中的副中央凹语义预视效应。研究表明，在早期指标上，聋人读者就已获得了语义预视效应（21ms）；而在晚期指标上，聋人读者却表现出数量上的"预视消耗效应"（preview cost effect），即聋人读者在语义预视条件下的阅读时间反而长于无关条件下的阅读时间。对此，Yan 等认为，由于聋人读者早期的语义加工效率较高，在加工的晚期发觉预视词与目标词之间语义上存在差别，这种语义冲突对目标词产生了干扰。总之，对于中国聋人而言，其能在副中央凹处获得更早的语义通达。

（三）副中央凹手语表征的预视效应

对于聋人而言，手语表征是其在阅读中的独特加工方式（Pan et al.，2015）。手语是一种视觉语音，通过语言控制手、胳膊、身体姿势以及面部表情来表达或进行视觉感知，包括 4 个基本要素——手形、方向、方位和移动，并被称为"手语语音"（Fische et al.，2011）。有大量研究发现，聋人在词汇识别中依赖手语表征（Ormel et al.，2012）。那么，作为聋人日常表达中的最主要方式，手语表征是否会在副中央凹的预加工中得到激活？

Pan 等（2015）采用边界范式考察了中国聋人读者副中央凹手语表征的预视效应。研究发现，无论在早期还是晚期指标上，聋人读者在手语相关条件下对目标词的注视时间更长，表现为"预视消耗效应"。对此，Pan 等认为由于聋人在副中央凹处的加工效率足够高，且手语表征对于聋人而言更可能是一种自动加工，从而能够获得对手语信息更深层次的通达，进而发现预视词与目标词之间信息的不重叠，抑制了对目标词的加工，导致该效应的发生。

三、聋人读者句子阅读中的词汇识别

在词汇加工中，词频和预测性一直是影响词汇识别的重要因素。多数研究发现，在句子文本的阅读中，词汇识别显著受到词频效应和预测性效应的影响。词频效应，是指对低频词的加工比对高频词的加工更困难，需要的时间更长（Pollatsek et al.，2005）。预测性效应，是指与低预测性词相比，高预测性词更容易被识别，所需的注视时间更短，跳读率更高（Rayner et al.，2012）。有研究发现词频效应和预测性效应既发生在词汇识别的早期加工阶段，也存在于后期加工阶段（Wang et al.，2010）。因此，词频和预测性效应能够反映读者词汇识别及词义通达的认知加工过程（臧传丽等，2012）。

Bélanger 和 Rayner（2013）通过眼动技术考察聋人读者在句子阅读中的词频和预测性效应，结果发现，熟练聋人读者、不熟练聋人读者以及熟练健听读者在早期加工阶段均表现出词频和预测性的主效应，表明读者在高频词及高预测性词条件下的注视时间更短、跳读率更高；而在凝视时间、总阅读时间和回视率上，则表现出被试组别与预测性的交互效应，不熟练聋人读者更多地受到预测性的影响，更依赖于上下文的背景信息，来促进在句子阅读中的词汇识别，即阅读技能有效调节了读者的预测性效应。从交互补偿观点来看，阅读技能较低的聋人读者在句子阅读的词汇识别阶段缺乏自动化加工，因而需要更多地利用上下文语境来促进词汇通达，从而获得整个句子的句义（Ashby et al.，2005）。

四、聋人读者篇章阅读的眼动研究

篇章阅读理解包括字词识别、句子表征等表层加工，以及局部连贯性和整体连贯性的深层加工。早期研究多采用传统的阅读研究范式来探究聋人的篇章阅读（贺荟中，2004），近年来，研究者开始使用眼动技术考察这一问题。那么聋人读者在篇章阅读中有何特点？聋人读者在阅读中使用的阅读策略与健听读者有何不同？

贺荟中等（2007）研究发现，高四聋生的篇章阅读效率显著低于高一健听学生；分析眼动特征发现，聋生在字词解码上不存在明显障碍，但在对篇章整体意义的理解上存在问题。为了促进篇章阅读的理解，读者通常会在阅读中运用某种或多种阅读策略。张茂林等（2012）研究发现，聋生在篇章阅读中策略运用的整体水平偏低；高策略组聋生能够更灵活地调整其眼动模式，更易于觉察出篇章中的逻辑型错误；能根据上下文信息来预测和理解文章。邢丹等（2010）则比较了六年级聋童与健听儿童在篇章阅读中使用提纲策略提示和图片策略提示时的眼动特征，认为这两种策略均有助于聋童的阅读理解。阅读理解监控，是指读者对自身阅读过程进行主动的、积极的自我监视和评价，阅读监控与阅读理解之间存在显著相关（李伟健，2004）。刘晓明（2012）发现聋生的阅读理解和阅读监控能力均低于健听学生，认为阅读监控能力差是聋生阅读成绩差的原因之一。

五、聋人阅读规律研究的展望

（一）眼动技术的广泛应用是聋人阅读研究的一个新趋势

眼动技术能够在相对自然的情境下，准确而有效地追踪、测量并记录个体阅读过程中的眼动轨迹，从而揭示读者阅读过程的认知机制。目前，将眼动技术应用于聋人阅读研究是国际上的一个新趋势（Bélanger et al.，2015；Yan et al.，2014）。

对于聋人读者而言，眼动实验的突出优点在于实验程序简单易行，聋人在实验过程中不需要做过多的按键反应，整个阅读过程更接近自然、真实的阅读情境，聋人读者只需要按照日常的阅读习惯进行自然阅读即可。相比于脑成像技术（如ERP、fMRI）而言，眼动研究具备更高的生态学效度，易于考察读者在句子及篇章阅读中的加工过程。另外，相比于传统的行为研究，丰富的眼动指标及巧妙的眼动研究范式能够为研究者提供更多的信息，更为精细地考察读者阅读过程的加工机制，从而更好地揭示聋人阅读的本质规律，构建聋人阅读加工的理论模型。

从实践角度而言，采用眼动技术能够直观地观察到聋人阅读过程中的眼动特征，通过与同龄健听学生进行比较，探究聋生阅读困难的可能原因，并且对指导聋校教师的阅读教学有积极作用。同时，考察聋人读者阅读过程的眼动模式也可以作为阅读干预研究的评估手段，通过比较干预前、后阅读眼动模式的变化，以对干预方法的有效性做出更为精确的评估。

（二）从跨文化研究视角探讨中外聋人阅读加工的异同

从前文可以发现，中外聋人的阅读加工存在一定的共性特征：熟练聋人的阅读知觉广度大于阅读能力匹配的健听读者，以及聋人读者在副中央凹预加工中均能够激活字形编码；但也存在显著的不同之处，即使是熟练的英语母语的聋人读者也未获得副中央凹处的语音信息，而高阅读水平的中国聋人读者在较长预视时间的条件下能够获得显著的语音预视效应，并且能够更早地通达副中央凹处的语义信息。因此，语言特性的差异对不同语言的加工机制会产生重要影响，也会表现在聋人阅读的加工模式上。未来的研究可以从汉语的语言特性入手，比较中外聋人读者阅读加工的差异。

首先，与拼音文字不同，汉语文本由空间间距相等的汉字组成，汉字之间没有可以标记词边界（如空格）的信息，即汉语文本中词与词之间的距离更近、空间密度大，而拼音文字词长不同或者词间有空格，导致副中央凹处信息量较少。因此，相比于拼音文字，汉语文本中词 n+1 更靠近于视敏度更高的中央凹视觉区域，且在副中央凹视觉区域更有可能获得词 n+2 的预视信息（王永胜等，2016）。聋人视觉注意的整合观点认为聋人存在中央凹以外区域的视觉注意增强，那么，未来的研究可以通过考察中国聋人读者对副中央凹处词 n+2 词的预视效应来对这一观点进行验证。

其次，关于聋人阅读过程中是否存在语音编码尚存在争论，在 Yan 等（2014）的研究中，熟练的中国聋人读者表现出了语音预视效应，Yan 等认为这是由于聋人使用拼音规则进行打字而获得的非听觉语音表征，并表示未来的研究仍需要进一步探究汉语阅读加工中聋人读者是否能够激活语音表征，如考察中国香港地区的聋人读者，他们能够阅读和书写汉字，但不掌握拼音规则。另外，与拼音文字相比，汉语中存在大量读音相同或相近的字，而这些汉字在语言加工中表征为相同或相近的语音编码，会对汉语阅读产生显著影响。

（三）探究聋人视觉注意的特点与语言加工的关系

以往研究多在低水平认知任务（如视觉搜索）上考察聋人视觉注意的特点，并证实了聋人确实在中央凹以外区域具有更高的加工效率（Dye et al.，2009），但鲜有研究探讨这种视觉注意特点与语言加工之间的关系，以及边缘视觉的注意增强是否会降低聋人读者中央凹处的加工效率，从而影响聋人读者的阅读加工。所以，未来的研究需要进一步探究聋人视觉注意的特点与语言加工的关系。在眼动研究中，可采用消失文本范式（闫国利等，2010）来考察聋人读者对中央凹处文本信息的提取速度，以此来探究聋人读者中央凹处阅读加工的效率；还可以分别操纵副中央凹处 n-1 词和 n+1 词的呈现时间，进一步考察聋人读者对副中央凹处文本信息的加工效率。因此，通过该范式可以系统地考察聋人视觉注意的整合观点——中央凹加工效率会受到其副中央凹处视觉注意增强的影响而降低。

（四）聋人读者手语加工效率的眼动研究

手语是聋人进行交流和沟通的主要工具，对聋人知识习得、认知发展以及社会性发展具有重要的作用（余晓婷等，2009）。大量研究者认为，手语也是一种语言机制，与其阅读技能存在密切的关系（Fische et al.，2011）。Bélanger 等（2013）在研究中，对熟练与不熟练的聋人读者在年龄、非言语智力、听力水平等方面均进行了匹配，结果发现唯一差异在于习得手语的年龄，因而认为习得手语的早晚可能会对聋人的阅读技能造成影响。

因此，今后的研究可以进一步考察熟练的和不熟练的聋人读者对手语表征加工效率的差异，采用"专家—新手"范式，通过眼动技术来探讨聋人读者观看手语时的眼动模式差异，以此来探究手语熟练程度或手语加工效率是否是影响聋人阅读技能的因素之一。

总之，研究者通过眼动研究发现，聋人读者在阅读过程中存在独特的加工模式：聋人中央凹以外区域视觉注意增强，使得其副中央凹加工效率增强，从而使熟练的聋人读者具有更大的阅读知觉广度。关于语音编码对聋人阅读的影响仍存在争议。拼音文字的研究结果显示，聋人读者在副中央凹的加工中并未激活语音编码，但中国的熟练聋人读者在汉语阅读中表现出了语音预视效应。除了语音编码外，聋人读者在副中央凹预加工中会灵活地选择编码方式，更多使用正字法及手语表征这些视觉编码方式，且表现出较高的加工效率。另外，从句子水平的阅读加工看，不熟练的聋人读者更依赖于上下文的背景信息，表现出更大的预测性效应；从篇章水平的阅读加工看，聋人读者总体的阅读理解水平较低，不擅长采用多种有效的阅读策略来促进阅读；且聋人读者的阅读理解监控能力较差，因而可能导致其阅读效率较低。

因此，今后的研究仍需要继续利用眼动技术来系统考察聋人语言加工的认知机制，探究聋人阅读困难的可能原因。这不仅有助于探索聋人阅读过程的本质规律，构建聋人阅读加工的理论模型；而且有助于指导和优化聋校的阅读教学方法，为设计、实施科学有效的阅读训练方案提供理论基础。

第九章

聋人汉语阅读的眼动研究

第一节　颜色交替文本促进小学高年级聋生阅读的眼动研究

一、词切分对阅读的促进作用

读者在阅读理解过程中，首先要对文本中的词汇进行加工，而对词的加工则需要把词从文本中切分出来，这一过程简称为"词切分"（李兴珊等，2011）。在大多数拼音文字中，空格作为词切分的线索，可帮助读者将文本中的词切分出来，对读者流畅地进行阅读有重要影响（McConkie et al.，1988）。有研究考察了去掉词间空格对英语阅读的影响，结果发现，读者在阅读无空格英语文本时阅读效率显著降低（Mcgowan et al.，2014；Morris et al.，1990；Pollatsek et al.，1982；Rayner et al.，1998；Rayner et al.，2013）。还有研究考察了词间空格在英语复合词加工中的作用，发现词间空格可以促进复合词的加工（Inhoff et al.，2002）。除此之外，对西班牙语的研究也发现了类似的结果，读者在阅读无空格西班牙文本时阅读效率更低（Perea et al.，2009；Perea et al.，2015）。

与拼音文字不同，中文由一系列汉字组成，词与词之间没有明确的词边界线索，读者在阅读中文时需要进行词的切分（李兴珊等，2011）。以往关于中文词切分的研究通过在中文文本中插入空格，探讨词切分对词汇识别和中文阅读的影响。Bai 等（2008）以大学生为研究对象，研究空格对中文阅读的影响，分别设置了 4 种文本呈现方式：正常无空格文本、字间空格文本、词间空格文本和非词空格文本。结果发现，大学生阅读词间空格文本和正常无空格文本一样容易。这说明词间空格既没有促进也没有阻碍读者对中文文本的阅读。之后，又有研究者以小学三年级学生为被试，设置同样的 4 种文本呈现方式，结果发现词间空格可以促进小学三年级学生的词汇识别，并且阅读技能低的学生在词间空格条件下的阅读时间最短（沈德立等，2010）。此外，词间空格还可以促进中文读者的新词学习（Blythe et al.，2012）；对于将汉语作为第二语言进行学习的人，词间空格也有促进作用（白学军等，2011c；白学军等，2009）。还有研究者以中文阅读障碍儿童为研究对象，发现词间空格可以提高阅读障碍儿童的中文阅读效率（李莎等，2014）。

近年来，国外有研究者利用颜色交替的形式进行词切分。Pinna 等（2014）研究了意大利语中颜色交替词切分对朗读的影响，设置了 4 种呈现方式：单一颜色文本、颜色交替文本（即每个单词以不同的颜色进行标记）、非词颜色标记文本（当前词的后半部分与下一个词的前半部分标记同一种颜色）、字母颜色文本（每一个字母标记不同的颜色）。结果发现，相比其他条件，颜色交替文本更容易朗读，具体表现为颜色交替文本的阅读速度更快，阅读理解得分更高。这一结果与之前的研究结果一致（Pinna et al.，2010）。Perea 等（2015）对比了西班牙语中颜色交替词切分与正常空格条件下的阅读，结果也证实颜色交替是一种有效的词切分方式。以上研究均是将拼音文字中的空格去掉，采用颜色标记进行词切分，证明了颜色交替词切分的可行性。对于中文文本的研究，Perea 等（2017）采用同样的词切分方式，分别考察了其对小学二年级学生和成年读者中文朗读的影响。研究者操纵文本的词切分方式，让被试朗读一篇单一颜色文本和一篇颜色交替文本。结果发现，相比单一颜色文本，小学二年级学生在朗读颜色交替文本时速度更快；并且当材料难度较大时，颜色交替文本也可以促进成年读者的朗读。

与词间空格相比，颜色交替词切分的优势主要体现在以下三个方面：其一，词间空格对文本呈现方式的熟悉性影响较大，容易抵消词切分对中文阅读的促进作用（Bai et al.，2008）；其二，颜色交替词切分不会拉长整个句子的物理长度（Zhou et al.，2018），不影响句子的空间分布（Perea et al.，2017）；其三，相比词间空格，颜色交替词切分可以提高副中央凹加工效率（Perea et al.，2015）。因此，本次研究将考察颜色交替词切分的方式对小学高年级聋生篇章阅读的促进作用。

聋生整体的阅读水平不高，阅读发展落后于同龄健听学生（Chan et al.，2018），然而对于提高聋生阅读效率的研究尚不多见，本次研究打算以小学高年级聋生为研究对象，探讨如何提高聋生的阅读效率。有研究发现，中文读者在阅读句子或语篇时都存在词切分的过程（李兴珊等，2011）。所以，如果用不同的颜色将词切分出来，应该可以帮助聋生进行词切分，提高聋生的阅读效率。因此，本次研究将采用眼动追踪技术，考察颜色交替词切分文本对小学高年级聋生篇章阅读的影响，旨在探讨提高聋生阅读效率的有效途径。

二、实验方法

（一）实验被试

使用北京师范大学心理学部张厚粲、王晓平于 1986 年主持修订的瑞文标准推理测验和自编聋生背景信息调查问卷对聋人被试进行筛选。自编问卷内容主要包括被试的人口学变量信息（如姓名、性别、年龄、班级等），筛选标准包括：①听力损伤程度在 71 分贝以上（重度聋）；②失聪年龄在 3 岁以前（语言发展前）；③智力发展正常；④除听力障碍外无其他障碍；⑤小学四至六年级学生。

最终选取天津市某聋人学校四至六年级共 29 名聋生为被试，其中男 19 人，女 10 人。

（二）实验设计

本次研究采用单因素两水平（文本呈现方式：颜色交替文本、单一颜色文本）被试内实验设计。

（三）实验材料

从各省（自治区、直辖市）不同版本的小学语文课本中选取 12 篇课文（其中，5 篇选自北京师范大学出版社版教材，4 篇选自江苏凤凰教育出版社版教材，1 篇选自河北教育出版社版教材，1 篇选自西南师范大学出版社版教材，1 篇选自上海教育出版社版教材）作为阅读材料，每篇课文的字数控制在 200 字左右。每篇课文经由各年级的聋校语文教师对其难度、熟悉性及陌生字词进行评估，并根据教师的反馈意见加以修改，最终选取 8 篇课文为本次实验材料，其中 6 篇为正式实验材料，2 篇为练习材料。为保证读者认真阅读，每篇实验材料后都有 2 个判断题，要求被试根据其对语篇的理解进行回答。

本次研究使用 8 篇课文，每篇课文严格按照《信息处理用现代汉语分词规范》（国家技术监督局，1993）进行词切分，并使用四种颜色，采用拉丁方设计的方式对每篇文本进行词标记，形成颜色交替文本。本次实验选用的四种颜色与 Perea

等（2017）所用的颜色一致，具体三原色参数为：红色（RGB［171，41，51］），绿色（RGB［78，167，55］），棕色（RGB［178，112，49］），蓝色（RGB［53，85，142］）。而对于单一颜色文本，整篇课文全部用同一种颜色进行标记（红色、绿色、棕色或者蓝色）。

在正式实验中，材料的呈现采用拉丁方设计，平衡实验材料在颜色交替条件和单一颜色条件下的呈现顺序，将 6 篇文本随机分为 2 组，每组 3 篇，使每组材料在两种条件下都得到呈现，共形成 8 种呈现顺序，被试随机接受一种呈现顺序。

（四）实验仪器

实验采用由加拿大 SR 公司生产的 Eyelink 1000 plus 眼动仪，采样率为 1000Hz。刺激在 21 英寸的戴尔显示器上呈现，被试眼睛距离显示器 68cm。刺激以宋体呈现，每个汉字为 28×28 像素，每个汉字对应的视角为 0.93°。

（五）实验程序

每个被试单独施测。被试进入实验室熟悉环境后坐到显示器前，屏幕呈现指导语并辅以手语进行讲解。然后进行九点校准，校准成功后进行实验。正式实验开始前，提供两个语篇用于练习，帮助被试熟悉实验流程。实验过程中，必要时会对被试进行再次校准。每个被试完成整个实验大约需要 25 分钟。

（六）数据处理

29 名被试中，因头部移动、实验不认真、回答正确率低于 50%等原因，共 6 名被试数据被剔除，有效被试为 23 人，平均年龄 12.30±2.03 岁，其中男生 14 人，女生 9 人。使用 SPSS 24.0 对数据进行处理。

三、颜色交替文本对小学高年级聋生阅读影响的分析

参考以往数据删除标准，对有效项目进行筛选：①追踪丢失（实验中因被试头动等偶然因素导致眼动仪记录数据丢失）；②注视时间小于 80ms 或大于 1200ms；

③平均数大于或小于 3 个标准差。总共剔除的无效数据占总数据的 6.5%。被试回答判断题的正确率分别为 67%（颜色交替文本）和 71%（单一颜色文本），经配对样本 t 检验，无显著差异（$t=-0.89$，$p>0.05$）。

（一）整体分析

整体分析是从整个文本入手，对所有注视点的眼动行为进行分析。选取阅读速度、平均注视时间、平均眼跳距离为整体分析指标。具体分析结果见表 9-1 所示。

表 9-1　颜色交替词切分对聋生篇章阅读影响的整体分析

文本呈现方式	阅读速度（字/分钟）	平均注视时间（ms）	平均眼跳距离（字）
颜色交替文本	343（122）	219（28）	5.5（1.0）
单一颜色文本	325（118）	224（29）	5.6（1.2）

对眼动数据进行整体分析后发现，在阅读速度和平均注视时间指标上，两种不同的文本呈现方式差异显著，具体表现为：被试在阅读颜色交替文本时，阅读速度显著比单一颜色文本快（$t=2.34$，$p<0.05$），平均注视时间更短（$t=-2.31$，$p<0.05$）；而在平均眼跳距离这一指标上，两种不同的文本呈现方式之间没有表现出显著差异（$t=-1.19$，$p>0.05$）。结合整体分析的指标来看，虽然被试在两种不同文本上的平均眼跳距离类似，但是被试在阅读颜色交替文本时，平均注视时间更短，阅读速度更快，这说明使用颜色将文本中的词标记出来可以促进被试的整体阅读。

（二）局部分析

局部分析是从整体文本中选取更小的区域（即兴趣区），对落在该区域上的注视点的眼动行为进行分析。本节参照以往研究中的局部分析方法（Bai et al., 2008），将文本中的双字词作为兴趣区进行分析，进一步探究颜色交替文本对小学高年级聋生篇章阅读的促进作用。具体做法是选取每篇文章中由两个字组成的 18～32 个目标词进行分析。在阅读刚开始时，读者对第一个注视字的注视持续时间较长（闫国利等，2012），而在阅读结束时会产生"收尾效应"，即读者在阅读结束时对之前加工的信息进行整合，会占用额外的阅读时间（Hirotani et al., 2006），因此，本次研究不选择每行文本的开头和结束的双字词作为目标词。局部分析选用的具体指标包括首次注视时间、单一注视时间、凝视时间和总注视时间。具体分析结果见表 9-2 所示。

表 9-2　颜色交替词切分对聋生篇章阅读影响局部分析

文本呈现方式	首次注视时间（ms）	单一注视时间（ms）	凝视时间（ms）	总注视时间（ms）
颜色交替文本	210（26）	206（27）	227（32）	345（80）
单一颜色文本	213（30）	209（30）	239（40）	368（81）

对眼动数据进行局部分析后发现，在首次注视时间上，颜色交替文本和单一颜色文本间差异不显著（$t=-0.81$，$p>0.05$）；在单一注视时间上，颜色交替文本和单一颜色文本间差异不显著（$t=-1.20$，$p>0.05$）；在凝视时间上，颜色交替文本的凝视时间显著短于单一颜色文本（$t=-2.59$，$p<0.05$）；在总注视时间上，颜色交替文本的总注视时间显著短于单一颜色文本（$t=-3.68$，$p<0.01$）。局部分析的结果说明，颜色交替词切分文本可以促进聋生的阅读，并且这种促进作用在词汇加工的早期和晚期阶段均能表现出来。

结合整体分析和局部分析可以发现，无论是整体的阅读速度指标，还是局部的总注视时间指标，被试在阅读颜色交替文本时的表现更好，速度更快，所用时间更短。这也说明，颜色标记词切分可以促进小学高年级聋生的篇章阅读。值得注意的是，颜色交替文本的呈现并不是读者熟悉的呈现方式，即使在这种不熟悉的情况下其也出现了促进作用，这也从另一方面说明，颜色标记是一种有效的词切分方式，可以促进读者的阅读。

四、颜色交替文本对小学高年级聋生阅读的促进作用分析

本次研究采用眼动追踪技术，探讨了颜色交替词切分文本对小学高年级聋生中文阅读的促进作用。从对整体眼动指标的分析发现，小学高年级聋生在阅读颜色交替文本时的阅读速度显著要比单一颜色文本快，并且平均注视时间也更短。这说明颜色交替文本可以节省词切分的时间，促进读者的词汇识别，进而提高阅读效率。该结果与已有研究一致（Perea et al.，2017）。此外通过分析局部指标发现，在反映语义获得的指标上，如单一注视时间，小学高年级聋生在阅读两种文本时没有表现出显著的差异，说明颜色交替词切分文本没有干扰读者的语义获得；

在反映早期加工过程的指标上，虽然阅读两种文本时首次注视时间没有表现出显著差异，但在凝视时间上，颜色交替文本显著比单一颜色文本用时更短，这可能是因为汉字的密度信息比较大，在首次注视时未能获得充分的加工信息，从而导致首次注视时间没有显著差异；在反映晚期加工过程指标上，如总注视时间，读者在颜色交替文本呈现时对词的总注视时间显著比单一颜色文本短，这说明颜色交替词切分文本可以促进读者的词汇识别。总之，局部分析结果表明，无论是词汇通达的早期加工阶段，还是晚期加工阶段，颜色交替词切分都能够促进读者的中文阅读。该结果与沈德立等（2010）对阅读初学者的研究结果一致。沈德立等以词间空格为词切分方式，研究发现在局部指标上词切分促进了小学三年级学生对单词的识别。综合整体分析和局部分析可以发现，两种分析方式下的结果趋于一致，都能够说明小学高年级聋生在阅读颜色交替文本时更容易，阅读效率更高。同时，该结果也可以说明颜色标记是一种有效的词切分方式（Perea et al.，2015），在中文阅读过程中，颜色信息可以为读者提供额外的词边界信息，帮助读者进行词切分，促进读者的词汇识别。

本次研究的结果对于探究中文阅读的基本信息单元也有一定的理论贡献。与拼音文字不同，中文由一系列汉字组成，除标点符号外没有其他的词边界线索。因此，对于中文阅读到底是基于词的阅读还是基于字的阅读存在很大的争议。有研究者强调词在阅读中的重要性，认为中文阅读是基于词的阅读（沈德立等，2010；李兴珊等，2011；Bai et al.，2008；Zhou et al.，2018），Li 等（2009）通过系列实验和数学建模方法，构建了一个中文词切分和识别的计算模型，强调词在中文阅读中的重要作用，认为词的识别与切分是一个统一的过程，只有当词被识别出来时，词才被切分开来。也有研究发现字在中文阅读中发挥的作用更大，认为中文阅读是基于字的阅读（Chen et al.，2003；Tsai et al.，2003）。本次研究用不同的颜色将不同的词标记出来，发现颜色交替词切分文本促进了小学高年级聋生的中文阅读，并且这种促进作用既表现在词汇通达的早期加工阶段（凝视时间），也表现在词汇通达的晚期加工阶段（总注视时间）。这说明，小学高年级聋生在阅读中文文本的过程中词发挥的作用更大，其基本信息加工单元可能是词。但需要注意的是，本次研究没有设置字的切分条件和非词的切分条件，不能否定中文阅读是基于字的阅读这一观点，因此，后续研究可关注这一点，进一步探究聋人的基本信息加工单元，并与健听人做比较，以期构建中文阅读的眼动控制模型。

本次研究的结果对聋生阅读教学具有一定的启发。聋人群体由于听力丧失，其在阅读学习方面存在很多困难，也正是因为这些困难的存在，聋人群体的文盲率高于同龄健听人群（Bélanger et al.，2015）。因此，找到一种适当的方法提高聋生学习效率具有重要的实践价值。本次研究采用眼动追踪技术，通过词切分的方式探究提高聋生阅读效率的方法，结果发现，小学高年级聋生在阅读颜色交替词切分文本时阅读速度更快，平均注视时间更短，并且通过局部指标分析发现，颜色交替词切分文本还能够促进小学高年级聋生的词汇识别。这个结果对于聋校小学高年级阅读教学也具有一定的参考价值。

综上所述，本次研究得出：①相比单一颜色文本，小学高年级聋生在阅读颜色交替文本时阅读效率更高；②颜色交替词切分是一种有效的词切分方式。

第二节　中学聋生阅读知觉广度的眼动研究

一、中学聋生的阅读知觉广度增强效应假设

本次研究拟采用移动窗口范式考察国内中学聋生是否表现出更大的阅读知觉广度？窗口的不断增大（副中央凹信息的更多获得）对他们的中央凹信息加工是一种促进还是阻碍？对于阅读效率有着怎样的影响？本次研究从注意资源分配的角度，探讨其对中学聋生阅读知觉广度的影响，采用年龄跨度较小的中学聋生为被试，通过对其进行能力和年龄的严格匹配，来探究三组被试中文阅读知觉广度的大小，并进行比较，最后得出中学聋生是否有更大的阅读知觉广度。基于眼动追踪技术的优势，本次研究采用移动窗口范式，探究中学聋生视觉注意资源的再分配（中央凹以外注意资源增多）对中文阅读知觉广度的影响，即更多副中央凹信息的获得是否在阅读中表现出更大的阅读知觉广度。根据以往研究的结论，本次研究假设如下：

1）在采用移动窗口范式的句子阅读中应该会出现随着可视窗口的增大，平均注视时间减少，总注视次数减少，向右眼跳距离增大等结果。窗口的不断增大会提高中学聋生句子阅读速度或句子加工的效率，而不是降低加工速度。

2）中学聋生中央凹以外视觉注意增强，因此会表现出比能力匹配组更大的阅

读知觉广度。但是鉴于年龄匹配组更高的阅读技能，中学聋生由于其更强的副中央凹信息加工能力，可能会表现出和年龄匹配组一样大的阅读知觉广度。

二、实验方法

（一）实验被试

本次实验选择中学聋生为主要研究对象。由于中学聋生的阅读水平有限，无法同时对其进行年龄和能力匹配，所以对其进行其生理年龄（健听中学生）和阅读能力（小学五年级学生）的一一匹配。最终得到中学聋生组、年龄匹配组、能力匹配组各 20 人。

中学聋生的选取标准如下：①先天失聪或学语前失聪；②优势耳听力损伤程度在 90 分贝及以上；③未佩戴人工耳蜗；④视力或矫正视力正常；⑤瑞文智力测验得分处于正常及以上；⑥除听觉障碍外没有其他残障；⑦父母均为健听人。

年龄匹配组选取在年龄上和聋生匹配的健听中学生，视力或矫正视力正常，智力正常。中学聋生和年龄匹配组的匹配情况见表 9-3 所示。匹配结果：独立样本 t 检验显示，$t=0.10$，$p>0.05$，两组差异不显著。

表 9-3　中学聋生和年龄匹配组匹配情况

类别	平均年龄（岁）	年龄范围
中学聋生	16.71（2.03）	13.02～20.19
年龄匹配组	16.66（1.35）	14.32～18.96

采用张厚粲、王晓平于 1986 年主持修订的瑞文标准推理测验和伍新春等编制的阅读理解测验、三分钟快速阅读测验（Song et al., 2015），选取与聋生阅读能力匹配的健听小学生组成能力匹配组。三分钟快速阅读测验，即阅读流畅性（reading fluency）测验，要求学生在 3 分钟时间内对 100 项句长由长到短的测试题进行快速默读，并准确判断正误。阅读理解测验要求学生阅读一篇短文并根据文章内容回答相关问题，最后根据评分标准评分。

分别对能力匹配组和中学聋生组在阅读能力测验、三分钟快速阅读测验和智力测验上一一进行匹配，匹配结果见表 9-4 所示，此外也对年龄匹配组进行了阅读能力测试，以其结果作为对照。

表 9-4　三组学生的测试结果

类别	中学聋生组	能力匹配组	年龄匹配组
阅读流畅性（字/分钟）	347.70（148.74）	351.75（136.83）	509.11（202.43）
阅读理解（分）	9.65（3.10）	9.95（2.10）	19.08（2.77）
智商	102.27（8.22）	109.05（13.99）	109.60（8.60）

对三组被试的测验成绩进行方差分析，结果如下：对于阅读流畅性指标，被试类型（三组学生：中学聋生组，能力匹配组，年龄匹配组）自变量主效应显著：$F_{(2,57)}=6.21$，$p<0.05$；对于阅读理解指标，被试类型（中学聋生组，能力匹配组，年龄匹配组）自变量主效应显著：$F_{(2,57)}=79.37$，$p<0.05$；对于智商指标，被试类型（中学聋生组，能力匹配组，年龄匹配组）自变量主效应显著：$F_{(2,57)}=1.586$，$p>0.05$。事后比较分析结果表明，在阅读流畅性和阅读理解指标上，中学聋生和能力匹配组被试之间不存在显著差异，但是这两组被试在这两项指标上的得分都显著低于年龄匹配组被试的得分。

（二）实验设计与实验材料

实验设计为 3（被试类型：中学聋生组、能力匹配组、年龄匹配组）×6（窗口水平：WS1、WS2、WS3、WS4、WS5、FL）的混合实验设计。其中被试类型为被试间变量，窗口水平为被试内变量。移动窗口范式能实现读者看到句子上的任何位置，该位置就会呈现一种窗口条件下的文字。窗口内的文字正常显现，窗口外的文字用"※"替代。其中 FL 为整行呈现；WS 为对称窗口，WS1 为注视点左右侧各 1 个字；WS2、WS3、WS4、WS5 条件依此类推。

材料编制：编制长度为 18 个字的句子，句子以单、双字词为主，内容简单。

材料评定：实验前对 3 组被试进行材料难度和通顺性评定。选择某小学两个班级，某中学一个班级，聋校初、高中语文教师各两位，对材料难度和通顺性进行 1~5 级评定。经过评定，删除得分高于 3 分的句子，最终得到 96 句的实验材料，难度为 1.7（1 代表非常容易，5 代表非常难），通顺性为 4.2（1 代表非常不通顺，5 代表非常通顺）。此外还有 12 个句子用于练习，以保证被试明白实验操作。

材料呈现：可视窗口设定为 WS1、WS2、WS3、WS4、WS5、FL。被试首先阅读 12 个练习句以熟悉实验程序。正式实验所用的材料保证每句都在不同的窗口出现（拉丁方平衡），共 6 个组块，每种窗口条件下都有 16 个句子。为了考察被试阅读理解的准确性，需要被试对随机插入的判断题进行正误判断。本次实验共设 29 个判断题。

（三）实验仪器与程序

实验采用 EyeLink 2000 眼动仪（采样率：1000Hz）记录被试的眼动数据。眼动仪的被试机的显示器分辨率为 1024×768 像素，刷新率为 150Hz。所有材料的字体均为宋体，每个汉字为 1°视角，被试眼睛距离屏幕 70cm。

实验程序如下所示。

1）对被试进行个别施测。

2）在实验过程中使用下巴托以减少被试的头动。

3）指导语讲解：为了保证指导语的一致性，由聋校手语较好的教师在了解实验程序的前提下，在聋生参与实验时进行手语讲解。

指导语："首先，盯准屏幕左侧的小圆圈，会出现一个句子。当你读懂这句话后，就按向下的翻页键，之后小圆圈会再次出现，这时候再次盯住圆圈的正中心，下一个不同的句子就会出现。有时候，刚看过的句子后面有判断句，请根据刚看过的句子进行判断，如果与你刚看过的句子意思一致就按左手食指下的键，如果不一致就按右手食指下的键。阅读过程中，句子某部分会被"※"挡住，但是只要你看向那里就会出现文字，不要受"※"的影响，正常默读即可。"

4）进行三点校准，成功校准后开始练习。

三、实验结果与分析

参考以往数据删除标准，对有效项目进行筛选：①追踪丢失（实验中因被试头动等偶然因素导致眼动仪记录数据丢失）；②注视时间小于80ms或大于1200ms；③平均数正负 2.5 个标准差之外的数据。采用 SPSS 22.0 进行统计分析。

（一）句子阅读理解正确率

三组被试在本次实验中的阅读理解正确率分别为：中学聋生组为 88.20%，能力匹配组为 87.50%，年龄匹配组为 95.05%。方差分析结果表明三组被试在正确率

上存在显著差异 $[F_{(2, 57)}=9.874, p<0.05]$。事后多重比较发现，中学聋生组的正确率显著低于年龄匹配组（$p<0.05$）；中学聋生组与能力匹配组在正确率上差异不显著（$p>0.05$）；年龄匹配组的正确率显著高于能力匹配组（$p<0.05$）。

（二）三组被试句子阅读的眼动特征

三组被试在整行条件下的阅读速度、平均注视时间、向右眼跳距离、注视次数结果见表 9-5 所示。

表 9-5　三组被试在整行条件下的各项眼动指标

被试类型	阅读速度（字/分钟）	平均注视时间（ms）	向右眼跳距离（字）	注视次数（次）
中学聋生组	389.84（187.47）	238（27）	2.84（0.91）	12.85（5.82）
年龄匹配组	409.32（115.83）	230（22）	2.79（0.65）	10.99（2.43）
能力匹配组	264.45（104.58）	256（32）	2.57（1.01）	16.79（5.78）

对三组被试在整行条件下（无窗口限制）的各个眼动指标进行单因素方差分析，结果发现：

1）在阅读速度指标上，$F_{(2, 57)}=6.23$，$p<0.05$，事后比较发现，中学聋生组、年龄匹配组在整行条件下的阅读速度显著快于能力匹配组。而中学聋生组和其年龄匹配组在阅读速度上差异不显著。

2）在平均注视时间指标上，$F_{(2, 57)}=4.62$，$p<0.05$，多重比较结果和阅读速度指标一致，表现出中学聋生组、年龄匹配组在整行条件下的平均注视时间显著短于能力匹配组。而中学聋生组和其年龄匹配组在平均注视时间上差异不显著。

3）在向右眼跳距离指标上，$F_{(2, 57)}=0.53$，$p>0.05$，三组被试在向右眼跳距离上均两两差异不显著。

4）在注视次数上，$F_{(2, 57)}=7.19$，$p<0.05$，同阅读速度和平均注视时间一致，表现出中学聋生组、年龄匹配组在整行条件下的注视次数显著低于能力匹配组。而中学聋生组和其年龄匹配组在注视次数上差异不显著。

对于不同窗口条件下句子阅读的眼动特征，我们分析了四个指标：阅读速度、平均注视时间、向右眼跳距离、注视次数。三组被试在各指标上的平均值和标准差见表 9-6 所示。

表 9-6　三组被试在不窗口条件下的眼动指标

眼动指标	被试类别	WS1	WS2	WS3	WS4	WS5	FL
阅读速度（字/分钟）	中学聋生组	262.28 (131.24)	338.17 (165.81)	376.61 (187.02)	377.25 (190.85)	388.35 (190.12)	389.84 (187.47)
	年龄匹配组	289.33 (85.44)	360.80 (115.83)	386.37 (127.83)	393.93 (117.91)	401.78 (117.98)	409.32 (115.83)
	能力匹配组	189.00 (60.56)	247.42 (88.25)	257.99 (97.51)	267.13 (99.42)	255.59 (96.66)	264.45 (104.58)
平均注视时间（ms）	中学聋生组	265 (32)	251 (31)	247 (32)	247 (32)	246 (31)	238 (27)
	年龄匹配组	259 (33)	242 (28)	236 (25)	235 (28)	234 (24)	230 (22)
	能力匹配组	277 (35)	252 (28)	256 (30)	255 (27)	260 (30)	256 (32)
向右眼跳距离（字）	中学聋生组	2.00 (0.58)	2.35 (0.67)	2.61 (0.76)	2.80 (0.85)	2.87 (0.92)	2.84 (0.91)
	年龄匹配组	1.90 (0.44)	2.26 (0.45)	2.54 (0.50)	2.70 (0.57)	2.84 (0.59)	2.79 (0.65)
	能力匹配组	1.72 (0.57)	2.14 (0.64)	2.47 (0.76)	2.60 (0.81)	2.73 (0.97)	2.57 (1.01)
注视次数（次）	中学聋生组	18.23 (9.57)	15.21 (7.73)	13.88 (6.76)	13.69 (6.95)	13.17 (6.87)	12.85 (5.82)
	年龄匹配组	14.07 (3.89)	12.48 (3.04)	11.82 (3.09)	11.7 (2.92)	11.27 (2.44)	10.99 (2.43)
	能力匹配组	21.23 (6.40)	18.32 (5.56)	17.36 (5.37)	17.22 (5.63)	17.07 (5.51)	16.79 (5.78)

对三组被试在不同眼动指标上的差异进行方差分析，结果如下所示。

1）在阅读速度指标上，窗口主效应显著 [$F_{1 (5, 285)}$ =55.98，$p<0.05$，η_p^2=0.50；$F_{2 (5, 1425)}$=31.80，$p<0.05$，η_p^2=0.10]，被试类型的主效应显著 [$F_{1 (2, 57)}$ =5.82，$p<0.05$，η_p^2=0.17；$F_{2 (2, 285)}$ =421.33，$p<0.05$，η_p^2=0.75]，窗口和被试类型的交互作用不显著 [$F_{1 (10, 285)}$ =1.62，$p>0.05$，η_p^2=0.05；$F_{2 (10, 1425)}$=1.31，$p>0.05$，η_p^2=0.01]。不同窗口条件下三组被试的阅读速度见图 9-1 所示。

2）在平均注视时间指标上，窗口主效应显著 [$F_{1 (5, 285)}$ =36.07，$p<0.05$，η_p^2=0.39；$F_{2 (5, 1425)}$=36.62，$p<0.05$，η_p^2=0.11]，被试类型的主效应在被试分析中不显著 [$F_{1 (2, 57)}$ =2.68，$p>0.05$，η_p^2=0.09]，在项目分析中显著 [$F_{2 (2, 285)}$=118.04，$p<0.05$，η_p^2=0.45]，窗口和被试类型的交互作用不显著 [$F_{1 (10, 285)}$ =1.76，$p>0.05$，η_p^2=0.058；$F_{2 (10, 1425)}$=1.79，$p>0.05$，η_p^2=0.012]。窗口条件对三组被试平均注视时间的影响

见图 9-2 所示。

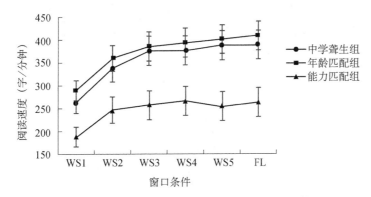

图 9-1　三组被试在不同窗口条件下的阅读速度

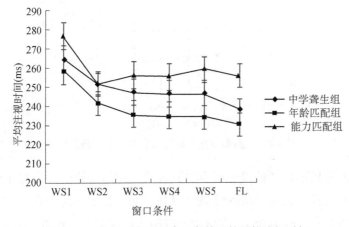

图 9-2　三组被试在不同窗口条件下的平均注视时间

3）在向右眼跳距离指标上，窗口的主效应显著 $[F_{1\,(5,\,285)}=158.83$，$p<0.05$，$\eta_p^2=0.74$；$F_{2\,(5,\,1425)}=136.21$，$p<0.05$，$\eta_p^2=0.32]$，被试类型的主效应不显著 $[F_{1\,(2,\,57)}=0.45$，$p>0.05$，$\eta_p^2=0.02$；$F_{2\,(2,\,285)}=51.95$，$p<0.05$，$\eta_p^2=0.27]$，窗口和被试类型的交互作用不显著 $[F_{1\,(10,\,285)}=0.51$，$p>0.05$，$\eta_p^2=0.017$；$F_{2\,(10,\,1425)}=0.99$，$p>0.05$，$\eta_p^2=0.01]$。不同窗口条件对三组被试向右眼跳距离的影响见图 9-3 所示。

4）在注视次数指标上，窗口的主效应显著 $[F_{1\,(5,\,285)}=46.13$，$p<0.05$，$\eta_p^2=0.45$；$F_{2\,(5,\,1425)}=30.51$，$p<0.05$，$\eta_p^2=0.079]$，被试类型的主效应显著 $[F_{1\,(2,\,57)}=6.08$，$p<0.05$，$\eta_p^2=0.18$；$F_{2\,(2,\,284)}=424.20$，$p<0.05$，$\eta_p^2=0.75]$，窗口和被试类型的交互作用不显著 $[F_{1\,(10,\,285)}=1.36$，$p>0.05$，$\eta_p^2=0.046$；$F_{2\,(10,\,1425)}=0.75$，$p>0.05$，$\eta_p^2=0.01]$。不同窗口条件下三组被试的注视次数见图 9-4 所示。

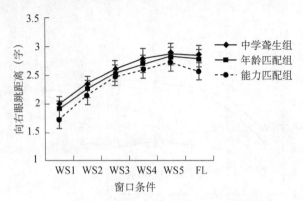

图 9-3　三组被试在不同窗口条件下的向右眼跳距离

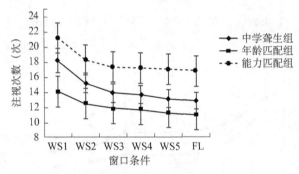

图 9-4　三组被试在不同窗口条件下的注视次数

以上方差分析结果（被试分析为主）表明，在阅读速度、平均注视时间、向右眼跳距离和注视次数 4 个指标上均表现出了窗口限制（可视窗口大小对于阅读的影响）的主效应（$ps<0.05$）。在阅读速度和注视次数上，被试类型主效应显著：在阅读速度上，中学聋生组和其年龄匹配组差异不显著，均高于能力匹配组；而在注视次数上，只有年龄匹配组和能力匹配组存在显著性差异（$p<0.05$）。在这 4 个眼动指标上，窗口和被试类型的交互作用均不显著（$ps>0.05$），表明窗口的限制作用对于 3 组被试正常阅读的影响是一致的，但是被试类型间可能存在阅读效率的差异。

（三）中学聋生阅读知觉广度

分别比较 WS1、WS2、WS3、WS4、WS5 和 FL 条件下阅读速度、平均注视时间、向右眼跳距离和注视次数这四个眼动指标的差异，以确定中学聋生右侧的阅读知觉广度范围。配对比较结果表明，在阅读速度和注视次数指标上，WS3 窗口条件和 FL 条件相比较，差异均不显著；在注视次数指标上，WS4 窗口条件和 FL 条件配对比较，差异不显著；最大窗口 WS5 条件下和 FL 条件的平均注视时间差异显著（$p<0.05$）。该结果总体表明中学聋生阅读知觉广度的范围是注视点右侧 3～4 字。

（四）年龄匹配组被试的阅读知觉广度

分别比较 WS1、WS2、WS3、WS4、WS5 和 FL 条件下阅读速度、平均注视时间、向右眼跳距离和注视次数这四个眼动指标的差异，以确定年龄匹配组被试右侧的阅读知觉广度范围。配对比较结果表明，在阅读速度、平均注视时间和注视次数指标上，WS3 窗口条件和整行条件配对比较结果显示差异均不显著；在向右眼跳距离上，WS4 窗口条件和整行条件配对比较差异不显著。该结果表明，年龄匹配组的中文阅读广度的范围是注视点右侧 3～4 字。

（五）能力匹配组被试的阅读知觉广度

分别比较 WS1、WS2、WS3、WS4、WS5 和 FL 条件下阅读速度、平均注视时间、向右眼跳距离和注视次数这四个眼动指标的差异，以确定能力匹配组阅读知觉广度右侧的范围。配对比较结果表明，在阅读速度、平均注视时间两个眼动指标上，WS2 窗口条件和整行条件不存在显著性差异；在向右眼跳距离和注视次数指标上，WS3 窗口条件和整行条件差异均不显著。这表明能力匹配组的阅读知觉广度的范围是注视点右侧 2～3 字。

四、中学聋生中文阅读知觉广度的特点分析

本次研究探讨了聋人视觉注意资源在不同视野空间的再分配对中学聋生中文阅读知觉广度的影响，采用年龄匹配中学生和能力匹配小学生，对其阅读知觉广度大小和被试间知觉广度差异进行分析，并描述其正常句子阅读下的眼动特征。

阅读知觉广度能敏感地反映读者的阅读技能和速度（Häikiö et al.，2009；Rayner，1986；Rayner et al.，2010；闫国利等，2011，2013），高技能阅读者会有更大的阅读知觉广度和更快的阅读速度，因此在本次实验中，笔者把能力匹配组

和年龄匹配组的知觉广度大小作为参照，将中学聋生分别同这两个健听控制组的知觉广度大小进行比较，以了解 3 组被试知觉广度的差异，探究中学聋生是否有比健听人（能力匹配组、年龄匹配组）更大的副中央凹信息加工能力和阅读知觉广度。

（一）中学聋生句子阅读的眼动特征

对三组被试整行条件下的阅读眼动指标进行分析能反映三组被试在自然阅读时的眼动特征。分析结果表明，在阅读速度、平均注视时间和注视次数 3 个指标上的表现，中学聋生和其年龄匹配组无差异，均显著优于和中学聋生能力匹配的小学生，表明中学聋生的阅读效率高于其能力匹配组，接近年龄匹配组。

从三组被试窗口限制效应的结果来看，窗口条件在四个眼动指标上都有显著的主效应。随着窗口的增大，窗口对于读者的限制作用越来越小，表现出阅读速度和向右眼跳距离两个指标数据逐渐增大，平均注视时间和注视次数指标数据逐渐减少。窗口和被试类型的交互作用在四个眼动指标上均不显著，即对于不同类型的被试窗口的限制作用并没有表现出发展趋势上的不一致，因此说明三组被试在不同窗口条件下的阅读眼动模式不存在"质"的差异。而被试类型的主效应显著，尤其是在阅读速度上，表现出中学聋生和年龄匹配组差异不显著，而和其能力匹配组存在显著性差异，其阅读速度基本上接近年龄匹配组（高技能），而中学聋生阅读能力处于小学水平，但是其阅读速度和年龄匹配组没有差异，说明同能力匹配组（技能相当）相比，中学聋生的阅读更高效，但是这种高效率的阅读不是由阅读经验（年龄）造成的，因为同阅读经验相当的年龄匹配组（高技能）相比，中学聋生在自身阅读水平较低的情况下仍表现出和匹配组相当的阅读速度，因此说明，三组被试可能在阅读效率上存在差异，中学聋生表现出和其年龄匹配组相当的阅读效率，且他们的阅读效率均显著高于能力匹配组，说明三组被试可能存在眼动模式上"量"的差异。

因此，以上结果可能表明聋人和健听人阅读模式相似，即聋人和健听人的阅读发展过程和模式并不存在"质"的差异。虽然本次研究的被试第一语言为自然手语，书面语作为二语，但是其阅读技能的发展状况同那些将汉语作为一语的健听学生的阅读模式类似，只是聋人的发展进程倾向于大量延后，存在量（加工效率）的差异。

（二）中学聋生的阅读知觉广度

对于聋人这样的特殊群体而言，由于大脑的可塑性，其学语前听力被剥夺而对视觉注意产生了影响，在低水平的视知觉任务中表现出中央凹视觉以外注意增强的特点，在词汇判断（中学聋生）和阅读（大学生）中，表现出更大的副中央凹信息加工能力，及注视点左侧更大的阅读知觉广度（Pan et al.，2015；Yan et al.，2014；乔静芝等，2011）。那么，对于中学聋生而言，其注视点右侧的阅读知觉广度与健听人相比如何？

结果发现，中学聋生注视点右侧的阅读知觉广度为3～4个汉字，年龄匹配组中学生的阅读知觉广度也为注视点右侧3～4个汉字，而能力匹配组小学生的阅读知觉广度为注视点右侧2～3个汉字。基于阅读知觉广度对读者阅读能力（高低技能）和阅读速度的准确反映（Häikiö et al.，2009；Rayner，1986；Rayner et al.，2010），高、低阅读技能的读者会有不同的阅读知觉广度，中学聋生和能力匹配组的阅读水平在小学五年级，而健听中学生的阅读水平多在高二年级（初中 5 人，高中 15 人）。而以往有关健听读者中文阅读知觉广度的研究发现，小学五年级学生的阅读知觉广度处于向成人过渡的发展时期，约为注视点右侧2～3个汉字，随着年龄增长和阅读技能的提高，到了高二年级，读者的阅读知觉广度增大到注视点右侧3～4个汉字（熊建萍等，2009；闫国利等，2013c），本次实验结果和以往研究一致，都说明阅读知觉广度能反映读者的阅读技能和阅读速度，表明健听中学生在一次注视中能够获得更大范围的信息，阅读速度较快，效率较高，而小学生与之相比则速度慢些，阅读效率不及健听中学生。

中学聋生由于整体阅读能力较差，处于小学五年级水平，在保证相当的理解正确率的情况下，其阅读知觉广度为注视点右侧3～4个汉字，大于和其能力匹配的小学生，但是这并不是由中学聋生较多的阅读经验造成的，因为其在阅读能力低的情况下仍然有着和其年龄匹配的高技能健听中学生相当的阅读速度。因此，该实验结果表明，中学聋生的视觉注意资源空间分配特点影响其阅读效率，中学聋生表现出更大的副中央凹信息加工能力，进而表现出更大的阅读知觉广度。

需要说明的是，在本次研究中，中学聋生更多的副中央信息获得（窗口逐渐增大/向右眼跳距离增大）并没有对中央凹信息加工效率造成影响，并没有影响读者的整体阅读效率。这同 Bélanger 等（2012）对高技能聋人阅读知觉广度的研究，和 Pan 等（2015）、Yan 等（2014）关于聋人更大的副中央凹信息加工能力的研究，以及刘璐（2017）关于聋人词汇水平加工的研究结果一致。

阅读是一种高级视觉认知活动，是视觉、注意、词汇和句子加工水平以及认知和眼动交互作用的过程（Rayner，1998），涉及不同层面的认知加工，因此，对于聋人在阅读中表现出更大阅读知觉广度的解释也主要涉及以上内容。那么，随着窗口不断增大，中学聋生在阅读中也表现出副中央凹注意增强的现象，其在向右眼跳距离和平均注视时间上接近年龄匹配组（高技能健听人），这些眼动特征使得聋人在一次注视中获得有效信息的范围增大，说明聋人更大的阅读知觉广度受到了视觉注意资源空间再分配的影响。此外，聋人更大的阅读知觉广度也可能受到其对自上而下概念加工和形—意的词汇解码过程的依赖的影响，即其更高的"词汇加工效率"（Bélanger，2013；Bélanger et al.，2013；Perfetti et al.，2000）在时间上促进了其快速加工，甚至是视觉注意增强和高效词汇解码过程的交互影响造成的，这有待进一步研究。

总之，和以往研究结果一致，本次研究结果表明，受注意资源空间再分配的影响，聋人不仅在低水平视知觉任务中表现出了中央凹以外视觉注意增强的特点，这种注意增强的特点还影响聋人的高级认知活动阅读。由于聋人更强的副中央凹信息加工能力，其表现出更大的阅读知觉广度（Bélanger et al.，2015；Bélanger et al.，2012；Bélanger et al.，2018；乔静芝等，2011）。

（三）研究的不足和展望

本次研究参考了 Häikiö 等（2009）和 Rayner（1986）的研究，采用对称窗口考察阅读知觉广度，而对称窗口设置只能考察被试注视点右侧的阅读知觉广度，而中学聋生注视点左侧的阅读知觉广度是否比健听人更大和更具有对称性（健听人的知觉广度是右侧更大，如果聋人中央凹以外区域增强也表现在左侧，那么其注视点两侧的阅读知觉广度可能会比健听人对称）则无法得知。而国外关于聋人阅读知觉广度的研究均是固定左侧 4 个字母，因此无法准确知道聋人视觉注意再分配对于注视点左侧知觉广度的影响。但是乔静芝等（2011）发现，国内聋人大学生更大的阅读知觉广度表现在注视点左侧，虽然在被试匹配上存在不足，但也为未来研究提供了方向。因此，未来可采用不对称窗口对聋人阅读知觉广度大小（左右侧）及发展状况进行研究，甚至进行跨语言的比较。

1）由于聋人视觉注意资源空间再分配的转折时间点并不是很明确，并且转折时间产生的原因不明确（是否由于课堂上要求学生集中注意力而出现，或由于大脑的可塑性而表现出注意增强的滞后性？），而这种转折时间与对中文阅读知觉广度增大时间是否同步仍不得而知。因此，未来可以考察聋人阅读知觉广度增大的转折点和发展情况。

2）到目前为止，国内外学者关于聋人增强的副中央凹信息加工能力对中央凹信息加工的影响有两种截然相反的观点，并得到不同证据的支持（Bélanger et al.，2015；Bélanger et al.，2012；Bélanger et al.，2018；Dye et al.，2008；刘璐，2017），然而以上争论并不是对聋人阅读中的副中央凹—中央凹效应的探究，结果不够严谨。而基于 Dye（2016）利用有效视野范式未发现成年聋人边缘视野增强的结果和以往研究不一致。结合以往关于聋人阅读的研究结果，可能在阅读中，聋人这种增强的副中央凹加工对中央凹加工的影响受到中央凹加工负荷的调节，未来研究者可进一步从该角度进行探讨。

3）聋人有更大阅读知觉广度的原因包括三个方面：①聋人缺少听觉输入，这使其视觉注意资源的分布发生了变化，即聋人的副中央凹视觉注意增强，这使得聋人在副中央凹处获取了更大范围的文本信息。②聋人对正字法—语义映射的词汇解码过程的适应。③前两种因素的交互影响。未来可探讨聋人视觉注意空间上的更大范围和深度上更高效的词汇解码策略之间的相互作用对阅读的影响，为Bélanger 等（2015）提出的聋人有较高的"词汇加工效率"（word processing efficiency，WPE）假说提供证据支持。

4）关于聋人阅读知觉广度的研究只限于以手语为主要沟通方式的聋人，然而他们只是聋人构成中的一部分，并且实验材料也只限于健听人常用的文字（汉字、拼音文字），而且关于聋人阅读的研究手段较少能实现既实时记录眼动轨迹又记录大脑时空变化。因此，未来可丰富被试和材料选择，采用更加先进的技术（眼动和 ERP/fMRI 技术结合）（李诸洋，刘璐，2017；闫国利等，2017b）对聋人阅读进行全面和精确的考察，从而使得关于聋人阅读的理论更加丰富和完善。

第十章

聋人阅读中的语音加工

第一节　阅读中的语音加工研究

一、健听者阅读与语音加工

阅读是一项重要的、复杂的认知活动，是从印刷页面中提取视觉信息，并理解文本意思的一种能力（Clifton et al., 2007）。Perfetti 等（2000）认为阅读从根本上来说是建立在基础的语言加工之上，包括对语音的加工，因此，语音加工在健听者阅读上起着重要的作用。国内外研究大都支持语音编码在健听者早期的阅读学习上起着重要的作用，虽然随着年龄增长，个体的阅读能力相应地得到大幅度提升，但成人依然在阅读任务中表现出了语音加工。

（一）拼音文字阅读中的语音加工

在拼音文字系统中，字形与语音的对应关系比较紧密，单词的字母编码了该单词的读音（Jared et al., 2017），因此大量研究探讨了语音信息在阅读过程中的作用。

已有研究表明，掌握字母—声音的对应关系在最初的阅读学习中起着关键作用，语音加工在小学生句子阅读理解中促进了单词语义的激活。Blythe 等（2015）研究了 7～9 岁儿童句子阅读中语音加工在词汇识别阶段的作用，结果发现，相比于无关控制词，当句子中出现同音假词时，儿童能够利用同音假词的语音信息来进行词汇识别，表现出同音假词优势，这表明他们在句子阅读过程中自动激活了语音加工。Jared 等（2016）在研究中探讨了语音在小学五年级学生词汇通达中的作用，结果发现，相比于无关控制词，五年级学生更难发现同音词错误，他们在同音词上的阅读时间显著短于无关控制词，回视也更少，这表明语音在小学五年级学生的词汇通达过程中起着重要作用。

根据阅读的认知模型（Coltheart et al., 2001），读者在阅读过程中对单词的加工可能直接由字形通达了语义，或者是通过语音为中介来完成语义通达的。此外，在阅读过程中，读者的阅读能力会影响读者选择哪条通道来完成语义通达。随着阅读能力的提升，成人读者可能采取更加快速通达语义的通道，直接由字形通达语义。但是大量研究表明，成人读者在阅读过程中依然自动激活了语音加工。Jared 等（2017）在研究中探讨了成人读者在句子默读过程中的语音加工，在实验中，他们操纵了同音词的频率，结果发现，当句子中的错误词是同音词对中频率较低的单词时，相比于无关控制词，在一些早期指标如首次注视时间上，成人读者的注视时间更短；而当句子中的错误词是同音词对中频率较高的单词时，相比无关控制词，成人读者在晚期指标上才表现出更短的注视时间。研究结果表明，即使是高频词，成人读者在阅读过程中依然激活了语音加工。Rayner 等（1995）采用快速启动范式，探讨了健听大学生在句子阅读过程中语音加工的时间进程。在实验中，研究者要求被试阅读包含目标词的句子，当被试注视到目标词时，快速地呈现一个同音启动词。结果发现，在同音启动词呈现 36ms 的条件下，出现了显著的语音启动效应，表明语音编码在词汇早期识别过程中就自动激活了。

（二）汉语阅读中的语音加工

与拼音文字系统不同，汉语属于表意文字系统，具有较深的正字法。汉字词的结构形态与语音形式之间并不存在十分一致的对应关系。读音相同的汉字字形可以不同（如按—暗），字形相似的汉字读音也可以不同（如村—材）（Zhou et al.，2017）。与拼音文字研究相比，关于汉语语音在阅读中作用的研究还相对较少。汉语存在大量的同音汉字，从语音通达词汇的意义可能较困难。但同时，汉字也有表音的功能，在大量存在的形声字中，一半以上的声旁可以准确表音，因此，汉字的意义也可能是由语音通达的（任桂琴等，2012）。

Zhou 等（2017）的研究考察了小学三年级学生和大学生在句子阅读过程中的语音加工。在实验中，研究者操纵了目标词的替代类型，结果发现，在对目标前词进行分析时，小学三年级学生在同音字替代条件下的凝视时间短于无关字替代，大学生在字形相似替代条件下的注视时间显著短于无关字替代；在对目标后区域进行分析时，大学生相比小学生有更好的基于字形和语音的恢复能力，在利用字形和语音信息方面更强。这表明，在汉语句子阅读过程中，初学者更加依赖于语音中介通达语义，而熟练读者更多地采取从字形通达语义的通道。此外，任桂琴等（2012）的研究考察了句子语境中汉语词汇字形和语音的作用，结果发现，在高限制性句子语境中，同音替代字的凝视时间和总注视时间显著短于无关替代字；

在低限制性句子语境中，同音、形似替代字的首次注视时间均显著短于无关替代字。这个结果表明，句子语境影响了汉语词汇字形和语音的作用，汉语词汇的意义可以由字形直接通达，也可以语音为中介来完成通达。

二、聋人阅读与语音加工

由于听觉经验的缺失，聋人只能通过一些非听觉的通道（唇读、口语反馈、手语等）来发展语音表征，这导致他们的语音表征能力相对滞后（Bélanger et al.，2012；Sterne et al.，2000）。因此，有研究者推断，聋人的阅读困难可能是由于他们无法有效地通达语言的发音，导致其语音表征能力较低造成的（Mayberry et al.，2011；Perfetti et al.，2000）。为了证实这一推论，国内外研究者探讨了聋人在阅读过程中的语音加工，然而研究结果存在较大争议。

（一）聋人在拼音文字阅读中的语音加工

1. 词汇水平任务的相关研究

语音意识，是指个体对词与词之间是否存在相似发音的觉知，表现为对字词的语音构成有明确的认知，能够分辨押韵或韵脚的异同，分离出字词的音位等（Stahl et al.，1994）。语音意识在书面语言加工过程中起着极为重要的作用，从小缺乏语音输入的聋人能否发展正常的语音意识，将影响他们书面语言识别过程中相关策略的应用（李德高等，2006）。Sterne 等（2000）在音节判断任务中发现聋童能够做出语音长度判断，并且他们的音节意识与年龄匹配健听儿童之间没有差异；而在音韵、音位判断任务中发现聋童的正确率显著低于阅读能力匹配组。Sterne 等认为聋童能够发展语音意识，但是他们的语音技能的发展要落后于健听儿童。然而，McQuarrie 等（2009）认为聋童进行语音意识判断时倾向于使用正字法。他们发现随着任务难度的增加，聋童的语音意识表现显著下降；而在音韵任务中出现了强烈的正字法干扰作用；在音位任务中，聋童倾向于通过字母构成来完成匹配任务。

近年来，研究者采用同音假词作为实验材料来探讨聋人在词汇识别中是否使用了语音编码。同音假词（pseudohomophone）不是一个单词，但有跟它读音相同的真词（brane-brain）。研究发现，健听者在任务中更容易将有同音词的假词误判为真词，且反应时更长，即同音假词效应（pseudohomophone effects）（Zhou et al.，2009b）。如果聋人出现了同音假词效应，则说明他们能激活语音编码。Friesen 等（2012）考察了聋人在词汇识别过程中的同音假词效应，实验结果表明，尽管聋人只在同音假词条件下出现同音假词效应，而健听读者则在真、假同音词条件下均出现该效应，但仍能够表明聋人也利用了语音表征进行词汇判断，其词汇加工的基本模式与健听者相似，只是其语音表征的作用比较薄弱。然而，Fariña 等（2017）的研究发现，聋人并没有像健听者一样表现出同音假词效应，他们在判断同音假词与拼写控制假词时的反应时无显著差异。因此，Fariña 等认为聋生并没有在词汇识别任务中激活语音编码。

Bélanger 等（2012）在研究中采用掩蔽启动范式和系列回忆任务，来考察聋人在阅读中是否使用了语音编码。结果发现，在两种任务中，只有健听读者利用了语音信息进行词汇判断，而高技能的聋人及低技能的聋人都不依赖语音编码，而是利用正字法信息促进词汇识别和记忆。Perea 等（2016）通过考察聋人在掩蔽启动范式中非词识别的"物理一致性优势"（指启动词与目标词在物理特征上的一致比不一致的识别速度更快，如"GEDA-GEDA"的反应时要快于"real- REAL"）来探究聋人在早期抽象编码中的语音—语义反馈。结果发现，聋人的语音编码在视觉词汇加工的早期阶段是缺乏的，其语音启动效应不显著，并未表现出语音促进作用，与健听读者在词汇识别加工上存在"质"的差异。

2. 句子水平任务的相关研究

相对于词汇水平的研究，句子水平的研究可以在较为自然的情境下考察语音编码。随着研究技术和手段的更新，越来越多的研究采用眼动追踪技术来考察被试阅读句子时的认知加工（Clifton et al.，2007）。

Hanson 等（1991）采用绕口令作为实验材料，来考察聋人在阅读过程中是否激活了语音编码。绕口令是将大量同音词集中在一起而构成的语句，大量同音词的语音信息出现重叠，使得句子难度增加，因此，读者阅读绕口令的时间更长与在阅读中自动激活的语音编码有密切联系。Hanson 等（1991）研究发现，在阅读绕口令句子时，聋人和健听者对句子合理性判断的正确率要显著低于阅读正常句子。他们所报告的绕口令效应支持聋人在阅读中使用了语音编码。

Blythe 等（2018）在实验一中要求聋人阅读包含正确目标词的句子、同音假词替代的句子和控制假词替代的句子，读者通常依赖于字词的某些特征（如语音或正字法）来进行阅读，保留该特征的替代（同音词或正字法相似词）对阅读的干扰要比其他替代材料（无关词）小。结果发现，相比于控制假词，聋人在同音假词替代条件下句子阅读的时间更短，表现出同音假词优势，结果支持聋人在句子阅读中使用了语音编码。

Bélanger 等（2013）利用边界范式探讨聋人副中央凹处的语音预视效应。语音预视效应，是指当读者注视某个词（即位于中央凹的词 n）时，可以获得该词右侧词（即位于副中央凹词 n+1 或词 n+2）的语音信息（白学军等，2011a）。Bélanger 等（2013）研究发现，只有健听读者获得了语音预视效应，而高技能聋人及低技能聋人均未获得语音预视效应。然而，Blythe 等（2018）在实验二中操纵了副中央凹处目标词的语音特性，结果发现聋人与年龄匹配健听者及阅读能力匹配健听者均获得了语音预视效应。

（二）聋人在汉语阅读中的语音加工

目前，国内对于聋人在汉语阅读中语音加工的研究相对较少，已有研究结果也存在一定的争议。有些研究者认为聋人在汉语阅读中使用了语音编码，而其他研究却没有得到相似的结论。

胡朝兵等（2009）在研究中探讨了聋人的汉语语音意识特点，结果发现，聋人与年龄对照组的健听学生相比，音节意识、韵脚意识、音位意识、声调意识显著较弱，但也具有一定的语音意识。王志强等（2016）在研究中发现，音节意识高分组大学聋生与健听大学生表现一致，而音节意识低分组的大学聋生则更易受字形信息的干扰，此外大学聋生的声调意识整体相对偏低。

昝飞等（2005）采用同音字判断任务和启动实验探讨聋人在汉字识别过程中的语音编码的作用，结果发现聋人在汉字识别中存在语音混淆和字形混淆的现象，只要启动字与目标字之间的声旁相似，不管语音是否相同，都会促进聋人对目标字的识别，而音同形异启动字的拼写正确率显著低于无关启动字，这表明启动字与目标字的语音相同干扰了聋人对目标字的识别。该研究结果说明语音编码和字形编码在聋生汉字识别过程中都起到了重要的作用。王志强等（2016a）通过同音判断任务探讨聋人的语音编码情况，结果发现，聋人在做同音判断任务时易受到字形信息的影响，在形似时倾向于作音同反应，在形异时倾向于作音异反应。因此，他们认为聋人在语音编码中倾向于将汉字形音关系一致性绝对化，聋人的语音编码能力有限。

王志强等（2016b）采用图片呈现的形式，要求聋人对启动项与目标项进行语义一致性判断，结果发现健听者出现了字形和语音干扰效应，即当启动项与目标项存在字形或语音相似时，健听者的反应时相比无关启动项更长；而聋人出现了字形干扰效应，没有出现语音干扰效应。

此外，Yan 等（2015）在研究中探讨了国内聋人句子阅读过程中的副中央凹语音预视效应，结果发现，聋人在汉语阅读过程中出现了语音预视效应，并且高阅读水平的聋人在预视时间较长的条件下表现出显著的语音预视效应。

第二节　中学聋生句子阅读中语音编码的眼动研究

一、语音编码在聋生阅读过程中的作用

以往研究发现，大多数聋生的平均阅读水平较低，与同龄的健听学生相比，聋生的阅读能力发展相对滞后（Traxler，2000；Wauters et al.，2006；Kyle et al.，2015）。Traxler（2000）研究发现大约有 10%的聋生阅读水平达到或者超过了八年级的阅读水平。Wauters 等（2006）研究了聋人的阅读理解能力，结果表明 6~20岁的聋生的平均阅读水平仅相当于小学一年级健听儿童的水平，约 25%的聋生能够达到三年级水平，仅有 4.3%的聋生能够达到同龄健听者的阅读水平。Kyle 等（2015）比较了聋童和生理年龄匹配、阅读年龄匹配以及阅读落后的健听儿童的阅读理解成绩，结果发现，聋童阅读理解技能显著差于生理年龄和阅读年龄匹配的健听儿童，而与阅读能力落后的健听儿童相近。因此，探究哪些因素使得聋生的阅读水平较低，对于聋生阅读教学来说具有重大意义，并将有助于完善阅读发展和阅读障碍的理论模型（Mayberry et al.，2011）。

聋人与健听者最主要的差异是其听觉经验的缺失，因此，聋人主要依靠非听觉通道（例如唇读、手语等）来发展语音表征（Sterne et al.，2000）。一种观点认为，聋人读者的阅读困难是由无法发展出有效的语音表征导致的（Bélanger et al.，2012）。本次研究的目的在于考察聋人读者在阅读过程中是否与健听读者一样使用了语音编码。

Perfetti 等（2000）认为，阅读从根本上来说建立在基础的语言加工上，包括

语音的加工，因此，语音加工在较高阅读能力获得上起着关键作用。大量研究结果表明，语音编码在健听者阅读过程中起着重要作用，甚至在表意文字系统中也是如此，比如中文中（Grainger et al.，1994；Lukatela et al.，1998；Lee et al.，1999；Tan et al.，1998）。在一项 4 年的追踪研究中，研究者发现中国儿童的语音能力显著地预测了他们在未来 2～3 年中的阅读表现（Ho et al.，1997）。

然而，关于聋人在阅读过程中是否使用了语音编码，目前的研究结果还存在很大分歧（Mayberry et al.，2011）。一种观点认为，聋人读者在阅读中与健听读者一样使用了语音编码（Musselman，2000；Transler et al.，2005），他们的阅读困难可能是由阅读发展延迟造成的。Friesen 等（2012）对英语聋生进行研究，将假词材料分为两组，一组为无同音词的假词，另一组为有同音词的假词。结果发现，健听者不管在有或无同音假词条件下，对同音词的判断反应时均显著长于控制词；聋生只有在有同音假词条件下同音词效应显著。Friesen 等（2012）认为聋生能激活语音表征，但是没有健听者那么明显。Hanson 等（1991）发现，聋生和健听者在阅读绕口令句子时，判断句子合理性的正确率均显著低于阅读正常句子，出现了绕口令效应，结果支持聋生在阅读中使用了语音编码。Yan 等（2015）关于中国聋生语音预视效应的研究发现，高水平阅读技能聋生表现出语音预视效应，而低水平阅读技能聋生未出现这一效应。

另一种观点认为，聋人读者在阅读过程中没有使用语音编码，他们阅读时的加工过程可能与健听读者在性质上不同（例如主要依靠手语表征，见 Bélanger et al.，2012；Sterne et al.，2000）。Fariña 等（2017）对西班牙聋人读者进行研究，要求被试判断呈现的字符串是否为真词，实验材料包含真词、同音假词和控制假词，结果发现聋人读者没有像健听者一样表现出同音假词效应。在句子阅读研究中，Bélanger 等（2013）探讨了高水平阅读技能健听者和聋生、低水平阅读技能聋生的正字法和语音预视效应获得，其中，聋生听力损失大于 70dB，结果发现 3 组被试均出现了正字法预视效应，但只有健听者出现了语音预视效应。

二、语音编码在聋生阅读过程中的争议及其解决方法

关于聋生语音编码的研究结论分歧较大，造成这一现状的因素可能有很多，这可能是由实验任务不同、语言系统不同、聋生筛选标准不一致，以及实验材料、控制组的选取不相同导致的。本次研究试图通过以下三点来澄清关于聋人阅读语

音处理的争议。

首先，本次研究将采用错误中断范式（error disruption paradigm）来考察句子阅读过程中的语音编码问题。在该范式中，被试阅读包含正确目标词的句子（例如，The conference delegates flew *here* from all over North America.）、同音词替换的句子（例如，The conference delegates flew *hear* from all over North America.）和无关词替换的句子（例如，The conference delegates flew*heat* from all over North America.）（Jared et al.，2017）。该范式的逻辑是：在阅读过程中，读者通常依赖于字词的某些特征（如语音或正字法）来进行阅读，那么保留该特征的替换（同音词或正字法相似词）对阅读的干扰要比其他替换（无关词）更小（Daneman et al.，1993）。该范式提供了一种自然阅读过程中的正字法或语音编码内隐测量，广泛地用于考察读者阅读中语音编码的使用情况。使用该范式的研究发现，健听读者在句子阅读过程中使用了语音编码（Rayner et al.，1998；Jared et al.，2016；Blythe et al.，2015），甚至是聋人读者也表现出了语音编码（Blythe et al.，2018）。

其次，本次研究选取两组健听学生作为对照组。一组为与聋生年龄匹配的健听学生，另一组为与聋生阅读能力匹配的健听学生。这两组对照组将排除年龄和阅读能力造成的影响。以往采用两组健听学生作为对照组的研究并不多。

最后，本次研究将采用汉字作为实验材料。拼音文字当中存在较密切的形—音对应关系，即字形相似的单词，它们的读音也是相似的（如"maid-made"），因此，研究语音编码在阅读中的作用时，难以将语音和字形区分开。而汉字的结构形态与语音形式之间并不存在十分一致的形-音对应规则，字形相似的汉字，它们的读音可以不相似（如"怕-伯"）。汉字能够更好地将正字法与语音分离开，因此，采用汉字来研究语音编码在聋生阅读中的作用将更加有效。Feng 等（2001）采用错误中断范式，考察了中国大学生句子阅读时的语音加工，结果发现，同音字在晚期加工阶段表现出了优势，这表明语音信息在词汇识别的晚期阶段起着重要作用。然而目前还没有研究采用错误中断范式来考察中国聋生句子阅读时的语音编码问题。

综上所述，本次研究将采用眼动追踪技术来考察中国聋生在阅读句子时是否使用了语音编码。我们假设：①与先前中文的研究一致（Feng et al.，2001；Zhou et al.，2017），两组健听学生均表现出同音字优势，对同音字句子的阅读时间要短于无关控制字句子，这表明他们在句子阅读过程中进行了语音加工；②如果中国聋生在句子阅读过程中进行了语音加工，那么我们将观察到他们也表现出同音字优势，对同音字句子的阅读时间要短于无关控制字句子。

三、实验方法

（一）实验被试

本次实验共有 3 组被试，分别是聋中学生、年龄匹配的健听学生、阅读能力匹配的小学生，每组 27 名。聋生的筛选的标准如下：①聋生的优势耳听力损失大于 90dB；②他们听力损失是先天造成的或在 3 岁（学语前）前失聪；③他们都未佩戴人工耳蜗；④他们的第一语言是手语。

选取的聋生均来自天津市某聋校初中和高中，并对他们进行非言语智力、阅读流畅性和阅读理解能力测验。非言语智力采用瑞文推理能力测验（Raven et al., 1996），选取的聋生智力中等及以上；阅读流畅性采用三分钟快速阅读测验（Pan et al., 2011；Lei et al., 2011），共 100 个项目，被测者需要在 3 分钟时间内进行快速默读，并对每个项目进行对或错判断，项目句长呈递增趋势。通过计算被测者回答正确句子的总字数，求出被测者的阅读速度（字/分钟）；阅读理解能力测验要求被测者阅读一篇短文，并根据短文内容回答相关问题（选择题及主观问答题）。

阅读能力匹配的健听小学生来自天津某小学四年级，分别在非言语智力、阅读流畅性和阅读理解能力上与聋中学生进行匹配。根据测验成绩，筛选出的 27 名小学生在非言语智力、阅读流畅性和阅读理解能力上与聋生均无显著差异（$ps > 0.05$），结果见表 10-1 所示。

表 10-1　聋生组与阅读能力匹配组在测验上的得分比较

类别	阅读能力匹配组	聋生组	t
智力（百分等级）	58.52（4.31）	54.28（4.03）	0.74
阅读流畅性（字/分钟）	290.72（37.10）	334.69（34.49）	−1.59
阅读理解（分）	8.83（0.44）	8.85（0.69）	−0.03

另外，根据聋中学生的生理年龄（$M=17.3$ 岁），筛选了 27 名天津市某中学的学生及某大学的大一学生，平均年龄为 17.1 岁，两组被试在生理年龄上无显著差异（$t=0.41$，$p=0.68$）。所有被试视力或矫正视力正常。

（二）实验材料

材料的编制：选取 45 个汉字作为目标字嵌入句子中，句子从北京大学中国语言学研究中心现代汉语语料库中选取和改编，目标字均位于所在目标词的词首。邀请两名小学四年级语文教师进行评定，教师认为材料适合小学四年级学生的阅读水平。另外邀请两名聋校初中语文教师进行评定，教师认为材料适合初中聋生的阅读水平。每个目标汉字分别包含同音字、无关字两种类型的替代字，同音字与目标字只有读音一致，字形和语义不一致；无关字与目标字在读音、字形和语义方面均不一致（例如，目标字：阳；同音字：洋；无关字：绝）。对目标字、同音字和无关字的字频、笔画数进行了相应的匹配，结果见表 10-2 所示，3 组材料在字频（$F=0.49$，$p=0.61$）、笔画数（$F=1.06$，$p=0.35$）上差异均不显著。

表 10-2　目标字与两组替代字的字频和笔画数

类别	目标字	同音字	无关字
字频（次/每百万字）	269.04（21.89）	245.42（25.30）	245.46（25.21）
笔画数（笔）	8.24（0.31）	8.75（0.42）	8.64（0.39）

在本次研究中，对实验句子进行了句子难度、句子通顺性和目标字预测性的评定。请未参与正式实验的 20 名小学四年级学生来评定实验句子的句子难度和句子通顺性。句子难度的评定方法是要求小学四年级学生在五点量表上进行评定，评定的标准是"1"表示非常容易，"5"表示非常难。句子通顺性的评定方法是要求小学四年级学生在五点量表上进行评定，评定的标准是"1"表示非常不通顺，"5"表示非常通顺。另请未参与正式实验的 20 名小学四年级学生来评定实验句子中目标字的预测性。评定的方法是给学生呈现目标字前的部分，要求他们将句子补充完整。如果正确预测出目标字则记为"1"，未正确预测出目标字则记为"0"。最终所有句子的难度评分为 1.24±0.24，通顺性评分为 3.87±0.41，预测性评分为 0.05±0.09。这些指标说明，此次选取的实验句子材料符合实验要求。

材料呈现：实验句为 45 句，正确句、同音字替代句和无关控制字替代句各 15 句（实验材料举例见表 10-3 所示），三组句子共用一个句子框架，采用拉丁方实验设计将实验材料分为 3 组，每组均有 9 个练习句子，三分之一的句子后面设置阅读理解题，要求被试做出是/否判断。实验过程中不告知被试句子中存在错误字，要求他们认真阅读句子，理解句子表达的意思。

表 10-3　三种类型实验材料举例

目标字	句子
正确字	明亮温暖的阳（Yang）光轻轻地洒落在草原上。
同音字	明亮温暖的洋（Yang）光轻轻地洒落在草原上。
无关字	明亮温暖的绝（Jue）光轻轻地洒落在草原上。

（三）实验设计

本次实验采用 3（被试类型：聋生组、阅读能力匹配组、年龄匹配组）×3（目标字类型：正确字、同音字、无关字）两因素混合设计。其中，被试类型为被试间变量，目标字类型为被试内变量。

（四）实验仪器

实验采用 Eyelink 2000 型车载眼动记录仪（采样率为 1000Hz），被试机刷新率为 150Hz，分辨率为 1024×768 像素。被试眼睛距屏幕约 65cm，刺激以宋体呈现，每个汉字为 28×28 像素，视角为 0.9°。

（五）实验程序

被试进入实验室熟悉环境后，主试通过 PPT 向其呈现并讲解指导语。其中，聋生被试由主试通过手语进行指导语解释（主试事先与聋校教师学习手语），其余两组由主试口头讲解指导语。被试表示理解实验程序后，才开始进行实验。对被试进行三点校准，校准成功后被试进入实验。通过练习句子让被试熟悉实验过程，然后开始正式实验。实验中句子随机呈现，必要时重新校准，整个实验约 15～20 分钟。

四、语音编码对聋生阅读影响的结果分析

4 名聋生组被试和 1 名阅读能力匹配组的被试阅读理解正确率低于 70%，说明这 5 名被试未能正确理解实验句子的含义，因此作为无效数据进行删除。进入数据分析的所有被试的阅读理解正确率都高于 70%。最终，阅读能力匹配组的阅读理解平均正确率为 90%，聋生组的阅读理解平均正确率为 92%，年龄匹配组的阅读理解平均正确率为 96%。该数据表明，所有进入后续分析的被试均能较好地阅读句子，理解句子的含义。

数据分析时，根据以下标准对数据进行删除：①眼动追踪失败；②注视时间小于 80ms 或大于 1200ms 的注视点；③平均数正负 3 个标准差之外的数据。总共

剔除的无效数据约占有效数据的 5.24%。采用 SPSS 22.0 统计软件进行数据处理。

参照以往相关研究（Zhou et al., 2017），本次研究将目标字所在的目标词划为兴趣区进行数据分析，并收集了在兴趣区范围内的首次注视时间、凝视时间、回视路径时间和总注视时间等眼动指标。

（一）三组被试眼动指标分析

以被试类型、目标字类型为自变量，各局部眼动指标为因变量，进行重复测量方差分析，描述统计结果见表 10-4 所示。

表 10-4　三组被试在不同条件下的眼动指标（单位：ms）

眼动指标	阅读能力匹配组			聋生组			年龄匹配组		
	正确字	同音字	无关字	正确字	同音字	无关字	正确字	同音字	无关字
首次注视时间	270（64）	291（58）	300（72）	252（51）	255（55）	260（53）	232（39）	262（53）	256（58）
凝视时间	359（113）	503（174）	539（204）	300（108）	339（103）	344（111）	273（71）	370（123）	377（155）
总注视时间	640（214）	1099（301）	1458（504）	515（155）	712（405）	738（363）	433（139）	678（207）	856（292）
回视路径时间	599（179）	888（372）	1025（349）	410（143）	476（205）	498（228）	374（116）	589（226）	650（261）

在首次注视时间上，目标字类型主效应显著 $[F_{1(2,146)}=9.06$, $p<0.001$, $\eta_p^2=0.11$; $F_{2(2,264)}=4.45$, $p<0.05$, $\eta_p^2=0.03]$，具体表现为正确字条件下对目标词的首次注视时间显著短于同音字和无关字（$ps<0.01$）；被试类型主效应显著 $[F_{1(2,73)}=4.13$, $p<0.05$, $\eta_p^2=0.10$; $F_{2(2,132)}=21.35$, $p<0.001$, $\eta_p^2=0.24]$，年龄匹配组的首次注视时间显著短于阅读能力匹配组（$p<0.05$）；交互作用不显著 $[F_{1(4,146)}=1.46$, $p=0.22$, $\eta_p^2=0.04$; $F_{2(4,264)}=1.29$, $p=0.27$, $\eta_p^2=0.02]$。

在凝视时间上，目标字类型主效应显著 $[F_{1(2,146)}=43.30$, $p<0.001$, $\eta_p^2=0.37$; $F_{2(2,264)}=50.08$, $p<0.001$, $\eta_p^2=0.28]$；被试类型主效应显著 $[F_{1(2,73)}=10.57$, $p<0.001$, $\eta_p^2=0.23$; $F_{2(2,132)}=68.41$, $p<0.001$, $\eta_p^2=0.51]$；交互作用显著 $[F_{1(4,146)}=5.20$, $p<0.01$, $\eta_p^2=0.13$; $F_{2(4,264)}=5.24$, $p<0.001$, $\eta_p^2=0.07]$。进一步分析发现，阅读能力匹配组和年龄匹配组在正确字条件下对目标词的凝视时间显著短于同音字替代和无关字替代（$ps<0.001$），但同音字替代下对目标词的凝视时间与无关字替代之间差异不显著（$ps>0.05$）；而对于聋生组，三组条件下其对目标词的凝视时间均无

显著差异（$ps>0.05$）。

在总注视时间上，目标字类型主效应显著[$F_{1(2, 146)}$=124.09，$p<0.001$，η_p^2=0.63；$F_{2(2, 264)}$=190.00，$p<0.001$，η_p^2=0.59]；被试类型主效应显著[$F_{1(2, 73)}$=20.68，$p<0.001$，η_p^2=0.36；$F_{2(2, 132)}$=133.16，$p<0.001$，η_p^2=0.67]；交互作用显著[$F_{1(4, 146)}$=15.65，$p<0.001$，η_p^2=0.30；$F_{2(4, 264)}$=21.65，$p<0.001$，η_p^2=0.25]。进一步分析发现，阅读能力匹配组和年龄匹配组在三种条件下的总注视时间差异均显著（$ps<0.01$）：在正确字条件下对目标词的总注视时间显著短于同音字替代和无关字替代（$ps<0.001$）；同音字替代条件下对目标词的总注视时间也显著短于无关字替代（$ps<0.01$）。而对于聋生组，其在正确字条件下对目标词的总注视时间显著短于同音字替代和无关字替代（$ps<0.01$），但同音字替代下对目标词的总注视时间与无关字替代之间差异不显著（$ps>0.05$）。

在回视路径时间上，目标字类型主效应显著[$F_{1(2, 146)}$=54.80，$p<0.001$，η_p^2=0.43；$F_{2(2, 264)}$=73.70，$p<0.001$，η_p^2=0.36]；被试类型主效应显著[$F_{1(2, 73)}$=22.91，$p<0.001$，η_p^2=0.39；$F_{2(2, 132)}$=160.03，$p<0.001$，η_p^2=0.71]；交互作用显著[$F_{1(4, 146)}$=7.14，$p<0.001$，η_p^2=0.16；$F_{2(4, 264)}$=9.22，$p<0.001$，η_p^2=0.12]。进一步分析发现，阅读能力匹配组在三种条件下差异均显著（$ps<0.01$）：在正确字条件下对目标词的回视路径时间显著短于同音字替代和无关字替代（$ps<0.01$）；同音字替代下对目标词的回视路径时间也显著短于无关字替代（$p<0.01$）。对于年龄匹配组，在一致条件下其对目标词的回视路径时间显著短于同音字替代和无关字替代（$ps<0.01$），但同音字替代下对目标词的回视路径时间与无关字替代之间差异不显著（$p=0.35$）。而对于聋生组，其三种条件下的回视路径时间差异均不显著（$ps>0.05$）。

（二）高、低阅读能力聋生差异比较

为进一步比较聋生组之间的差异，参考以往研究（Yan et al., 2015），根据聋生的阅读流畅性得分，以分数的中位数将其分成两组，得分高于 344 分的聋生为阅读能力高分组（11 人），得分在 344 分及以下的为阅读能力低分组（12 人）。鉴于本次实验采用的是错误中断范式，我们重点比较了高、低阅读能力聋生在同音字替代和无关字替代两种条件下的差异。以阅读能力、目标字类型为自变量，各局部眼动指标为因变量，进行重复测量方差分析，高、低阅读能力聋生在各眼动指标上的平均值和标准差见表 10-5 所示。

表 10-5　高、低阅读能力聋生在不同条件下的眼动指标（单位：ms）

眼动指标	高阅读能力聋生		低阅读能力聋生	
	同音字	无关字	同音字	无关字
首次注视时间	243（39）	257（50）	274（62）	267（58）
凝视时间	300（89）	366（119）	372（107）	350（111）
总注视时间	797（501）	894（465）	607（170）	590（134）
回视路径时间	506（255）	575（285）	470（167）	420（134）

在首次注视时间上，目标字类型主效应不显著 $[F_{1(1,21)}=0.23, p=0.64, \eta_p^2=0.01; F_{2(1,88)}=0.37, p=0.54, \eta_p^2=0.0001]$；阅读能力主效应不显著 $[F_{1(1,21)}=0.96, p=0.34, \eta_p^2=0.04; F_{2(1,88)}=2.95, p=0.09, \eta_p^2=0.03]$；两者的交互作用不显著 $[F_{1(1,21)}=1.73, p=0.20, \eta_p^2=0.08; F_{2(1,88)}=2.75, p=0.10, \eta_p^2=0.03]$。

在凝视时间上，目标字类型主效应不显著 $[F_{1(1,21)}=2.05, p=0.17, \eta_p^2=0.09; F_{2(1,88)}=2.54, p=0.11, \eta_p^2=0.03]$；阅读能力主效应不显著 $[F_{1(1,21)}=0.45, p=0.51, \eta_p^2=0.02; F_{2(1,88)}=1.63, p=0.21, \eta_p^2=0.02]$；两者的交互作用显著 $[F_{1(1,21)}=7.94, p<0.05, \eta_p^2=0.27; F_{2(1,88)}=5.12, p<0.05, \eta_p^2=0.06]$。进一步分析发现，高阅读能力聋生在同音字替代下对目标词的凝视时间显著短于无关字替代（$p<0.01$），而低阅读能力聋生两种条件下对目标词的凝视时间差异不显著（$p>0.05$）。

在总注视时间上，目标字类型主效应不显著 $[F_{1(1,21)}=2.41, p=0.114, \eta_p^2=0.10; F_{2(1,88)}=0.31, p=0.58, \eta_p^2=0.00]$；阅读能力主效应不显著 $[F_{1(1,21)}=2.92, p=0.10, \eta_p^2=0.12; F_{2(1,88)}=72.71, p<0.001, \eta_p^2=0.45]$；两者的交互作用显著 $[F_{1(1,21)}=4.95, p<0.05, \eta_p^2=0.19; F_{2(1,88)}=1.62, p=0.21, \eta_p^2=0.02]$。进一步分析发现，高阅读能力聋生在同音字替代下对目标词的总注视时间显著短于无关字替代（$p<0.05$），而低阅读能力聋生两种条件下对目标词的总注视时间差异不显著（$p>0.05$）。

在回视路径时间上，目标字类型主效应不显著 $[F_{1(1,21)}=0.18, p=0.68, \eta_p^2=0.01; F_{2(1,88)}=0.73, p=0.40, \eta_p^2=0.01]$；阅读能力主效应不显著 $[F_{1(1,21)}=1.19, p=0.29, \eta_p^2=0.05; F_{2(1,88)}=11.50, p<0.01, \eta_p^2=0.12]$；交互作用显著 $[F_{1(1,21)}=6.37, p<0.05, \eta_p^2=0.23; F_{2(1,88)}=4.77, p<0.05, \eta_p^2=0.05]$。高阅读能力聋生在同音字替代条件下对目标词的回视路径时间短于无关字替代，两者差异边缘显著（$p=0.05$）；而低阅读能力聋生两种条件下对目标词的回视路径时间差异不显著（$p>0.05$）。

五、聋生在句子阅读过程中语音编码的使用情况分析

本次研究采用眼动追踪技术，探讨了聋生在句子阅读过程中语音编码的使用情况。研究发现，阅读能力匹配和年龄匹配的两组健听学生在同音字替代条件下的句子阅读时间显著短于无关字替代条件。高阅读能力的聋生也显示出相同的趋势，在同音字替代下对目标词的阅读时间也显著短于无关字替代，但低阅读能力的聋生没有表现出相似的眼动模式。结果表明，高阅读能力聋生在汉语句子阅读时使用了语音编码，而低阅读能力聋生没有使用。

本次研究发现，在晚期指标（总注视时间）上，健听学生在同音替代字与无关替代字条件下存在显著差异，同音字替代条件下的总注视时间显著短于无关字替代条件，这表明健听学生在阅读中文句子时，语音信息在词汇识别的晚期阶段起着重要作用。此外，本次研究还发现，阅读能力匹配的健听小学生组在回视路径时间上也表现出了同音字优势，而年龄匹配的健听中学生组没有表现出同音字优势。这表明，对于年龄更小、阅读能力较低的健听小学生来说，语音信息在句子整合阶段起着重要作用；而对于年龄较大、阅读能力较高的健听中学生来说，语音信息在句子整合阶段起的作用没有小学生那么大。总之，本次研究是对之前研究的一个扩展。以往研究发现同音替代字在健听大学生词汇识别的晚期阶段表现出了同音字优势（Feng et al.，2001；Zhou et al.，2017）。本次研究发现健听小学生和健听中学生在词汇识别的晚期阶段均出现了语音编码。

本次研究的数据表明，总体来看，聋生在句子阅读中并未像两组健听学生一样表现出显著的同音字优势，年龄匹配组和阅读能力匹配组在总注视时间上都表现出同音字优势，而聋生组虽然在同音字条件下总注视时间要短于无关字，但两者的差异不显著。这似乎支持了聋生在阅读过程中没有使用语音编码的结论，但需要指出的是，聋生的个体差异较大，本次研究并未对选取的聋生的阅读水平进行控制，Mayberry 等（2011）也指出，在关于聋人的研究中，很少有研究能够控制他们的阅读水平。因此，本次研究根据阅读测验分将聋生分成了高、低阅读能力组，结果发现，只有高阅读能力的聋生表现出了显著的同音字优势，而低阅读能力聋生在同音字条件下的阅读时间与无关字条件没有显著差异。这表明高阅读能力聋生在句子阅读过程中使用了语音编码，而低阅读能力聋生并未表现出使用了语音编码。以往研究也发现语音信息的使用与聋生的阅读水平相关（Wang et al.，

2008），研究者发现只有阅读能力较高的聋生在阅读过程中使用了语音编码（Hanson et al.，1987；Perfetti et al.，2000）。

相比于无关替代字条件，同音替代字条件下的阅读时间更短。出现该结果的重要原因是同音替代字与正确字之间读音相同。因为高阅读能力的聋生与两组健听学生都表现出了同音字优势，我们能够认为，在本次实验中，高阅读能力聋生在阅读中文句子时使用了语音编码；而低阅读能力聋生没有表现出同音字优势，这表明他们在阅读中文句子时没有利用到语音编码。一个关键的问题是为什么低阅读能力聋生没有使用语音编码？有研究发现聋生在阅读书面语时会激活手语表征（Morford et al.，2011；Ormel et al.，2012；Pan et al.，2015；Treiman et al.，1983）。因此，如果聋人读者激活了手语表征，那么我们就观察不到同音字优势，因为对于两种替代字而言，他们与正确目标字的手语都是不相同的。因此，有可能是聋人读者激活了手语表征，导致他们的阅读能力较低。故对于低阅读能力聋生来说，他们在阅读中主要依靠手语编码，而高阅读能力聋生更加依赖语音编码。因此，在未来的研究中研究者应该探讨为什么有的聋生在阅读时使用了语音编码，而有的聋生没有使用。

根据聋生阅读的观点（Musselman，2000），高阅读能力聋生在阅读句子时与两组健听学生一样表现出了同音字优势，他们的阅读加工过程与健听者相似，我们认为高阅读能力聋生所表现出的阅读困难可能是由阅读发展延迟造成的；而低阅读能力聋生在句子阅读时没有像两组健听学生一样表现出同音字优势，他们的阅读加工过程与健听者不一致，我们认为低阅读能力聋生所表现出的阅读困难可能是由不典型的阅读发展造成的。

本次研究采用眼动追踪技术探讨了聋生在句子阅读过程中语音编码的使用情况，基于本次研究的实验结果，我们发现，高阅读能力聋生与阅读能力匹配、年龄匹配的健听学生在句子阅读过程中均使用了语音编码来进行句子理解，而低阅读能力聋生在阅读过程中并未使用语音编码。高阅读能力聋生所表现出的阅读困难可能是由阅读发展延迟造成的，低阅读能力聋生所表现出的阅读困难可能是由不典型的阅读发展造成的。

第十一章

自闭症儿童的眼动研究

第一节　空白重叠范式对自闭症儿童的早期预测

一、自闭症的注意研究简介

自闭症谱系障碍（autism spectrum disorder，ASD）是由多种原因引起的贯穿一生的神经发育障碍，又称自闭症，主要表现为社交沟通障碍及重复刻板的行为、局限的兴趣（American Psychiatric Association，2013）。精神病学家 Kanner 早在 1943 年就首次报告了自闭症的病例（Kanner，1968）。近年来，自闭症发病率增长速度快、数量大，自闭症患者已成为社会上不可忽视的特殊群体。

注意作为获取信息的有效途径，成为自闭症研究中的重要内容。自闭症儿童在注意各方面表现出不同的缺陷：注意广度狭窄，过于关注细节而忽视整体；注意转移困难，长时间专注于喜爱的物体，难以将注意有效地转移到其他事物；注意稳定性缺陷，由于功能性缺失，他们像注意缺陷多动障碍儿童一样不能维持注意力（周念丽，2011）；共同注意（joint attention）行为少于正常儿童；注意解离（attentional disengagement）存在困难等。

注意解离作为注意定向系统的重要过程，指在注意转移过程中对原来刺激注意分离的过程。注意解离假说（attentional disengagement hypothesis）认为，注意解离的受损是自闭症缺陷产生的重要因素，注意解离的异常可以解释自闭症多种症状（Keehn et al.，2013）。自闭症儿童存在局限的兴趣和重复的行为，比如一遍又一遍地转动玩具车的车轮，这可能是由注意解离困难所致（Fischer et al.，2016）。

空白重叠范式（gap-overlap paradigm）是广泛应用于自闭症注意研究的经典范式（Saslow，1967），其通过中央刺激的存在与消失来考察个体的注意解离和注意转移能力。Landry 和 Bryson（2004）使用该范式首次发现了自闭症儿童存在注意解离困难，自闭症儿童注意解离的反应时显著长于正常儿童和患有唐氏综合征的儿童。近年来，空白重叠范式已广泛运用于自闭症注意解离的研究中。Elison 等（2013）使用该范式揭示了自闭症大脑白质微结构同注意解离的关系；Sabatos-Devito 等（2016）通过该范式发现注意解离的缺陷与自闭症的感觉反应模式有关；

Bryson 等（2018）发现后期诊断为自闭症的高危婴儿（还未进行诊断，但其同胞为自闭症的个体）在 12 个月左右时注意解离存在不对称性，这种受损和婴儿早期的情绪问题有关。

在空白重叠范式的自闭症预测研究中，未来诊断为自闭症的高危婴儿，在 6 个月左右时注意解离同正常个体表现一致，但到 12 个月左右，其视觉注意解离能力明显受损（Bryson et al.，2018）。自闭症早期的注意解离缺陷可能会影响社交、情绪调节、共同注意等（Bryson et al.，2018；Landry et al.，2004），并对认知能力的发展产生深远影响（Fischer et al.，2014）。目前，注意解离问题是自闭症研究的重点问题之一，对自闭症个体早期发现起到至关重要的作用。通过使用空白重叠范式研究自闭症早期的注意特征，对该群体的早期预测具有重要意义和价值。

二、空白重叠范式介绍

空白重叠范式是研究注意解离的重要实验范式，主要包括空白任务（gap task）和重叠任务（overlap task）。根据 Posner 等（1984）提出的注意定向三阶段——注意解离阶段、注意转移阶段和新刺激注意阶段，可揭示空白重叠范式中不同任务的注意过程。

空白任务：首先在屏幕上呈现中央刺激 500～2000ms，被试需要对中央刺激进行注意。随后呈现 200～250ms 的空屏，以使被试的注意得以释放，完成对刺激 C（中央刺激）的注意解离。最后呈现目标刺激（也称外周刺激，peripheral stimulus）3000～8000ms。当刺激 T（目标刺激）呈现时，已经完成了对刺激 C 的注意解离。若想对刺激 T 进行注意，只需要完成从刺激 C 到刺激 T 的注意转移，再对刺激 T 进行注意。空白任务主要反映注意转移和新刺激的注意过程。空白任务如图 11-1（a）所示。

重叠任务：第一屏程序同上。第二屏呈现中央刺激和目标刺激，被试需要对目标刺激进行注意。若想对刺激 T 进行注意，被试首先需要从刺激 C 进行注意解离，再从刺激 C 向刺激 T 进行注意转移，最后对刺激 T 进行注意。目标刺激呈现时被试需要完成注意定向完整的三个阶段。重叠任务如图 11-1（b）所示。

通过对两种任务进行分析可知，空白任务中注意目标刺激需要时间较短。重叠任务需要个体主动地进行注意解离，注意目标刺激需要时间较长。通过对两种任务进行对比，可研究个体的注意解离过程。

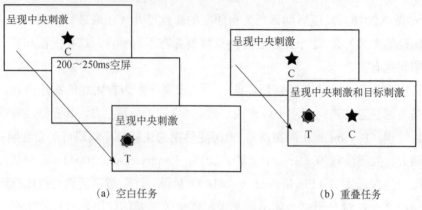

（a）空白任务   （b）重叠任务

图 11-1　空白任务和重叠任务

注：图 11.1 中 C 表示中央刺激，T 表示目标刺激。目标刺激的位置左右随机。

三、空白重叠范式的其他形式

空白重叠范式的其他形式有零任务（null task）、重叠任务的结合（如图 11-2 所示），或是空白任务、重叠任务和零任务三者的结合。

零任务与空白任务类似，当空白任务中不呈现 200～250ms 的空屏时就是零任务，也称基线条件（baseline condition）。在研究逻辑上，零任务同空白任务一致，反映的是注意转移和对新刺激的注意过程。

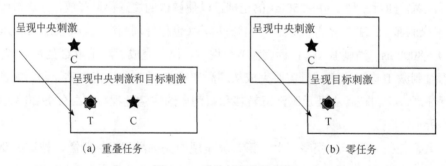

（a）重叠任务   （b）零任务

图 11-2　重叠任务和零任务

注：图 11.2 中 C 表示中央刺激，T 表示目标刺激。目标刺激的位置左右随机。

在注意解离的研究中，有研究者（Cousijn et al.，2017）认为使用空白任务和重叠任务研究婴儿注意解离的发展十分有效，不建议使用零任务。还有研究者（Fischer et al.，2016）认为空白任务中空屏的呈现使被试没有固定的注视点，当目标刺激呈现时，被试发起眼跳的位置不确定，导致所记录的眼跳数据可能不准确，所以不添加空屏可以减少实验中眼睛起跳位置的误差。

四、空白重叠范式的数据分析

（一）眼跳反应时

眼跳反应时（saccade reaction time），或称眼跳潜伏期（saccade latency），指目标刺激的呈现到被试首次发起眼跳之间的时间（Carpenter，1988），反映的是被试的眼跳计划和执行能力（周临等，2012）。在空白重叠范式中，眼跳反应时指从目标刺激呈现到被试注视点首次到达目标刺激之间所用的时间（Fischer et al.，2016）。

（二）解离代价

解离代价（disengagement cost）指当中央刺激一直在屏幕上呈现，被试对中央刺激进行注意解离所占用的额外时间，可通过注意解离任务的平均眼跳反应时减注意转移任务的平均眼跳反应时进行计算（Fischer et al.，2014，2016）。

（三）解离失败率

解离失败（failures to disengage）指在重叠任务中，目标刺激呈现后被试一直注视中央刺激，并没有将注视点转移到目标刺激。解离失败率是解离失败的实验次数占重叠任务实验次数的比率。解离失败率越高则说明被试注意解离受损越严重。

五、空白重叠范式在自闭症预测中的作用

（一）空白重叠范式对自闭症的早期预测

早期自闭症的症状通常出现在生命的前两年，但诊断的平均年龄通常为 3岁。在被确诊为自闭症之前，这些婴幼儿已经表现出不同程度的临床症状，注意则是其中一个重要方面。注意解离是视觉注意的重要过程，是儿童早期注意发展

的重要形式，注意解离受损可以作为自闭症早期预测的重要指标（Bryson et al.，2018）。

近年来，前瞻性研究（prospective examination）广泛应用于自闭症早期预测中。在自闭症注意解离的前瞻性研究中，一般选用高危和低危（无自闭症家族史）自闭症个体，在 6～36 个月期间进行纵向追踪，记录这些婴幼儿在诊断前的注意解离发展特征并进行比较。空白重叠范式用于自闭症早期预测，发现了注意解离的缺陷可作为早期自闭症预测的指标，并得到良好的预测效果。

（二）空白重叠范式用于自闭症预测的初期研究

Zwaigenbaum 等（2005）使用空白重叠范式，首次对自闭症婴儿注意解离特征进行了前瞻性研究，发现了自闭症个体在生命早期存在注意解离缺陷。最初的研究主要集中于探索自闭症注意解离的早期特征。下面将具体介绍 Zwaigenbaum 等（2005）和 Elsabbagh 等（2009）的研究。

Zwaigenbaum 等（2005）选用高危和低危自闭症两组被试，分别在婴儿 6 个月和 12 个月大时采用空白重叠视觉任务进行测试。在 24 个月时进行了自闭症鉴别，65 名高危自闭症组儿童中有 19 人被鉴别为自闭症，其余人均未被鉴别为自闭症。研究发现：在重叠任务上，所有婴儿 6 个月大时的注意解离不存在组间差异。但到 12 个月时，高危自闭症婴儿出现注意解离异常，表现为注意解离反应时显著长于正常婴儿。在空白任务上，所有婴儿的眼跳反应时并不存在差异。进一步分析表明，12 个月时的注意解离反应时和 24 个月时的自闭症诊断观察量表（autism diagnostic observation schedule，ADOS）得分存在显著正相关。该研究揭示了被鉴别为自闭症的高危自闭症婴儿早在 12 个月时就出现了注意解离的延迟，并与后期自闭症的诊断有密切关系。

Elsabbagh 等（2009）使用该范式研究了 19 名高危自闭症婴儿和 19 名正常婴儿，在他们 9～10 个月时进行了视觉任务测试。通过空白任务和零任务用时的比较来计算促进效应（facilitation effect），以反映空屏的呈现对个体注意定向的促进作用。结果发现，高危自闭症婴儿注意解离的时间长于正常婴儿，促进效应更小。虽然研究者未对被试进行纵向跟踪，后期诊断结果未知，但是高危婴儿早在 9～10 个月就已表现出自闭症注意解离的早期症状。Elsabbagh 等（2013）的后续研究弥补了该研究的缺陷，并发现了注意解离缺陷同未来诊断的关系。

（三）空白重叠范式用于自闭症预测的近期研究

在初期研究的基础上，新近研究不仅验证了自闭症注意解离受损可以对后期自闭症进行预测，还对先前研究有所深入。通过使用大样本，新近研究为空白重叠范式在早期自闭症中的预测提供了更为可信的证据。

Elsabbagh 等（2013）在先前研究的基础上，对 54 名高危和 50 名低危自闭症婴儿开展前瞻性研究。在婴儿 7 个月和 14 个月左右时进行视觉注意任务，36 个月时进行自闭症诊断，高危组中 16 人被诊断为自闭症，低危组无人被诊断为自闭症。结果发现，所有婴儿在 7 个月大时的注意解离反应时无显著差异。但在 14 个月左右时，后期被诊断为自闭症的高危婴儿注意解离时间显著长于其他婴儿，并且在此过程中，视觉定向的速度和灵活性没有明显的提高。该研究结果同 Zwaigenbaum 等（2005）的相似，即视觉控制灵活性缺陷出现于自闭症早期，注意解离在 1 岁左右时开始明显受损。

Elison 等（2013）将眼动与脑机制研究相结合进行了自闭症研究，对 56 名高危和 41 名低危自闭症婴儿进行了注意解离特征和有关行为的神经相关性研究。该研究采用弥散张量成像（diffusion tensor imaging，DTI）技术，收集了这些婴儿在睡眠过程中的白质纤维数据。此外，所有婴儿在 7 个月左右时进行空白重叠任务，25 个月左右时通过 ADOS 进行鉴别，其中，高危组中 16 人被鉴别为自闭症，其余人均未被鉴别为自闭症。结果发现，在 7 个月时，未来被鉴别为自闭症的婴儿的注意解离用时显著长于其他婴儿。对于正常婴儿来说，视觉定向的眼跳反应时和胼胝体微结构存在联系，但这种联系在自闭症婴儿中并不明显。灵活有效地进行注意定位对婴儿随后的认知发展至关重要，注意解离的异常可能是自闭症的早期标志，后皮层回路（posterior cortical circuits）的异常可揭示自闭症的发病机制。

Bryson 等（2018）的研究发现了自闭症婴儿注意解离受损的不对称性。他们研究了 83 名高危和 53 名低危自闭症婴儿，所有婴儿在 6 个月、12 个月分别进行空白重叠视觉任务。在 36 个月时进行自闭症诊断，高危组中 16 人被诊断为自闭症，低危组无人被诊断为自闭症。研究发现，在 6~12 个月期间，被诊断为自闭症的高危婴儿的注意解离反应时显著长于其他婴儿，当目标在左侧时注意解离的延迟更加明显。在高危组中，婴儿在 12 个月时的左侧注意解离反应时不仅可以预测未来的自闭症诊断，研究还发现这些婴儿存在易怒、难以安抚等特征。

通过对以上研究进行分析发现：后期被诊断为自闭症的高危婴儿在 12 个月左右注意解离时间显著长于正常被试。当中央刺激与目标物存在竞争时，这些婴儿从中央物体进行注意分离存在延迟。注意解离受损揭示了自闭症的早期缺陷，可作为早期自闭症诊断的标志，并能够对自闭症进行有效地预测。

在将空白重叠范式应用于自闭症预测的研究中，近期研究同早期研究的结论一致，均揭示了自闭症儿童早期注意解离的缺陷。此外，近期研究借助更先进的设备，不仅从行为层面对自闭症早期注意过程进行了研究，有的研究还揭示了自闭症群体注意加工的生理机制。

六、关于空白重叠范式的思考与展望

空白重叠范式从问世至今已有 50 多年的历史，但该范式在国外自闭症儿童研究中的应用只有 10 余年。国内有学者（陈庆荣等，2009；周临等，2012）撰文简介了该范式，但涉及使用空白重叠范式进行自闭症领域的研究的介绍十分有限。如何使该范式在我国自闭症研究领域进行有效地预测？针对未来的研究我们提出如下几点思考。

（一）重视空白重叠范式对国内自闭症早期预测的作用

自闭症个体早在婴幼儿时期就已存在注意加工的异常（Spaniol et al.，2018）。在其生命的前 3 年里，揭示出自闭症重要的促成因素并采取及时有效的干预措施对改变这种发展轨迹十分关键。但由于家长缺乏对自闭症的认识，尽管有些婴幼儿表现出异常反应，但并没有引起足够重视，错过了干预的黄金时期。自闭症儿童若能越早被发现和干预，其预后效果就越好（Matson et al.，2008）。因此，在诊断前进行有效预测是当前亟待解决的问题。对于还未被诊断为自闭症的高危个体来说，注意解离缺陷可作为自闭症的早期有效预测因素（Zwaigenbaum et al.，2005），倘若这些婴幼儿的注意解离反应时显著长于正常个体，并结合其他行为表现，则可以怀疑其在未来被诊断为自闭症。

将空白重叠范式应用于早期自闭症注意解离特征的研究，为自闭症的早期科学鉴别提供了可行性和操作性。此外，相比于临床观察或家长的自陈报告，使用该范式能够提供更为客观、精准的指标，更有助于提前鉴别个体是否存在罹患自闭症的风险。

未来应重视空白重叠范式对国内婴幼儿早期自闭症的预测作用，以便于在 3

岁前的黄金时期及时地进行干预，避免错过最佳干预时期。

（二）使用空白重叠范式进行自闭症预测需要注意的问题

1）被试注意力问题。自闭症儿童注意水平较低，易疲劳，在实验过程中频繁出现眨眼或分神的情况，因而导致产生很多无效数据和无效被试（Wang et al.，2018）。让被试维持稳定的注意是实验顺利进行的前提。为避免被试在实验中出现注意问题，特提出以下建议：①在目标刺激出现前呈现短暂的提示声音，引起被试的注意。如在 Crippa 等（2013）的研究中，目标呈现前出现 50ms 的警告音让被试更好地注意目标。②在一些实验试次后加入短时间的视频（Fischer et al.，2016）。加入短视频不仅吸引了被试的注意力，同时避免被试注意疲劳。③控制实验任务的时间。对于年龄较小的自闭症儿童，实验任务的时间不宜过长。

2）数据分析标准问题。在空白重叠范式中，被试可能对目标刺激的位置产生预期，产生期望眼跳（anticipatory saccade）。眼跳反应时低于 80ms 时可能为期望眼跳（Zalla et al.，2018），这些数据需要剔除。Fischer 等（2016）提出眼跳反应时需要符合三个标准：①当目标刺激刚呈现时，被试注视的是中央刺激（避免期望眼跳）；②目标刺激呈现的 2 秒内，被试要发起眼跳注视目标刺激；③眼动测量的缺失值不超过 50%。

3）仪器使用问题。近年来，眼动技术在儿童研究中越来越受重视。如何合理地选择和使用眼动仪进行数据的收集，是眼动研究者需要考虑的重要问题（王福兴等，2016）。我们统计了国外 2013—2018 年使用空白重叠范式研究自闭症儿童的 8 篇文献（Bryson 等；2018；Crippa et al.，2013；Elison et al.，2013；Elsabbagh et al.，2013；Fischer et al.，2014；Kleberg et al.，2017；Sabatos-Devito et al.，2016），研究者所使用的仪器如表 11-1 所示。

表 11-1　空白重叠范式所使用的仪器

眼动记录仪器	生产国	文章篇数
摄像机	—	2
Tobii（TX120、X120、1750 等）	瑞典	6

从表 11-1 可看出，对自闭症儿童收集眼动数据较多使用的是 Tobii 眼动仪。原因在于 Tobii 眼动仪有以下优势：简单易用，非侵入式，允许头部在一定范围内运动，校准方便可靠（韩映虹等，2017）。尤其在研究年龄很小的自闭症儿童上，

其优势更为明显。

（三）眼动技术和电生理/脑成像技术的结合

随着眼动技术的推广与使用，该技术在自闭症研究领域的使用越来越成熟、广泛（Benson et al.，2011）。其表现为指标较为灵敏，可有效地反映认知加工的过程（Liversedge et al.，2000）。眼动技术虽能从行为层面来对认知过程进行研究，但不能直接揭示认知加工的生理机制（闫国利等，2010）。近年来，随着脑成像/电生理技术的不断改进，有关自闭症脑功能的研究也日益成为研究的热点。

目前，关于使用空白重叠范式研究自闭症的眼动特点和电生理/脑成像特征相结合的研究较少。未来可将眼动和 EEG、fMRI 等技术进行结合，深入研究该群体处于注意状态下的大脑活动特征，揭示自闭症注意缺陷脑机制的内部深层原因，对早期自闭症做出更为精准的预测。

第二节　自闭症谱系障碍者的面孔注意过程及其实验范式

一、自闭症谱系障碍者的面孔注意特点

自闭症谱系障碍，其一个关键的诊断标准是个体社交沟通能力存在缺陷。面孔注意是社会认知研究领域内的基本问题。研究表明，婴儿在出生半年以后就表现出对面孔刺激的注意偏好，能够更快地探测到面孔或者类面孔信息（例如图形），并维持较长的时间，这一偏向对情绪面孔更为突出，该特点为社会认知功能的正常发展奠定了基础（Leppänen，2016）。然而，对自闭症患者而言，许多研究发现这一群体对社会信息缺乏兴趣，较少注意面孔信息，且这一特点在自闭症的不同年龄阶段均有体现。研究者认为，自闭症个体对面孔等社会信息的注意不足可能是导致自闭症状的重要原因之一（Jones et al.，2016）。然而，这一观点并未得到一致的肯定，不少研究发现自闭症患者存在完好的面孔注意模式，与正常群体并

无差异（Jemel et al.，2011）。因而，关于自闭症患者是否存在面孔刺激的注意异常仍有争议。

研究方法的不同可能是造成这一争议的重要原因之一。有研究者认为实验材料（静态面孔图片 vs 动态视频）的不同或者被试能力的个体差异可能是影响结果产生差异的潜在原因（Benson et al.，2011）。更为重要的是，许多不一致的研究结果可能是由研究任务的单一化导致的，以往的研究多采用自由观看任务（free viewing paradigm）（龙细连等，2015；DiCriscio et al.，2016），或者在研究自闭症患者面孔识别时考察其对面孔的注意特点（马伟娜等，2015；Elsabbagh et al.，2013）。前者虽然较好地提高了研究的生态效度，但由于该任务没有明确的指导语，被试的反应方式容易受到多种因素的影响。而且，由于缺乏对实验条件的严格操纵，该任务尚难用于揭示深层次的面孔注意机制，比如面孔加工的特定过程（Bar-Haim et al.，2006；Moore et al.，2016）。后者需要被试对面孔的身份、情绪进行报告或者按键判断，但由于自闭症患者多存在面孔识别缺陷，这些任务要求和反应可能会影响自闭症患者对面孔的注意方式。

事实上，面孔注意并不是一个单一的过程，而是包含不同的加工阶段（Zhao et al.，2016；孙俊才等，2017）。近十年来，一些研究者采用多样化的研究范式，进一步揭示了自闭症患者面孔注意的不同过程，例如面孔定向、面孔搜索、面孔投入/维持等，并考察了自闭症患者在不同任务要求下，对面孔注意的有意调节及面孔对自闭症个体注意控制的影响等问题，这些研究从不同层面揭示了自闭症患者面孔注意的特点，取得了丰富的成果。因此，本书梳理了近年来自闭症患者面孔注意研究的进展及所采用的研究范式，从面孔刺激的定向、投入、搜索、注意调节以及注意控制等方面展开阐述，在相关研究结果的基础上，进一步将面孔注意区分为有意注意和自动注意两个层面加以讨论，并对自闭症患者面孔注意未来可能的研究方向加以展望。

二、面孔定向的概念及其开展研究的实验任务

面孔定向是指对面孔刺激的探测，是面孔加工的第一步，对面孔的快速定位是面孔加工优势的前提。自闭症患者面孔定向研究较为常用的范式是变化盲（change blindness）任务和点探测（dot-probe）任务。

（一）变化盲任务

变化盲任务通过快速改变场景图片中某刺激的属性（例如颜色、位置、方向等），要求被试对这些变化进行判断（Rensink et al.，1997）。该任务中，原始图片（A）和变化后的图片（A'）交替出现，中间插入短暂呈现的空白屏幕，循环至一定时间停止，或由被试提前按键而结束（图 11-3）。

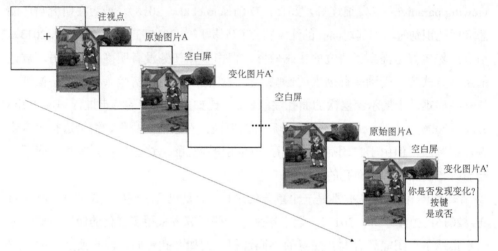

图 11-3　变化盲任务图片变化循环示意图

研究者发现，对于场景中处于边缘位置或者不重要的物体，个体的判断较慢，错误较多，但个体对高兴趣的事物变化较为敏感，探测效率较高（Rensink et al.，1997）。根据这一原理，通过比较个体对面孔及非面孔刺激变化判断的速度，可揭示个体对面孔的注意定向。

Fletcher-Watson 等（2008）运用该任务率先考察了自闭症成人对面孔的注意定位，结果发现，相比场景中物体颜色的变化，自闭症组与正常组均对面孔目光方向的变化探测更快，错误更少。New 等（2010）的研究采用这一任务，发现自闭症儿童在探测场景中有生命事物（人物、动物）的变化时比无生命物体更快。然而，Kikuchi 等（2009）则发现，正常组探测面孔变化所用的时间快于物体，但这一差异并未发生在自闭症组，此研究进一步揭示自闭症患者没有表现出面孔探测优势是由于其对面孔注意不足，与知觉异常无关。

针对上述研究结果的不一致，Sheth 等（2011）进一步扩大了自闭症被试的年龄范围（6～15 岁），从发展的角度考察了年龄对自闭症及正常群体探测面孔及其他社会刺激的影响。他们发现，不管是儿童还是青少年，自闭症个体探测情绪面孔等社会线索的速度与正常个体没有差别。而且，两组被试的探测成绩发展的趋势一致，随着年龄的增长，其对面孔等社会线索的探测优势减弱。

变化盲任务主要考察自闭症患者对场景中面孔的定位。采用该任务，大部分研究发现自闭症患者能够快速探测到面孔信息的变化，并表现出和正常群体相一致的发展趋势。

（二）点探测任务

点探测任务的使用源于 MacLeod 等（1986）的研究。该研究首先将一对中性词汇和负性词汇呈现在屏幕的上、下两处，一段时间后，词对消失，一个点状"探针"立即出现在原来的一个单词位置上，要求被试对探针刺激做出快速的按键判断。MacLeod 等（1986）发现，相比中性词，焦虑症病人对出现在负性单词位置的探针反应更快，这说明焦虑症病人更容易被负性词汇吸引，因而探针出现在这一位置时个体反应的速度更快。利用这一任务，将面孔相关刺激呈现在屏幕两侧可考察面孔刺激的注意定向问题（图 11-4）。研究者利用这一任务考察了自闭症患者的一般面孔定向和情绪面孔定向两个问题。

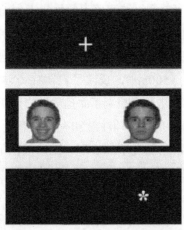

图 11-4　点探测任务基本流程示例

（资料来源：Monk et al., 2010）

1）一般面孔注意定向。采用点探测任务，Moore 等（2012）将面孔与物体一起呈现，结果发现，当刺激呈现时间为辨别阈限时，两组被试在面孔条件下对目标的反应时与物体条件下并没有差异，即未出现面孔定位优势，而当时间增至

200ms 时，正常组表现出对面孔的注意偏向，但是这一结果并没有出现在自闭症组。Shah 等（2013）将类面孔图形、非类面孔图形分别和其倒立的图形一同呈现，结果发现，只有在类面孔图形条件下，两组被试对正立图形下的目标反应要显著快于倒立图形。Shah 等指出自闭症个体具备完好的面孔自动加工功能；Bar-Haim 等（2006）则利用该任务揭示了自闭症个体对面孔内部特征的注意倾向，结果发现自闭症组与正常组一样，更加偏向注视眼睛而不是嘴巴。

2）情绪面孔注意定向。较之一般面孔注意的研究，许多研究利用点探测任务考察了自闭症患者对情绪面孔的注意偏向。Monk 等（2010）将不同的情绪面孔分别与中性面孔一同呈现在屏幕左右两侧，之后要求被试对出现的探测刺激的方向做出反应，期间利用脑成像技术（fMRI）记录了相关的脑活动。结果发现，相比中性面孔，自闭症组与正常组均表现出对愤怒及愉快面孔的注意偏向。不过，脑成像研究发现：自闭症患者加工情绪面孔时，右侧杏仁核的激活比正常组强，且该位置其他脑区的连结也存在异常。Hollocks 等（2013）利用点探测任务考察了自闭症患者对情绪面孔注意偏向及其与焦虑症状的关系，结果未发现任何组间差异，也未发现自闭症组的负性偏向与焦虑症状存在相关关系。May 等（2015）的研究进一步揭示了自闭症患者存在负性面孔的定位优势。而且，自闭症患者这一特点与其焦虑症状、性别差异没有关系。这表明自闭症患者保留着完好的情绪面孔注意及加工优势，尤其是对威胁性的情绪，但其背后的认知机制与正常群体可能不同。

上述研究发现自闭症患者对情绪面孔能够进行快速定位，且该结果发生在面孔呈现时间较短的情况下（500ms），反映了自闭症个体对面孔情绪的自动定位过程。García-Blanco 等（2017）进一步控制了面孔刺激的呈现时间（500ms vs. 1500ms），考察了自闭症患者对情绪面孔的自动注意和有意注意过程，结果发现，在 500ms 时，自闭症组与对照组在情绪面孔下的表现一致，但在 1500ms 时，自闭症组对愤怒面孔位置下的探测刺激判断更慢，即表现出对愤怒面孔的注意回避，且这一回避程度与其社会沟通缺陷有关，而这一结果并未在正常组出现。这表明，自闭症患者对情绪面孔自动定位是正常的，在短暂呈现的情况下，自闭症患者能够快速捕捉到情绪面孔刺激，进行自动加工。当时间较长时，自闭症患者无法长时间注意负性面孔，对负性情绪面孔产生回避或更快的解离，这在一定程度上反映了自闭症患者对面孔存在有意加工缺陷。

综上，点探测范式是考察自闭症个体面孔注意偏向的有效方法，行为上的研究结果较为一致地表明自闭症个体存在正常的面孔及情绪面孔定位功能，并表现出对负性面孔的定位优势，但这些表现一般出现在刺激呈现的时间比较短的情况下，反映出自闭症个体自动注意或自动加工面孔信息的基本过程是完好的。然而 García-Blanco 等（2017）的研究表明，当呈现时间较长时，自闭症患者可能无法有意维持对负性面孔的注意。

三、面孔搜索的概念及其开展研究的实验任务

当多个刺激项目存在时，快速且准确地搜索到面孔对个体的生存意义重大，面孔刺激的搜索优势反映了个体对面孔的前注意加工过程，考察自闭症个体面孔搜索常用的范式是视觉搜索任务。

（一）视觉搜索任务简介

该范式最初由 Hansen 等（1988）设计，实验呈现由若干面孔组成的矩阵，一半矩阵里所有面孔的情绪相同，另一半矩阵中一个面孔的情绪区别于其他面孔。被试需要快且准地判断矩阵中所有面孔是否相同（图 11-5）。Hansen 等（1988）发现，在不一致条件下，相比愉快面孔，愤怒面孔作为不一致刺激时个体的判断速度更快，且几乎不受矩阵大小的影响，这反映了正常个体对愤怒面孔的自动加工过程。采用该任务，研究者对自闭症患者的一般面孔搜索及愤怒面孔搜索这两个方面进行了考察。

图 11-5　两种不一致条件示例

注：左为愤怒面孔混入中性面孔，右为愉快面孔混入中性面孔。

（资料来源：Ashwin et al.，2006）

（二）视觉搜索任务在自闭症患者面孔注意研究的应用

1. 一般面孔搜索

利用这一任务，Moore 等（2016）将单个面孔或者物体刺激放置在其他类别物体矩阵中（8 个），要求被试判断刺激矩阵中是否存在不一致的图片，结果发现两组被试在面孔条件下的反应均比在物体条件下更快。Riby 等（2012）将"蝴蝶"作为搜索目标，而将面孔作为其中一个干扰物呈现。结果发现正常组在面孔出现时对目标的判断更慢，但这一差异未出现在自闭症儿童中，这一结果表明自闭症儿童对面孔的解离较之正常组可能更快，对面孔的注意时间更短。Elsabbagh 等（2013）的研究则考察了自闭症高风险婴儿的面孔搜索，结合眼动指标分析了婴儿对刺激矩阵中面孔的首次定位比例，结果表明后来被诊断为自闭症的高风险婴儿出生 7 个月和 14 个月时首次定位面孔的概率显著高于随机水平，表现出完好的面孔搜索优势，进一步揭示出自闭症患者对面孔的注意偏好是完好的，与早期自闭症状的发生无关。

2. 愤怒面孔搜索

Ashwin 等（2006b）首次利用这一范式，研究了自闭症成人对情绪面孔构形（图 11-5）的视觉搜索。结果发现，自闭症个体具备基本的愤怒情绪加工优势，当面孔矩阵较小时，相比愉快面孔，自闭症被试和正常被试一样，更快地探测到愤怒面孔，且更难避免愤怒面孔的干扰，表现出愤怒优势效应（angry superiority effect，ASE），这一结果表明自闭症患者保留着对愤怒面孔的自动加工过程。鉴于 Ashwin 等（2006b）的研究以面孔构形作为实验材料，缺乏生态效度，Krysko 等（2009）选用简化的真实人面设计矩阵，其结果与 Ashwin 等（2006b）的发现一致。Rosset 等（2011）以卡通面孔为材料，证明自闭症儿童也存在 ASE，进一步延伸了上述结论。Farran 等（2011）采用真实的面孔照片，在自闭症组与正常组均未发现 ASE，却发现自闭症个体对愉快及厌恶面孔的搜索优势。

近五年，研究者对自闭症患者 ASE 的探讨考虑了更多的因素。Isomura 等（2014a）将视觉搜索范式和面孔情绪再认任务结合起来，不仅揭示出自闭症患者存在明显的 ASE，还发现自闭症患者在识别愤怒情绪时更倾向于依赖面孔局部特征。Isomura 等（2014b）采用更为严格的实验设计，测试了 7～10 岁的自闭症儿童，结果发现只有正常组表现出显著的 ASE，自闭症儿童并未出现 ASE。这与已有研究并不一致，Isomura 等（2014b）认为，这可能与当前研究的被试年龄更小有关。因此，May 等（2016）采用较大数量的被试样本，考察了自闭症个体的年龄、性别及焦虑症状与 ASE 的关系。结果发现，自闭症个体表现出完好的 ASE，且与上述因素无关。但对正常组来说，ASE 的变化与年龄相关，这可能因为自闭症个体加工愤怒面孔时采取了不同的策略（Isomura et al.，2014b）。

　　总之，上述研究发现，当面孔作为目标时，自闭症个体对面孔刺激的搜索较之一般物体更快，而且，相比其他情绪，自闭症个体表现出对正常的愤怒面孔的加工优势，这说明自闭症个体具备自动加工面孔及面孔情绪的基本能力。此外，当面孔作为干扰物时，正常组的视觉搜索效率降低，但并未影响自闭症组对目标的搜索，这表明自闭症个体可能对面孔的有意维持较差，解离更快。

四、面孔解离的概念及其开展研究的实验任务

　　面孔解离（disengagement）指示了个体对当前所注视事物的注意脱离过程。考察该过程比较直接的范式是空白重叠任务。

（一）空白重叠范式简介

　　空白重叠任务源自 Saslow（1967）的研究，以揭示中央刺激对个体定位边缘视野（距离当前注视点超过 5°的视角）新刺激的影响，指标为眼跳潜伏期。在该实验范式中，如果中央刺激在新刺激出现前一段时间消失，则为空白条件（gap）；若新刺激出现后中央刺激继续保持一段时间，则为重叠条件（overlap，见图 11-6）。Saslow（1967）发现：个体看向新目标的眼跳潜伏期在重叠条件下长于空白条件，其差值称为空白效应（gap effect），这一指标揭示了个体的注意解离过程，解离的时间越长，个体的注意投入程度越高。

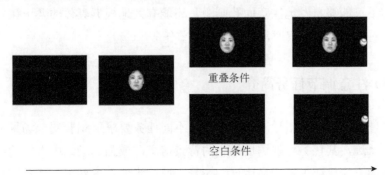

图 11-6　空白重叠范式程序示例

（二）空白重叠范式在自闭症患者面孔注意研究中的应用

采用这一任务，Chawarska 等（2010）发现，面孔在屏幕中央时，自闭症组的眼跳潜伏期比正常组更短，但当物体位于屏幕中央时，两组并无差异，说明自闭症患者的面孔脱离时间更快。Kikuchi 等（2011）的研究进一步发现，正常组在面孔刺激下的空白效应（眼跳潜伏期）和相应的脑电活动（event-related potentials，ERPs）比物体更大，而自闭症组在两种指标下并未表现刺激类型的差异。此外，该研究还发现，当引导自闭症组注意眼睛时，对面孔的解离变慢，与正常组一致。这一结果表明自闭症个体对面孔过快的解离可能是由其对人眼的注意不足导致的。

近年来，Fischer 等进一步控制了混淆变量（例如智力）的影响，考察了幼儿和学龄儿童的面孔注意解离，研究者将面孔刺激及非面孔刺激分别作为中心刺激和边缘视野刺激呈现在这一任务中，结果发现，不管中心刺激是物体还是面孔，自闭症个体的眼跳潜伏期与正常组均无差异（Fischer et al.，2014；Fischer et al.，2015）。此外，Fischer 等（2014）的研究还发现，当面孔出现在边缘视野时，自闭症组与正常组均表现出对面孔刺激的定位优势。

结合眼动指标，空白重叠任务考察了个体对当前刺激的注意解离过程，上述研究结果揭示了自闭症个体对面孔刺激存在注意不足，解离较快的特点。然而，当前研究的结果并不一致，相关研究还比较少，自闭症个体的面孔解离是否存在异常这一问题仍需考察（面孔解离这一问题是否存在异常仍需进一步考察），尤其是自闭症个体对不同情绪面孔的注意参与特点。

五、面孔注意调节的概念及其开展研究的实验任务

人们不仅能够自发地注意面孔刺激，还能有效地根据具体的要求调整对面孔的注意。对此问题的考察通常采用注意调节任务。

（一）注意调节任务简介

这一任务通过改变指导语，使被试在不同任务要求下观看同一场景刺激，记录其眼动轨迹，其任务可强调场景中的背景信息，或强调场景中人物的活动，或者以中性的方式仅要求被试描述这一场景，通过比较各条件下对面孔等社会信息

的扫描模式，考察个体对面孔的注意调节过程。

（二）注意调节任务在自闭症患者面孔注意研究中的应用

采用该任务，研究者发现：自闭症患者对面孔的有意调节存在缺陷（Benson et al.，2009；Birmingham et al.，2011；Riby et al.，2013）。

Benson 等（2009）要求被试在两种指导语下（一种强调背景，另一种强调人物及面孔）观看场景图片，结果发现，自闭症被试在两条件下的眼动模式没有差异，而正常被试在第二种指导语下明显更多地关注场景的人物，尤其是人面信息。Birmingham 等（2011）比较了自闭症患者与杏仁核损伤病人的面孔目光注意特点，当任务指示引导被试看向人面目光注视的位置时，相比中性或者背景条件，正常组和杏仁核损伤病人对眼睛的关注明显增加，但是自闭症组并未出现这一差异。Riby 等（2013）的研究则考察了自闭症患者和威廉姆综合征患者对社交场景的注意分配，结果发现，当自由观看和要求个体注视场景中人物关注的物体时，自闭症个体对面孔和眼睛的注意时间均低于正常组，威廉姆综合征患者则相反。相比自由观看任务，正常组和威廉姆综合征患者在提示条件下对被注视的目标物体关注显著增加，而自闭症组并未出现这一结果。上述研究表明，自闭症患者在不同任务要求下对面孔等社会信息的注意调节受损，且这一缺陷是区分自闭症与其他发育障碍的关键。

对面孔的注意调节是面孔有意加工的重要方面。自闭症患者不仅存在对面孔信息的自主注意异常，更表现出对面孔的有意注意缺陷，这与前文研究结果相一致（García-Blanco et al.，2017），这一结果可能反映了大脑皮层有关区域活动的异常，例如前额叶区域，这些区域的失常可能会引起杏仁核等皮层下脑区的异常激活，进一步对自闭症患者的面孔加工产生影响（Birmingham et al.，2011）。

六、面孔注意控制的概念及其开展研究的实验任务

当注意资源可以自由分配时，个体更倾向于优先注意面孔刺激，不仅如此，当注意资源有限或者需要对特定目标进行加工时，个体仍旧对面孔投入更多的注意资源。在考察面孔注意控制的研究中，面孔刺激一般作为任务无关或干扰刺激，要求个体进行注意控制。目前考察自闭症患者面孔注意控制的范式主要有三个：

反眼跳（anti-saccade）任务、知觉负荷（perceptual load）任务以及情绪图片 Stroop 任务。

（一）反眼跳任务

反眼跳任务是用来研究抑制控制的经典范式，最初由 Hallett（1978）提出。在这一任务中，被试首先注视屏幕中心的注视点，当目标出现在屏幕的一侧时，被试要忽略目标，看向目标的相反方向。实验主要关注眼跳潜伏期（开始激发眼跳所用的时间）和向前眼跳错误率（看向刺激方向）两种指标。

DiCriscio 等（2016）采用反眼跳任务，在距离屏幕中心 10°视角外分别呈现面孔和两种物体刺激：自闭症高兴趣物体和低兴趣物体。结果发现自闭症组与正常对照组在面孔条件下的反向眼跳指标没有显著差异；但在高兴趣物体条件下，自闭症组产生更多眼跳错误。此外，该研究还考察了个体对这三种刺激的向前眼跳反应。研究要求被试看向出现在其中一侧的目标，结果在眼跳潜伏期上并未发现组间差异。这一研究结果表明，自闭症个体对面孔的注意控制并无异常，但对特定的物体刺激具有更高的注意偏好。

（二）知觉负荷任务

知觉负荷任务最初由 Maylor 等（1998）提出，用于研究知觉负荷对注意选择的影响。其基本过程是向被试呈现一项中央任务，要求被试对特定的目标进行快速准确的反应，同时在中央任务的一侧呈现其他刺激，这一刺激与目标的反应有两种关系——无关和冲突，要求被试忽略中心任务外的刺激。实验操纵中心任务的认知负荷，通过分析无关和冲突下的反应时或正确率差异（干扰效应），考察个体的注意分配如何受中央负荷的影响。

Remington 等（2012）采用知觉负荷任务，从小到大依次设置了 4 种中心负荷条件，同时将面孔和物体作为无关物呈现在屏幕中心 5 度之外，结果发现，在物体条件下，随着中心负荷的增加，两组被试的干扰效应逐渐降低，且无组间差异。在面孔条件下，即使在中央负荷较高的情况下，正常组仍然产生较大的干扰效应，表现出对面孔的强制性加工（inhibitory process）；但自闭症被试并未出现这一结果，在高中央负荷条件下，面孔的干扰效应消失。

（三）情绪图片 Stroop 任务

情绪图片 Stroop 任务是经典的单词颜色命名 Stroop 任务的变式，用于考察情绪信息的注意偏向。在这一任务中，个体需要对情绪刺激（单词/图片）的颜色进行命名，并忽略刺激的内容。先前研究发现，当刺激包含较强的威胁性信息（与蜘蛛有关）时，恐惧症病人相比正常组命名颜色的速度更慢，产生更大的干扰效应（Watts et al.，1986）。利用这一原理，有研究者对自闭症患者的面孔注意进行了研究。

Ashwin 等（2006a）采用情绪图片的 Stroop 任务，呈现一般物体、中性面孔及愤怒面孔三种刺激，要求被试对刺激的颜色进行命名，结果发现自闭症被试命名面孔颜色的潜伏期较之物体更长，但并未出现情绪之间的差异，而正常组在命名男性愤怒面孔时相比中性面孔时间更长。该研究结果表明，自闭症个体表现出对一般面孔信息的注意捕捉，且这一结果发生在非自主条件下。

上述研究考察了自闭症患者对面孔的注意控制，但是结果并不一致。Remington 等（2012）发现自闭症个体并未像正常个体一样表现出对面孔的强制性加工，而其他研究则发现自闭症患者对面孔存在注意偏好或在对面孔的眼跳控制上与正常组反应一致（Ashwin et al.，2006a；DiCriscio et al.，2016），这可能与任务差异有关。相比而言，Remington 等（2012）的任务可能对自闭症患者更难。目前从注意控制这一角度对自闭症患者面孔注意的探讨仍不多，但对这一问题的考察有利于揭示自闭症个体的认知加工如何受面孔的影响，并进一步促进对自闭症患者面孔注意机制的深入探讨。

七、关于自闭症患者的面孔注意研究展望

（一）考察自闭症患者面孔注意不同过程的重要性

自闭症患者的面孔注意是一个复杂的问题，涉及了不同的认知过程。相比以往研究，近十年，研究者采用多种范式分别考察面孔注意的不同过程，提供了更为具体、多元的结果。一方面，自闭症的发病原因十分复杂，采用不同范式考察面孔注意有利于考察自闭症患者对面孔的加工异常与何种注意过程有关，以期揭示自闭症患者面孔加工异常的认知机制。另一方面，考察面孔注意的不同过程有

助于进一步区分自闭症个体与其他特殊群体（例如威廉姆综合征）的认知差异，找出自闭症的发病原因，为对自闭症患者进行社会技能的相关干预提供一定借鉴（Riby et al.，2013）。相比国外，国内自闭症研究利用相关范式考察这一问题的寥寥无几，对自闭症患者面孔注意机制的研究仍比较薄弱，以后的研究应注重这一方面。

（二）注意研究范式与眼动指标的结合

目前，自闭症患者面孔注意的研究范式多以反应时为指标，虽能在一定程度考察注意过程，但属于间接推断，无法明确区分（García-Blanco et al.，2017）。以点探测任务为例，其对面孔注意的考察可能存在对注意定位与注意解离过程的混淆，个体对面孔刺激的注意偏向可能是由快速定位引起的，也可能仅是对面孔的解离更慢所致。相比而言，眼动指标具有清晰的时间顺序性和方向性，能够直观地揭示并区分不同的认知过程，例如首次注视比例、首次进入潜伏期等指标可指示个体的定位偏好，注视时间的长短或者从当前注视物体解离的眼跳潜伏期可揭示个体对面孔的注意投入过程（Benson et al.，2015；Bryson et al.，2017），因而眼动指标用于揭示考察自闭症患者面孔注意的不同方面具有较好的优势。Benson（2015）的研究将眼动记录和线下任务相结合，发现自闭症被试在判断社会信息之前，对关键刺激的首次注视时间更短，且表现出更多的回视行为，相一致地，其按键反应时也相应增加，这可能反映了自闭症个体在最初识别和进一步确定关键信息时存在困难。这对未来将眼动技术应用于自闭症个体面孔注意过程研究提供了有力借鉴。

（三）自闭症患者面孔注意的无意加工与有意加工的功能分离

上述研究在总体上考察了自闭症患者面孔注意的两个方面：自动注意和有意注意。经过整理发现，在相关研究中，83%的研究发现自闭症患者对面孔的自动注意基本是完好的，具体表现为当呈现时间较短或者面孔出现快速变化时，自闭症组表现出与正常组一致的面孔探测及定位偏向。在视觉搜索任务中，自闭症个体还具备完好的面孔搜索和愤怒面孔搜索优势；相关研究还发现即使作为干扰物，自闭症患者对面孔的注意过程和正常个体仍无差异。然而，自闭症患者对面孔的有意注意似乎存在缺陷，当面孔呈现时间增加时，该群体表现对负性面孔的注意回避，而且自闭症患者无法根据任务的要求有效调节对场景中人面信息的注意模式；此外，相关研究发现自闭症患者对面孔刺激的投入程度较低，解离过快。

因此，自闭症患者的面孔注意可能存在自动加工与有意加工的功能分离，即前者完好、后者存在缺陷。有研究者（Shah et al.，2013；García-Blanco et al.，2017）认为，自闭症患者加工面孔的异常表现可能并不在于亚皮层脑结构（例如杏仁核），其异常可能来源于负责认知控制的前额叶等大脑皮层区域。这在一定程度上支持了上述观点，前额叶等脑皮层区域主要负责复杂的认知加工过程，例如注意控制、认知监控等，这一区域的异常可直接影响自闭症患者对面孔注意的有意调节及社会信息（例如面孔身份）的进一步提取，或者间接地通过影响皮层下脑结构的激活对面孔加工产生影响。有研究（Monk et al.，2010）则发现，自闭症患者加工面孔信息时，其杏仁核与前额叶、颞叶的连接存在异常，这说明自闭症患者加工面孔信息的具体方式及神经机制可能有差异。因而，未来的研究可结合有关范式从行为水平对自闭症患者面孔注意的两个过程（自动注意和有意注意）进行同时考察，以比较自闭症患者在这两个方面上的面孔加工特点，并结合脑活动的证据，深入研究自闭症患者面孔加工异常的脑机制，以揭示自闭症社会缺陷的潜在原因。

参考文献

Gerrig，R. J.，Zimbardo，P. G. 2016 心理学与生活. 王垒，王甦译. 北京：人民邮电出版社.

白学军，郭志英，顾俊娟等.2011c. 词切分对日—汉双语者汉语阅读影响的眼动研究. 心理学报，43（11），1273-1282.

白学军，梁菲菲，闫国利等.2012. 词边界信息在中文阅读眼跳目标选择中的作用：来自中文二语学习者的证据. 心理学报，44（7），853-867.

白学军，刘娟，臧传丽等.2011a. 中文阅读过程中的副中央凹预视效应. 心理科学进展，19（12），1721-1729.

白学军，孟红霞，王敬欣等.2011b. 阅读障碍儿童与其年龄和能力匹配儿童阅读空格文本的注视位置效应. 心理学报，43（8），851-862.

白学军，沈德立. 1995. 初学阅读者和熟练阅读者阅读课文时眼动特征的比较研究. 心理发展与教育，11（2），1-7.

白学军，田瑾，闫国利等.2009. 词切分对美国大学生汉语阅读影响的眼动研究. 南开语言学刊，（1），140-153.

毕雅静.2012. 重复阅读提高学生英语阅读能力的实证研究. 重庆师范大学硕士学位论文.

陈宝国，宁爱华. 2005. 汉字识别中的同音字效应：语音影响字形加工的证据. 心理学探新，25（4），36-39.

陈宝国，王立新，彭聃龄. 2006. 高、低频汉字形音义激活的时间进程. 心理与行为研究，4（4），252-257.

陈庆荣，谭顶良，邓铸等. 2009. 眼跳的研究范式及其主要认知功能. 心理科学进展，17（6），1197-1210.

辞海编辑委员会. 辞海（第六版）. 上海：上海辞书出版社，2009：3322.

冯胜利. 1996. 论汉语的"韵律词". 中国社会科学，（1），161-176.

付彧，何立媛，吴蕊涵等. 2015. 不同年级学生词边界划分的发展研究. 心理与行为研究，35（1），59-64.

桂诗春，杨惠中. 2003. 中国学习者英语语料库. 上海：上海外语教育出版社.

韩映虹，刘妮娜，闫国利等. 2011. 自主阅读和伴读方式下 3-4 岁幼儿图画书阅读的眼动研究. 心理发展与教育，27（4），394-400.

韩映虹，刘妮娜，乌日嘎等. 2017. 学前儿童图画书阅读的眼动研究综述. 天津师范大学学报（基础教育版），18（1），75-80.

何立媛，黄有玉，王梦轩等. 2015. 不同背景音对中文篇章阅读影响的眼动研究. 心理科学，38（6），1290-1295.

贺荟中. 2004. 聋人阅读研究进展与动态. 中国特殊教育，（5），52-56.

贺荟中，贺利中. 2007. 聋生篇章阅读过程的眼动研究. 中国特殊教育，（11），31-35.

贺荟中，孙彬彬. 2014. 不同阅读能力聋人语篇理解中连接推理的眼动比较. 心理与行为研究，12（4），447-453.

贺学勤. 2014. 重复阅读意味着什么?来自同题外语阅读重复测试的报告. 湖州师范学院学报，36（9），63-69.

胡朝兵，张兴瑜，余林等. 2009. 聋大学生语音意识特点的实验研究. 心理科学，32(5)，1135-1137.

黄有玉. 2015. 电视剧背景声音对小学四年级学生中文阅读知觉广度的影响. 天津师范大学硕士学位论文.

乐连珠，郝家杰. 2000. 乐连珠小学快速阅读教学. 济南：山东教育出版社.

李春玺. 2012. 汉语重复阅读的眼动研究. 电子科技大学博士学位论文.

李德高，张积家. 2006. 先天聋人的语音、正字法意识和概念知识结构. 心理科学进展，14（3），354-359.

李素建，刘群，白硕. 2002. 统计和规则相结合的汉语组块分析. 计算机与发展，39（4），385-391.

李伟健. 2004. 学习困难学生阅读理解监视的实验研究. 心理与行为研究，2（1），346-350.

李馨，白学军，闫国利. 2011. 词边界信息和词频在汉语阅读中的作用. 心理与行为研究，9（2），133-139.

李兴珊，刘萍萍，马国杰. 2011. 中文阅读中词切分的认知机理述评. 心理科学进展，19（4），459-470.

刘芳，赵铁军，于浩等. 2000. 基于统计的汉语组块分析. 中文信息学报，14（6），28-32.

刘璐. 2017. 聋人阅读过程中的副中央凹视觉注意增强效应. 天津师范大学博士学位论文.

刘妮娜，闫国利，丁敏. 2012. 不同阅读方式下学前儿童在图画书阅读中对文字的关注. 学前教育研究，（5），10-16.

刘思耘，周倩，贾会宾等. 2016. 不相关言语对视觉觉察的影响. 心理学报，48（7），770-782.

刘晓明. 2012. 听障大学生阅读理解监控的眼动研究. 中国特殊教育，1，20-24.

刘志方，翁世华，张峰. 2014. 中文阅读中词汇视觉编码的年龄特征：来自眼动的证据. 心理发展与教育，30（2），411-419.

刘志方，张智君，赵亚军. 2011. 汉语阅读中的眼跳目标选择单元以及词汇加工方式：来自消失文本的实验证据. 心理学报，43（6），608-618.

龙细连，陈顺森，白学军. 2015. 自闭症儿童对社交面孔的加工特点. 信阳师范学院学报（哲学社会科学版），35（3），23-28.

鲁忠义，张亚静. 2007. 工作记忆中的语音回路对汉语阅读理解的影响. 心理学报，39（5），768-776.

马国杰，李兴珊. 2012. 阅读中的注意分配：序列与平行之争. 心理科学进展，20（11），1755-1767.

马利军，张积家. 2011. 汉语三字格惯用语的语义性质及其关系. 语言文字应用，1（1），64-72.

马伟娜，朱蓓蓓，谢宇. 2015. 孤独症儿童面部表情识别能力的眼动研究. 应用心理学，21（1），76-88.

蒙台梭利. 2006. 发现孩子. 蒙台梭利丛书编委会译. 北京：中国发展出版社.

慕德芳，宋耀武，高江峰. 2013. 无关言语对汉字短时记忆系列回忆的影响. 心理学报，45（6），626-635.

欧阳新梅. 2010. 儿童重复行为的原因及教育对策. 山东教育，（30），7-9.

彭聃龄，舒华，陈煊之. 汉语认知研究. 济南：山东教育出版社，1997.

乔静芝，张兰兰，闫国利. 2011. 聋人与健听大学生汉语阅读知觉广度的比较研究. 应用心理学，17（3），249-258.

任桂琴，韩玉昌，于泽. 2012. 句子语境中汉语词汇形、音作用的眼动研究. 心理学报，44（4），427-434.

沈德立，白学军，臧传丽等. 2010. 词切分对初学者句子阅读影响的眼动研究. 心理学报，42（2），159-172.

宋彦，蔡东风，张桂平，等. 2009. 一种基于字词联合解码的中文分词方法. 软件学报，20（9），2366-2375.

隋雪，姜娜，钱丽. 2010. 汉语发展性阅读障碍儿童词汇阅读的眼动研究. 中国特殊教育，117（3），63-67.

隋雪，沈彤，吴琼，等. 2013. 阅读眼动控制模型的中文研究—串行还是并行. 辽宁师范大学学报，36（5），672-679.

孙方方. 2011. 2-3 岁婴幼儿在成人伴读情境下阅读不同图画书眼动特征比较. 华东师范大学博士

学位论文.

向明强，胡耿丹. 2010. 聋人视觉注意的改变：从中央转到边缘视野. 中国特殊教育，3，26-30.

邢丹，王亦男，韩玉昌. 2010. 听力障碍儿童篇章阅读的眼动特征. 中国健康心理学杂志，18（2），207-209.

熊建萍，闫国利，白学军. 2009. 不同年级学生汉语阅读知觉广度的眼动研究. 心理科学，32（3），584-587.

徐珊珊. 2016. 重复阅读对我国高中生英语阅读流畅性和理解力的影响研究. 黄冈师范学院硕士学位论文.

王春茂，彭聃龄. 2000. 多词素词的通达表征：分解还是整体. 心理科学，23（4），115-125.

王福兴，童钰，钱莹莹等. 2016. 眼动追踪技术与婴幼儿研究：程序、方法与数据分析. 心理与行为研究，14（4），558-567.

王克瑞，杜丽华. 2012. 播音员主持人训练手册：绕口令. 北京：中国广播电视出版社.

王梦轩，王璐，黄有玉等. 2015. 电视剧对话对小学五年级学生解应用题影响的眼动研究. 天津师范大学学报（基础教育版），（2），22-26.

王文静，闫国利. 2006. 中文阅读过程中字形快速启动的眼动研究. 心理与行为研究，4（3），213-217.

王永胜，白学军，臧传丽等. 2016. 副中央凹中字 N+2 的预视对汉语阅读眼跳目标选择影响的眼动研究. 心理科学，48（1），1-11.

王志强，王雁. 2016a. 不同语音表征能力的听力残疾大学生语音编码研究. 中国特殊教育，（4），27-34.

王志强，王雁. 2016b. 语音与字形在高频汉字识别中的作用——基于听障大学生与健听大学生的比较. 中国特殊教育，（11），26-31+43.

王志强，王雁，刘海涵. 2016. 听力残疾大学生语音意识研究. 中国特殊教育，2，30-36.

闫国利，白学军. 2007. 汉语阅读的眼动研究术. 心理与行为研究，5（3），229-234.

闫国利，白学军. 2012. 眼动研究心理学导论-揭开心灵之窗奥秘的神奇科学. 北京：科学出版社.

闫国利，伏干，白学军. 2008b. 不同难度阅读材料对阅读知觉广度影响的眼动研究. 心理科学，31（6），1287-1290.

闫国利，胡晏雯，刘志方等. 2009. 消失文本条件下注视点右侧词对中文阅读影响的眼动研究. 应用心理学，15（3），201-207.

闫国利，姜茜，李兴珊等. 2008a. 消失文本条件下词的预测性效应的眼动研究. 应用心理学，14（4），306-310.

闫国利，刘妮娜，梁菲菲等. 2015. 中文读者词汇视觉信息获取速度的发展：来自消失文本的证据. 心理学报，47（3），300-318.

闫国利，宋子明，刘璐等.2017a. 绕口令效应对汉语阅读影响的眼动研究. 心理科学，40（2），290-295.

闫国利，孙莎莎，崔磊等.2013b. 汉字命名与句子阅读中的同音字密度效应. 心理科学，36（4），776-780.

闫国利，孙莎莎，张巧明等. 2014. 自然阅读与校对阅读的知觉广度研究. 心理科学，37（2），298-302.

闫国利，王丽红，巫金根等. 2011. 不同年级学生阅读知觉广度及预视效益的眼动研究. 心理学报，43（3），249-263.

闫国利，王文静，白学军. 2007. 消失文本条件下认知控制的眼动模型. 心理学探新，27（4），37-41.

闫国利，王影超，刘璐等.2017b. 阅读任务中聋生视觉注意资源的再分配及启示. 中国听力语言康复科学杂志，15（2），126-129.

闫国利，巫金根，胡晏雯等. 2010. 当前阅读的眼动研究范式述评. 心理科学进展，18（12），1966-1976.

闫国利，巫金根，王丽红.2013c. 小学五年级语文学优生与学困生阅读知觉广度的眼动研究. 心理科学，36（3），622-626.

闫国利，熊建萍，白学军.2008c. 小学五年级学生汉语阅读知觉广度的眼动研究. 心理发展与教育，24（1），72-77.

闫国利，张兰兰，孙莎莎等.2013e. 汉语"主观词"的表征及其加工. 心理学报，45（4），379-390.

闫国利，张兰兰，张霞等. 2012. 汉语阅读中的心理词加工. 心理与行为研究，10（3），183-189.

闫国利，张巧明，白学军.2013a. 中文阅读知觉广度的影响因素研究. 心理发展与教育，29（2），121-130.

闫国利，张巧明，张兰兰等.2013d. 不同掩蔽材料对知觉广度的影响. 心理科学，36（6），1317-1322.

易维，鹿士义.2013. 语块的心理现实性. 心理科学进展，21（12），2110-2117.

尹文刚.2003. 汉字同音率、同音度及其同音字音节个数随同音度增加而递减的规律. 语言科学，2（4），3-6.

余晓婷，贺荟中.2009. 国内手语研究综述. 中国特殊教育，4，37-41.

昝飞，谭和平.2005. 聋生汉字识别的同音判断与启动效应实验研究. 心理科学，28（5），1089-1095.

臧传丽.2007. 副中央窝加工中言语代码作用的发展研究. 天津师范大学博士学位论文.

臧传丽，张慢慢，郭晓峰等. 2012. 中文词汇加工的若干效应：基于眼动研究的证据. 心理科学进展，20（9），1382-1392.

张帆，李德高. 2017. 聋生"是……的"句的句法意识. 心理学报，49（11），1383-1391.

张茂林. 2007. 聋生与听力正常学生在非对称性视觉搜索中的比较研究. 中国特殊教育，（2），19-22.

张茂林，杜晓新. 2012. 阅读预期对不同阅读策略特点聋人大学生快速阅读影响的眼动研究. 中国特殊教育，3，41-46.

张巧明. 2012. 小学生阅读知觉广度与速度的发展：来自眼动的证据. 天津师范大学博士学位论文.

张巧明，崔磊. 2014. 小学生对不同词语类型预视加工的发展. 心理与行为研究，12（5），645-651.

张巧明，王爱云，闫国利. 2013. 大学生阅读知觉广度影响因素的回归分析. 心理与行为研究，11（2），190-194.

张喜燕. 2014. 绕口令小辞典. 北京：商务印书馆国际有限公司.

张仙峰，叶文玲. 2006. 当前阅读研究中眼动指标述评. 心理与行为研究，4（3），236-240.

中华人民共和国国家统计局发布的全国第二次残疾人抽样调查公报，2007，http://www.stats.gov.cn/tjsj/ndsj/shehui/2006/html/fu3.htm［2019-12-10］.

周临，邓铸，陈庆荣. 2012. 反向眼跳的实验范式、机制及影响因素. 心理科学，35（1），16-23.

周念丽. 2011. 自闭症谱系障碍儿童的发展与教育. 北京：北京大学出版社.

周晓林. 1997. 一个中文词汇识别的表征与加工模型. 见：彭聃龄等编. 汉语认知研究. 济南：山东教育出版社.

朱丽华. 2012. 词N与词N+1消失对青年与老年中文读者眼动模式的影响. 天津师范大学硕士学位论文.

Alexander, J., Nygaard, L. C. 2008. Reading voices and hearing text: Talker-Specific auditory imagery in reading. Journal of Experimental Psychology: Human Perception and Performance, 34, 446-459.

Altarriba, J., Kambe, G., Pollatsek, A., et al. 2001. Semantic codes are not used in integrating information across eye fixations in reading: Evidence from fluent Spanish-English bilinguals. Attention, Perception, & Psychophysics, 63（5），875.

American Psychiatric Association. 2013. Diagnostic and Statistical Manual of Mental Disorders: DSM-5. Arlington: American Psychiatric Publishing.

Ashby, J., Clifton, C. J. 2005. The prosodic property of lexical stress affects eye movements during silent reading. Cognition, 96, 89-100.

Ashby, J., Rayner, K., Clifton, C. 2005. Eye movements of highly skilled and average readers: Differential effects of frequency and predictability. Quarterly Journal of Experimental Psychology, 58, 1065-1086.

Ashwin, C., Wheelwright, S., Baron-Cohen, S. 2006a. Attention bias to faces in Asperger Syndrome: A pictorial emotion Stroop study. Psychological Medicine, 36 (6), 835-843.

Ashwin, C., Wheelwright, S., Baron-Cohen, S. 2006b. Finding a face in the crowd: Testing the anger superiority effect in Asperger Syndrome. Brain and Cognition, 61, 78-95.

Ayres, T. J. 1984. Silent reading time for tongue-twister paragraphs. The American Journal of Psychology, 97 (4), 605-609.

Baddeley, A. D. G. Hitch. 1974. Working memory. The Psychology of Learning and Motivation, 8, 47-90.

Bader, M. Prosodic influences on reading syntactically ambiguous aentences. 1998. In J. D. Fodor, & F. Ferreira (Eds.), Reanalysis in Sentence Processing. Dutch: Kluwer Academic Publishers.

Bai, X., Liang, F., Blythe, H. I., et al. 2013. Interword spacing effects on the acquisition of new vocabulary for readers of Chinese as a second language. Journal of Research in Reading, 36 (1), 4-17.

Bai, X. J., Yan, G. L., Liversedge, S. P., et al. 2008. Reading spaced and unspaced Chinese text: Evidence from eye movements. Journal of Experimental Psychology: Human Perception and Performance, 34, 1277-1287.

Banbury, S., Berry, D. C. 1998. Disruption of office-related tasks by speech and office noise. British Journal of Psychology, 89 (3), 499-517.

Bar-Haim, Y., Shulman, C., Lamy, D., et al. 2006. Attention to eyes and mouth in high-functioning children with autism. Journal of Autism & Developmental Disorders, 36 (1), 131-137.

Bassetti, B. 2005. Effects of writing systems on second language awareness: Word awareness in English learners of Chinese as a Foreign Language. In V. J. Cook, & B. Bassetti (Eds.), Second Language Writing Systems (pp.335-356). Clevedon: Multilingual Matters.

Bates, D. M., Mächler, M., Bolker, B. M. 2012. lme4: Linear mixed-effects models using S4 classes. R package version 0. 999375-42.

Bavelier, D., Brozinsky, C., Tomann, A., et al. 2001. Impact of early deafness and early exposure to sign language on the cerebral organization for motion processing. Journal of Neuroscience, 21 (22), 8931-8942.

Bavelier, D., Dye, M. W., Hauser, P. C. 2006. Do deaf individuals see better? Trends in Cognitive Sciences, 10 (11), 512-518.

Bélanger，N. N.，Baum，S. R.，Mayberry，R. I. 2012. Reading difficulties in adult deaf readers of French：Phonological codes，not guilty! Scientific Studies of Reading，16（3），263-285.

Bélanger，N. N.，Lee，M.，Schotter，E. R. 2018. Young skilled deaf readers have an enhanced perceptual span in reading. Quarterly Journal of Experimental Psychology，71（1），291-301.

Bélanger，N. N.，Mayberry，R.，Rayner，K. 2013. Orthographic and phonological preview benefits：Parafoveal processing in skilled and less-skilled deaf readers. Quarterly Journal of Experimental Psychology，66（11），2237-2252.

Bélanger，N. N.，Rayner，K. 2013. Frequency and predictability effects in eye fixations for skilled and less-skilled deaf readers. Visual Cognition，21（4），477-497.

Bélanger，N. N.，Rayner，K. 2015. What eye movements reveal about deaf readers. Current Directions in Psychological Science，24（3），220-226.

Bélanger，N. N.，Slattery，T.，Mayberry，R.，et al. 2012. Skilled deaf readers have an enhanced perceptual span in reading. Psychology Science，23（7）：816-823.

Benson，V.，Castelhano，M. S.，Howard，P. L.，et al. 2015. Looking, seeing and believing in autism：Eye movements reveal how subtle cognitive processing differences impact in the social domain. Autism Research，9（8），879-887.

Benson，V.，Fletcher-Watson，S. 2011. Eye movements in autism. In S. Liversedge，I. Gilchrist，& S. Everling（Eds.），Oxford Handbook of Eye Movements（pp.709-730）. Oxford：Oxford University Press.

Benson，V.，Piper，J.，Fletcher-Watson，S. 2009. Atypical saccadic scanning in autistic spectrum disorder. Neuropsychologia，47（4），1178-1182.

Bijeljac，R.，Millogo，V.，Farioli，F.，et al. 2004. A developmental investigation of word length effects in reading using a new on-line word identification paradigm. Reading and Writing，17（4），411-431.

Birmingham，E.，Cerf，M.，Adolphs，R. 2011. Comparing social attention in autism and amygdala lesions：Effects of stimulus and task condition. Soc Neurosci，6（5-6），420-435.

Blythe，H. I.，Dickins，J. H.，Kennedy，C. R.，et al. 2018. Phonological processing during silent reading in teenagers who are deaf/hard of hearing：An eye movement investigation. Development Science，2018：e12643，1-19.

Blythe，H. I.，Häikiö，T.，Bertam，R.，et al. 2011. Reading disappearing text：Why do children refixate words? Vision Research，51（1），84-92.

Blythe H. I.，Liversedge S. P.，Joseph H. S.，et al. 2009. Visual information capture during fixations in reading for children and adults. Vision Research，49，1583-1591.

Blythe，H. I.，Joseph，H. S. S. L. 2011. Children's eye movements during reading. In S. Liversedge，I. Gilchrist，& S. Everling（Eds.），The Oxford Handbook of Eye Movements（pp.643-662）. Oxford: Oxford University Press.

Blythe，H. I.，Liang，F.，Zang，C.，et al. 2012. Inserting spaces into Chinese text helps readers to learn new words: An eye movement study. Journal of Memory and Language，67（2），241-254.

Blythe，H. I.，Pagán，A.，Dodd，M. 2015. Beyond decoding: Phonological processing during silent reading in beginning readers. Journal of Experimental Psychology: Learning，Memory，and Cognition，41，1244-1252.

Boyle，R.，Coltheart，V. 1996. Effects of irrelevant sounds on phonological coding in reading comprehension and short-term memory. Quarterly Journal of Experimental Psychology，49A（2），398-416.

Breen，M.，Clifton Jr，C. 2011. Stress matters: Effects of anticipated lexical stress on silent reading. Journal of Memory and Language，64，153-170.

Breen，M.，Clifton Jr，C. 2013. Stress matters revisited: A boundary change experiment. Quarterly Journal of Experimental Psychology，66（10），1896-1909.

Brooks，B. A.，Impelman，D. M. K.，Lum，J. T. 1981. Backward and forward masking associated with saccadic eye movements. Perception & Psychophysics，30，62-70.

Bryson，S.，Garon，N.，McMullen，T.，et al. 2018. Impaired disengagement of attention and its relationship to emotional distress in infants at high-risk for autism spectrum disorder. Journal of Clinical and Experimental Neuropsychology，40（5），487-501.

Buswell，G. T. 1922. Fundamental Reading Habits: A Study of their Development. Chicago: University of Chicago Press.

Cai，Q.，Brysbaert，M. 2010. SUBTLEX—CH: Chinese word and character frequencies based on film subtitle. PLoS One，5（6），e10279.

Campbell，E W.，Wurtz，R. H. 1979. Saccadic omission: Why we do not see a gray-out during a saccadic eye movement. Vision Research，18，1297-1303.

Carpenter，R. H. S. 1988. Movement of the Eyes（2nd ed.）. London: Pion Ltd.

Cauchard，F.，Cane，J. E.，Weger，U. W. 2012. Influence of background speech and music in interrupted reading: An Eye-Tracking Study. Applied Cognitive Psychology，26，381-390.

Chace，K. H.，Rayner，K.，Well，A. D. 2005. Eye movements and phonological parafoveal preview: Effects of reading skill. Canadian Journal of Experimental Psychology，59（3），209-216.

Chan，Y. C.，Yang，Y. J. 2018. Early Reading Development in Chinese-speaking Children with Hearing Loss. Journal of Deaf Studies and Deaf Education，23（1），50-61.

Chang， A. C.， Millett， S. 2013. Improving reading rates and comprehension through timed repeated reading. Reading in a Foreign Language，25（2），126-148.

Chawarska，K.，Volkmar，F.，Klin，A. 2010. Limited attentional bias for faces in toddlers with autism spectrum disorders. Archives of General Psychiatry，67（2），178.

Chekaluk，E.，Llewellyn，K. R. 1990. Visual stimulus input，saccadic suppression，and detection of information from the postsaccadic scene. Perception & Psychophysics，48，135-142.

Chen，H.，Ying，D. 2009. The effect of assisted RR on fluency and comprehension in Chinese FL classrooms. Asian EFL Journal，11（4），189.

Chen，H. C.，Flores，G. B.，Cheung，S. L. 1995. Orthographic and phonological activation in recognizing Chinese characters. Psychological Research，58（2）：144-153.

Chen，H. C.，Song，H.，Lau，W. Y.，et al. 2003. Developmental characteristics of eye movements in reading Chinese. In C. McBride-Chang，& Chen（Eds.），Reading Development in Chinese Children（pp.157-169）. Westport：Praeger Publishers.

Chi，Y. L.，Sugiura，M.，Abe，D.，et al. 2014. The perceptual span in second language reading：An eye-tracking study using a gaze-contingent moving window paradigm. Open Journal of Modern Linguistics，4（5），585-594.

Choi，W.，Lowder，M. W.，Ferreira，F.，et al. 2015. Individual differences in the perceptual span during reading：Evidence from the moving window technique. Attention，Perception，& Psychophysics，77（7），2463-2475.

Clifton，C. J.，Staub，A.，Rayner，K. 2007. Eye movements in reading words and sentences. In R. P. G. van Gompel，M. H. Fischer，W. S. Murray，& R. L. Hill（Eds.），Eye Movements：Awindow on Mind and Brain（pp.341-371）. Amsterdam，Netherlands：Elsevier.

Colle，H. A. 1976. Acoustic masking in primary memory. Journal of Verbal Learning & Verbal Behavior，15（1），17-31.

Colle，H. A.，Welsh，A. 1976. Acoustic masking in primary memory. Journal of Verbal Learning & Verbal Behavior，15，17-32.

Coltheart，M.，Rastle，K.，Perry，C.，et al. 2001. DRC：A dual route cascades model of visual word recognition and reading aloud. Psychological Review，108（1），204-256.

Conrad，R. 1977. The reading ability of deaf school-leavers. British Journal of Educational Psychology，47（2），138-148.

Coppens, K. M., Tellings, A., Schreuder, R., et al. 2013. Developing a structural model of reading: The role of hearing status in reading development over time. Journal of Deaf Studies and Deaf Education, 18 (4), 489-512.

Cowan, N. 1995. Attention and memory: An integrated network. Oxford, UK: Oxford University Press.

Cousijn, J., Hessels, R. S., Stigchel, S. V. D., et al. 2017. Evaluation of the psychometric properties of the gap-overlap task in 10-month-old infants. Infancy, 22 (4), 571-579.

Crippa, A., Forti, S., Perego, P., et al. 2013. Eye-hand coordination in children with high functioning autism and Asperger's disorder using a gap-overlap paradigm. Journal of Autism & Developmental Disorders, 43 (4), 841-850.

Daneman, M., Reingold, E. 1993. What eye fixations tell us about phonological recoding during reading. Canadian Journal of Experimental Psychology, 47 (2), 153-178.

Davey, B., Lasasso, C., Macready, G. 1983. Comparison of reading comprehension task performance for deaf and hearing readers. Journal of Speech & Hearing Research, 26 (4), 622-628.

Dicriscio, A. S., Miller, S. J., Hanna, E. K., et al. 2016. Brief report: Cognitive control of social and nonsocial visual attention in autism. Journal of Autism & Developmental Disorders, 46 (8), 2797-2805.

Dodge, R. 1907. An experimental study of visual fixation. Psychological Monograph, 8 (4), 113-115.

Doran, J., Anderson, A. 2003. Inferencing skills of adolescent readers who are hearing impaired. Journal of Research in Reading, 26 (3), 256-266.

Dye, M. W., Bavelier, D. 2010. Attentional enhancements and deficits in deaf populations: An integrative review. Restorative Neurology and Neuroscience, 28, 181-192.

Dye, M. W., Hauser, P. C., Bavelier, D. 2009. Is visual selective attention in deaf individuals enhanced or deficient? The case of the useful field of view. PloS One, 4 (5), e5640.

Eagan, D. E., Chein, J. M. 2012. Overlap of phonetic features as a determinant of the between-stream phonological similarity effect. Journal of Experimental Psychology: Learning, Memory, and Cognition, 38 (2), 473-481.

Elison, J. T., Paterson, S. J., Wolff, J. J., et al. 2013. White matter microstructure and atypical visual orienting in 7-month-olds at risk for autism. American Journal of Psychiatry, 170 (8), 899-908.

Ellis, N. C. 2002. Frequency effects in language processing. Studies in Second Language Acquisition, 24, 143-188.

Elliott, E. M., Briganti, A. M. 2012. Investigating the role of attentional resources in the irrelevant speech effect. Acta Psychologica，140-（1），64-74.

Elsabbagh，M.，Volein，A.，Holmboe，K.，et al. 2009. Visual orienting in the early broader autism phenotype：Disengagement and facilitation. Journal of Child Psychology and Psychiatry，50（5），637-642.

Elsabbagh，M.，Fernandes，J.，Webb，S. J.，et al. 2013. Disengagement of visual attention in infancy is associated with emerging autism in toddlerhood. Biological Psychiatry，74（3），189-194.

Elsabbagh，M.，Gliga，T.，Pickles，A.，et al. 2013. The development of face orienting mechanisms in infants at-risk for autism. Behavioural Brain Research，251（12），147-154.

Engbert，R.，Kliegl，R. 2001. Mathematical models of eye movements in reading：A possible role for autonomous saccades. Biological Cybernetics，85，77-87.

Engbert，R.，Longtin，A.，Kliegl，R. 2002. A dynamical model of saccade generation in reading based on spatially distributed lexical processing. Vision Research，42，621-636.

Engbert，R.，Nuthmann，A.，Richter，E. M.，et al. 2005. SWIFT：A dynamical model of saccade generation during reading. Psychological Review，112（4），777-813.

Evans，M. A.，Saint-Aubin，J. 2013. Vocabulary acquisition without adult explanations in repeated shared book reading：An eye movement study. Journal of Educational Psychology，（3），596-608.

Evans，M. A.，Saint-Aubin，J. 2005. What children are looking at during shared storybook reading：Evidence from eye movement monitoring. Psychological Science，（16），913-920.

Fabrice，C.，Cane，J. E.，Weger，U. W. 2012. Influence of background speech and music in interrupted reading：An eye-tracking study. Applied Cognitive Psychology，26（26），381-390.

Fariña，N.，Duñabeitia，J. A.，Carreiras，M. 2017. Phonological and orthographic coding in deaf skilled readers. Cognition，168，27-33.

Farran，E. K.，Branson，A.，King，B. J. 2011. Visual search for basic emotional expressions in autism：impaired processing of anger，fear and sadness，but a typical happy face advantage. Research in Autism Spectrum Disorders，5（1），455-462.

Faulkner，H. J.，Levy，B. A. 1999. Fluent and non fluent forms of transfer in reading：Words and their message. Psychonomic Bulletin & Review，6（1），111.

Feng，G.，Miller，K.，Shu，H.，et al. 2009. Orthography and the development of reading processes：An eye-movement study of Chinese and English. Child Development，80（3），720-735.

Fischler，I.，Goodman，G. O. 1978. Latency of associative activation in memory. Journal of Experimental Psychology：Human Perception and Performance，4，455-470.

Fischer，J.，Koldewyn，K.，Jiang，Y. V.，et al. 2014. Unimpaired attentional disengagement and social orienting in children with autism. Clinical Psychological Science, 2（2）, 214-223.

Fischer, J., Smith, H., Martinez-Pedraza, F., et al. 2016. Unimpaired attentional disengagement in toddlers with autism spectrum disorder. Developmental Science, 19（6）, 1095-1103.

Fischer, S., van der Hulst, H. 2011. Sign Language Structure. In M. Marschark, & P. A. Spencer（Eds）, The Oxford Handbook of Deaf Studies, Language, and Education（2rd Edition）（pp.336-349）. New York: Oxford.

Fletcher-watson, S., Leekam, S. R., Findlay, J. M., et al. 2008. Brief report: Young adults with autism spectrum disorder show normal attention to eye-gaze information-evidence from a new change blindness paradigm. Journal of Autism & Developmental Disorders, 38（9）, 1785-1790.

Florit, E., Cain, K. 2011. The simple view of reading: Is it valid for different types of alphabetic orthographies? Educational Psychology Review, 23, 553-576.

Fodor, J. D. 1998. Learning to parse? Journal of Psycholinguistic Research, 27（2）, 285-319.

Forster, K. I., Davis, C. 1984. Repetition priming and frequency attenuation in lexical access. Journal of Experimental Psychology: Learning, Memory, Cognition, 10, 680-698.

Foster, T. E., Ardoin, S. P., Binder, K. S. 2013. Underlying changes in repeated reading: An eye movement study. School Psychology Review, 42（2）, 140-156.

Fraser, C. A. 2007. Reading rate in L1 Mandarin Chinese and L2 English across five reading tasks. The Modern Language Journal, 91（3）, 372-394.

Frazier, L., Carlson, K., Clifton, C. 2006. Prosodic phrasing is central to language comprehension. Trends in Cognitive Sciences, 10, 244-249.

Friesen, D. C., Joanisse, M. F. 2012. Homophone effects in deaf readers: Evidence from lexical decision. Reading & Writing, 25, 375-388.

Gagl, B., Hawelka, S., Wimmer, H. 2015. On sources of the word length effect in young readers. Scientific Studies of Reading, 19（4）, 289-306.

García-Blanco, A., López-Soler, C., Vento, M., et al. 2017. Communication deficits and avoidance of angry faces in children with autism spectrum disorder. Research in Developmental Disabilities, 62, 218-226.

Gathercole, S. E., Baddeley, A. D. 1993. Working Memory and Language. Hove: Erlbaum, 523-525.

Gellert Anna S. 2014. Does repeated reading predict reading development over time? A study of children from Grade 3 to 4. Scandinavian Journal of Psychology,（55）, 303-310.

Gerathewohl, S. J., Strughold, H. 1954. Time consumption of eye movements and high-speed flying. The Journal of Aviation Medicine, 25（1）, 38-45.

Gorsuch, G., Taguchi, E. 2008. Repeated reading for developing reading fluency and reading comprehension: The case of EFL learners in Vietnam. System, 36 (2), 253-278.

Gorsuch, G., Taguchi, E., Umehara, H. 2015. Repeated reading for Japanese language learners: Effects on reading speed, comprehension, and comprehension strategies. The Reading Matrix: An International Online Journal, 15 (2), 18-44.

Grabe, W. 2009. Reading in a second language: Moving from theory to practice. Cambridge: Cambridge University Press.

Grainger, J., Ferrand, L. 1994. Phonology and orthography in visual word recognition: Effects of masked homophone primes. Journal of Memory and Language, 33 (2), 218-233.

Grainger, J., Holcomb, P. J. 2010. Watching the word go by: On the time-course of component processes in visual word recognition. Language and Linguistics Compass, 3 (1), 128-156.

Haber, L. R., Haber, R. N. 1982. Does silent reading involve articulation? Evidence from tongue-twisters. The American Journal of Psychology, 95 (3), 409-419.

Hallett, P. E. 1978. Primary and secondary saccades to goals defined by instructions. Vision Research, 18 (10), 1279-1296.

Hansen, C. H., Hansen, R. D. 1988. Finding the face in the crowd: An anger superiority effect. Journal of Personality and Social Psychology, 54 (6), 917-924.

Hanson, V. L., Goodell, E. W., Perfetti, C. A. 1991. Tongue-twister effects in the silent reading of hearing and deaf college students. Journal of Memory and Language, 30, 319-330.

Harris, M., Moreno, C. 2004. Deaf children's use of phonological coding: Evidence from reading, spelling, and working memory. Journal of Deaf Studies and Deaf Education, 9 (3), 253-268.

Häikiö, T., Bertram, R., Hyönä, J., et al. 2009. Development of the letter identity span in reading: Evidence from the eye movement moving window paradigm. Journal of Experimental Child Psychology, 102 (2), 167-181.

Häikiö, T., Bertram, R., Hyönä, J. 2010. Development of parafoveal processing within and across words in reading: Evidence from the boundary paradigm. The Quarterly Journal of Experimental Psychology, 63 (10), 1982-1998.

Henderson, J. M., Ferreira, F. 1990. Effects of foveal processing difficulty on the perceptual span in reading: Implications for attention and eye movement control. Journal of Experimental Psychology: Learning, Memory, and Cognition, 16, 417-429.

Hollocks, M. J., Ozsivadjian, A., Matthews, C. E., et al. 2013. The relationship between attentional bias and anxiety in children and adolescents with autism spectrum disorders. Autism Research, 6

（4），237-247.

Hirotani，M.，Frazier，L.，Rayner，K. 2006. Punctuation and intonation effects on clause and sentence wrap-up：Evidence from eye movements. Journal of Memory and Language，54（3），425-443.

Ho，C. S.-H.，Bryant，P. 1997. Phonological skills are important in learning to read Chinese. Developmental Psychology，33（6），946-951.

Hohenstein，S.，Laubrock，J.，Kliegl，R. 2010. Semantic preview benefit in eye movements during reading：A parafoveal fast-priming study. Journal of Experimental Psychology：Learning，Memory，and Cognition，36，1150-1170.

Holder，A. J. 2017. The effectiveness of repeated reading on increasing the reading fluency of struggling readers. International Research in Higher Education，2（2），74-77.

Holmqvist，K.，Nyström，N.，Andersson，R.，et al. 2011. Eye Tracking：A Comprehensive Guide to Methods and Measures. Oxford：Oxford University Press.

Hoosain，R. 1991. Psycholinguistic implications for linguistic relativity：A case study of Chinese. Harvard Educational Review，4，501-502.

Hoosain，R. 1992. Psychological Reality of the word in Chinese. In H-C. Chen，& O. J. L. Tzeng（Eds.），Language Processing in Chinese（pp.111-130）. Amsterdam，Netherlands：North-Holland.

Hsu，S. H.，Huang，K. C. 2000b. Interword spacing in Chinese text layout. Perceptual and Motor Skills，91，355-365.

Huestegge，L.，Radach，R.，Corbic，D.，et al. 2009. Oculomotor and linguistic determinants of reading development：A longitudinal study. Vision Research，49（24），2948-2959.

Huey，E. B. 1908. The psychology and pedagogy of reading. New York：Macmillan.

Hwang，H.，Steinhauer，K. 2011. Phrase length matters：The interplay between implicit prosody and syntax in Korean "garden path" sentences. Journal of Cognitive Neuroscience，23（11），3555-3575.

Hyönä，J. 1995. Do irregular letter combinations attract readers' attention? evidence from fixation locations in words. Journal of Experimental Psychology：Human Perception and Performance，21（1），68-81.

Hyönä，J.，Ekholm，M. 2016. Background speech effects on sentence processing during reading：An eye movement study. PLoS One，11（3）：e0152133.

Hyönä，J.，Olson，R. K. 1995. Eye fixation patterns among dyslexic and normal readers：Effects of word length and word frequency. Journal of Experimental Psychology：Learning，Memory，and Cognition，21（6），1430-1440.

Inhoff，A. W.，Liu，W. 1998. The perceptual span and oculomotor activity during the reading of Chinese sentences. Journal of Experimental Psychology：Human Perception and Performance，24（1），20-34.

Inhoff，A. W.，Radach，R. 2002. The biology of reading：Use of spatial segmentation in the reading of complex words. Comments on Theoretical Biology，7（3），121-138.

Inhoff，A. W.，Starr，M. S.，Solomon，et al. 2008. Eye movements during the reading of compound words and the influence of lexeme meaning. Memory and Cognition，36（3），675-687.

Inhoff，A. W.，Wu，C. 2005. Eye movements and the identification of spatially ambiguous words during Chinese sentence reading. Memory and Cognition，33（8），1345-1356.

Ikeda，M.，Saida，S. 1978. Span of recognition in reading. Vision Research，18，83-88.

Irwin，D. E. 1998. Lexical processing during saccadic eye movements. Cognitive Psychology，36，1-27.

Irwin，D. E.，Carlson-Radvansky，L. A. 1996. Cognitive suppression during saccadic eye movements. Psychological Science，7，83-88.

Isomura，T.，Ito，H.，Ogawa，S.，et al. 2014b. Absence of predispositional attentional sensitivity to angry faces in children with autism spectrum disorders. Scientific Reports，4，7525-7531.

Isomura，T.，Ogawa，S.，Yamada，S.，et al. 2014a. Preliminary evidence that different mechanisms underlie the anger superiority effect in children with and without autism spectrum disorders. Frontiers in Psychology，5（5），461-466.

Jared，D.，Ashby，J.，Agauas，S. J.，et al. 2016. Phonological activation of word meanings in Grade 5 readers. Journal of Experimental Psychology: Learning，Memory，and Cognition，42，524-541.

Jared，D.，O'Donnell，K. 2017. Skilled adult readers activate the meanings of high-frequency words using phonology：Evidence from eye tracking. Memory Cognition，45，334-346.

Jemel，B.，Mottron，L.，Dawson，M. 2006. Impaired face processing in autism: Fact or artifact? Journal of Autism & Developmental Disorders，36（1），91-106.

Jochen，R.，T，Fendrich，K.，Lange，A.，et al. 2010. Changing maternity leave policy：Short-term effects on fertility rates and demographic variables in Germany. Social Science & Medicine，71（4），672-676.

Jones，D. M. 1995. The fate of the unattended stimulus：Irrelevant speech and cognition. Applied Cognitive Psychology，9，23-38.

Jones，D. M.，Madden，C.，Miles，C. 1992. Privileged access by irrelevant speech：The role of changing state. Quarterly Journal of Experimental Psychology，44A，645-669.

Jones, D. M., Miles, C., Page, J. 1990. Disruption of proof reading by irrelevant speech: Effects of attention, arousal or memory? Applied Cognitive Psychology, 4 (2), 89-108.

Jones, E. J. H., Venema, K., Earl, R., et al. 2016. Reduced engagement with social stimuli in 6-month-old infants with later autism spectrum disorder: A longitudinal prospective study of infants at high familial risk. Journal of Neurodevelopmental Disorders, 8 (1), 7-26.

Joseph, H. S., Liversedge, S. P., Blythe, H. I., et al. 2009. Word length and landing position effects during reading in children and adults. Vision Research, 49 (16), 2078-2086

Joseph, H. S., Nation, K., Liversedge, S. P. 2013. Using eye movements to investigate word frequency effects in children's sentence reading. School Psychology Review, 42 (2), 207-222.

Juhasz, B. J., Pollatsek, A., Hyönä, J., et al. 2009. Parafoveal processing within and between words. Quarterly Journal of Experimental Psychology, 62 (7), 1356-1376.

Jukka Hyönä, Bertram, R., Pollatsek, A. 2004. Are long compound words identified serially via their constituents? Evidence from an eye-movement-contingent display change study. Memory and Cognition, 32 (4), 523-532.

Just, M. A., Carpenter, P. A. 1980. A theory of reading: From eye fixations to comprehension. Psychological Review, 87 (4), 329-354.

Kaakinen, J. K., Hyönä, J. 2007. Perspective effects in repeated reading: An eye movement study. Memory and Cognition, 35 (6), 1323-1336.

Kajii, N., Nazir, T. A., Osaka, N. 2001. Eye movement control in reading unspaced text: The case of the japanese script. Vision Research, 41 (19), 2503-2510.

Kanner, L. 1968. Autistic disturbances of affective contact. Acta Paedopsychiatrica, 35 (4), 100-136.

Kattner, F., Ellermeier, W. 2014. Irrelevant speech does not interfere with serial recall in early blind listeners. Quarterly Journal of Experimental Psychology, 67 (11), 2207-2217.

Keehn, B., Müller, R. A., Townsend, J. 2013. Atypical attentional networks and the emergence of autism. Neuroscience and Biobehavioral Reviews, 37 (2), 164-183.

Kentner, G., Féry, C. 2013. A new approach to prosodic grouping. The Linguistic Review, 30 (2), 277-311.

Kennison, S. M., Sieck, J. P., Briesch, K, A. 2003. Evidence for a late-occurring effect of phoneme repetition during silent reading. Journal of Psycholinguistic Research, 32 (3), 297-312.

Khelifi, R., Sparrow, L., Casalis, S. 2015. Third and fifth graders'processing of parafoveal information in reading: A study in single-word recognition. Journal of Experimental Child Psychology, 139, 1-17.

Kikuchi, Y., Senju, A., Tojo, Y., et al. 2009. Faces do not capture special attention in children with autism spectrum disorder: A change blindness study. Child Development, 80 (5), 1421-1433.

Kleberg, J. L., Thorup, E., Falck-Ytter, T. 2017. Reduced visual disengagement but intact phasic alerting in young children with autism. Autism Research, 10 (3), 539-545.

Kliegl, R., Nuthmann, A., Engbert, R. 2006. Tracking the mind during reading: The influence of past, present, and future words on fixation durations. Journal of Experimental Psychology: Human Perception and Performance, 135, 12-35.

Ko, E. W., Hsu, S. S., Hsieh, H. Y., et al. 2011. Comparison of progressive cephalometric changes and postsurgical stability of skeletal class iii correction with and without presurgical orthodontic treatment. Journal of Oral & Maxillofacial Surgery, 69 (5), 1469-1477.

Kolers, P. A. Buswell's discoveries. 1976. In R. A. Monty, & J. W. Senders (Eds), Eye Movements and Psychological Processes. Hillsdale: Erlbaum.

Kosslyn, S. M., Matt, A. M. 1977. If you speak slowly, do people read your prose slowly? Person-particular speech recording during reading. Bulletin of the Psychonomic Society, 9, 250-252.

Krysko, K. M., Rutherford, M. D. 2009. A threat-detection advantage in those with autism spectrum disorders. Brain and Cognition, 69 (3), 472-480.

Kuhn, M. R., Stahl, S. A. 2003. Fluency: A review of developmental and remedial practices. Journal of Educational Psychology, 95 (1), 3-21.

Kurby, C. A., Magliano, J. P., et al. 2009. Those voices in your head: Activation of auditory images during reading. Cognition, 112, 457-461.

Kyle, F. E., Cain, K. 2015. A comparison of deaf and hearing children's reading comprehension profiles. Topics in Language Disorders, 35 (2), 144-156.

Laberge, D., Samuels, S. J. 1974. Toward a theory of automatic information processing in reading. Cognitive Psychology, 6 (2), 293-323.

Landry, R., Bryson, S. E. 2004. Impaired disengagement of attention in young children with autism. Journal of Child Psychology and Psychiatry, 45 (6), 1115-1122.

Laubrock, J., Hohenstein, S. 2012. Orthographic consistency and parafoveal preview benefit: A resource-sharing account of language differences in processing of phonological and semantic codes. Behavioral & Brain Sciences, 35 (5), 292.

Lee, H. W., Rayner, K., Pollatsek, A. 1999a. The time course of phonological, semantic, and orthographic coding in reading: Evidence from the fast-priming technique. Psychonomic Bulletin and Review, 6, 624-634.

Lee, H. W., Rayner, K., Pollatsek, A. 2002. The processing of consonants and vowels in reading: Evidence from the fast priming paradigm. Psychonomic Bulletin and Review, 9, 766-772.

Lee, Y. A., Binder, K. S., Kim, J. O., et al. 1999b. Activation of phonological codes during eye fixations in reading. Journal of Experimental Psychology: Human Perception and Performance, 25 (4), 948-964.

LeCompte, D. C., Shaibe, D. M. 1997. On the irrelevance of phonological similarity to the irrelevant speech effect. Quarterly Journal of Experimental Psychology, 50A (1), 100-118.

Lei, L., Pan, J., Liu, H., et al. 2011. Developmental trajectories of reading development and impairment from ages 3 to 8 years in Chinese children. Journal of Child Psychology and Psychiatry, 52, 212-220.

Leppänen, J. M. 2016. Using eye tracking to understand infants' attentional bias for faces. Child Development Perspectives, 10 (3), 161-165.

Levy, B. A., Begin, J. 1984. Proof reading familiar text: Allocating resources to perceptual and conceptual processes. Memory and Cognition, 12 (6), 621-632.

Li, W., Yang, Y. 2009. Perception of prosodic hierarchical boundaries in Mandarin Chinese sentences. Neuroscience, 158, 1416-1425.

Li, X., Liu, P., Rayner, K. 2011. Eye movement guidance in Chinese reading: Is there a preferred viewing location? The Quarterly Journal of Experimental Psychology, 51, 1146-1156.

Li, X., Liu, P., Rayner, K. 2015. Saccade target selection in Chinese reading. Psychonomic Bulletin & Review, 22 (2), 524-530.

Li, X. S., Logan, G. 2008. Object-based attention in Chinese readers of Chinese words: Beyond Gestalt principles. Psychonomic Bulletin & Review, 15, 945-949.

Li, X. S., Rayner, K., Cave, K. R. 2009. On the segmentation of Chinese words during reading. Cognitive Psychology, 58, 525-552.

Liu, P. P., Li, W. J., Lin, N., et al. 2013. Do Chinese readers follow the national standard rules for word segmentation during reading. PloS One, 8 (2), e55440.

Liu, W., Inhoff, A. W., Ye, Y., et al. 2002. Use of parafoveally visible characters during the reading of Chinese sentences. Journal of Experimental Psychology: Human Perception and Performance, 28 (5), 1213-1227.

Liu, Y., Reichle, E. D., Li, X. 2014. Parafoveal processing affects outgoing saccade length during the reading of Chinese. Journal of Experimental Psychology: Learning, Memory, and Cognition,

41（4），1229-1236.

Liversedge，S. P.，Findlay，J. M. 2000. Saccadic eye movements and cognition. Trends in Cognitive Sciences，4（1），6-14.

Liversedge，S. P.，Rayner，K.，White，S. J., et al. 2004. Eye movements when reading disappearing text：Is there a gap effect in reading? Vision Research，44，1013-1024.

Ljung, R., Sörqvist, P., Hygge, S. 2009. Effects of road traffic noise and irrelevant speech on children's reading and mathematical performance. Noise & Health，11（45），194-198.

Loveland，K. A. 2011. Detecting social and non-social changes in natural scenes：Performance of hildren with and without autism spectrum disorders and typical adults. Journal of Autism & Developmental Disorders，41（4），434-446.

Lukatela，G.，Frost，S. J.，Turvey M. T. 1998. Phonological priming by masked nonword primes in the lexical decision task. Journal of Memory and Language，39（4），666-683.

Luke，S. G.，Henderson，J. M.，Ferreira，F. 2015. Children's eye-movements during reading reflect the quality of lexical representations：An individual differences approach. Journal of Experimental Psychology：Learning，Memory and Cognition，41（6），1-9.

Luo，Y.，Yan，M.，Zhou，X. 2013. Prosodic boundaries delay the processing of upcoming lexical information during silent sentence reading. Journal of Experimental Psychology：Learning，Memory，and Cognition，39（3），915.

MacLeod，C.，Mathews，A.，Tata，P. 1986. Attentional bias in emotional disorders. Journal of Abnormal Psychofcgy，95（1），15-20.

Marinus，E.，de Jong，P. F. 2010. Variability in the word-reading performance of dyslexic readers：Effects of letter length，phoneme length and digraph presence. Cortex，46（10），1259-1271.

Marsh，J. E.，Hughes，R. W.，Jones，D. M. 2007. Auditory distraction in semantic memory：A process-based approach. Journal of Memory and Language，58（3），682-700.

Marsh，J. E.，Hughes，R. W.，Jones，D. M. 2009. Interference by process，not content，determines semantic auditory distraction. Cognition，110，23-38.

Marsh，J. E.，Perham，N.，Sörqvist，P., et al. 2014. Boundaries of semantic distraction：Dominance and lexicality act at retrieval. Memory and Cognition，42（8），1285-1301.

Martin，R. C.，Wolgalter，M. S.，Forlano，J. G. 1988. Reading comprehension in the presence of unattended speech and music. Journal of Memory and Language，27，382-398.

Marx，C.，Hawelka，S.，Schuster，S.，et al. 2015. An incremental boundary study on parafoveal preprocessing in children reading aloud：Parafoveal masks overestimate the preview benefit.

Journal of Cognitive Psychology，27（5），549-561.

Matson，J. L.，Wilkins，J.，González，M. 2008. Early identification and diagnosis in autism spectrum disorders in young children and infants: How early is too early? Research in Autism Spectrum Disorders，2（1），75-84.

Matsunaga，S. 2014. Tongue-twister effects in the silent and oral reading of Japanese sentences. Japanese Language & Literature，48（2），381-401.

May，T.，Cornish，K.，Rinehart，N. J. 2015. Mechanisms of anxiety related attentional biases in children with autism spectrum disorder. Journal of Autism & Developmental Disorders，45（10），3339-3350.

May，T.，Cornish，K.，Rinehart，N. J. 2016. Exploring factors related to the anger superiority effect in children with autism spectrum disorder. Brain and Cognition，106，65-71.

Mayberry，R. I.，del Giudice，A. A.，Lieberman，A. M. 2011. Reading achievement in relation to phonological coding and awareness in deaf readers: A meta-analysis. Journal of Deaf Studies and Deaf Education，16（2），164-188.

Maylor，E, A.，Lavie，N. 1998. The influence of perceptual load on age differences in selective attention. Psychology and Aging，13，563-573.

McBride，A. C. 2016. Is Chinese special? four aspects of Chinese literacy acquisition that might distinguish learning Chinese from learning alphabetic orthographies. Educational Psychology Review，28（3），523-549.

McConkie，G. W.，Rayner，K. 1975. The span of the effective stimulus during a fixation in reading. Perception & Psychophysics，17，578-586.

McConkie，G. W.，Kerr，P. W.，Reddix，M. D.，et al. 1988. Eye movement control during reading: The location of initial eye fixations on words. Vision Research，28（10），1107-1118.

McConkie，G. W.，Zola，D.，Grimes，J.，et al. 1991. Children's eye movements during reading. In J. F. Stein（Ed.），Vision and Visual Dyslexics（pp.251-262）. London: MacMillan.

McCutchen，D.，Bell，L. C.，France，I. M.，et al. 1991. Phoneme-specific interference in reading: The tongue-twister effect revisited. Reading Research Quarterly，26，87-103.

McCutchen, D., Perfetti, C. A. 1982. The visual tongue-twister effect: Phonological activation in silent reading. Journal of Verbal Learning and Verbal Behavior，21（6），672-687.

McGowan, V. A., White, S. J., Jordan, T. R., et al. 2014. Aging and the use of interword spaces during reading: Evidence from eye movements. Psychonomic Bulletin & Review，21（3），740-747.

McQuarrie，L.，Parrila，R. 2009. Phonological representations in deaf children: Rethinking the "functional equivalence hypothesis". Journal of Deaf Studies and Deaf Education, 14 (2), 137-154.

Meinhardt-Injac, B., Schlittmeier, S., Klatte, M., et al. 2014. Auditory distraction by meaningless irrelevant speech: A developmental study. Applied Cognitive Psychology, 29 (2), 217-225.

Miellet, S., O'Donnell, P. J., Sereno, S. C. 2009. Parafoveal magnification: Visual acuity does not modulate the perceptual span in reading. Psychological Science, 20 (6), 721-728.

Mittag, M., Inauri, K., Huovilainen, T. et al. 2013. Attention effects on the processing of task-relevant and task-irrelevant speech sounds and letters. Frontiers in Neuroscience, 7, 231.

Monk, C. S., Weng, S. J., Wiggins, J. L., et al. 2010. Neural circuitry of emotional face processing in autism spectrum disorders. Journal of Psychiatry & Neuroscience, 35 (2), 105-114.

Moore, D. J., Heavey, L., Reidy, J. 2012. Attentional processing of faces in asd: A dot-probe study. Journal of Autism & Developmental Disorders, 42 (10), 2038-2045.

Moore, D. J., Reidy, J., Heavey, L. 2016. Attentional allocation of autism spectrum disorder individuals: Searching for a Face-in-the-Crowd. Autism, 20 (2), 163-171.

Morford, J. P., Wilkinson, E., Villwock, A., et al. 2011. When deaf signers read English: Do written words activate their sign translations? Cognition, 118 (2), 286-292.

Morris, R. K., Rayner, K., Pollatsek, A. 1990. Eye movement guidance in reading: The role of parafoveal letter and space information. Journal of Experimental Psychology: Human Perception and Performan, 16 (2), 268-281.

Musselman, C. 2000. How do children who can't hear learn to read an alphabetic script? A review of the literature on reading and deafness. Journal of Deaf Studies and Deaf Education, 5 (1), 9-31.

New, J. J., Schultz, R. T., Wolf, J., et al. 2010. The scope of social attention deficits in autism: Prioritized orienting to people and animals in static natural scenes. Neuropsychologia, 48 (1), 51-59.

Neville, H. J., Lawson, D. 1987. Attention to central and peripheral visual space in a movement decision task. III. Separate effects of auditory deprivation and acquisition of a visual language. Brain Research, 405, 284-294.

Oakhill, J. V., Cain, K., Bryant, P. E. 2003. The dissociation of word reading and text comprehension: Evidence from component skills. Language and Cognitive Processes, 18, 443-468.

Ofra Korat. 2009. The effects of CD-ROM storybook reading on Israeli children's early literacy as a function of age group and repeated reading. Education Information Technology, (14), 39-53.

Oppenheim, G. M., Dell, G. S. 2010. Motor movement matters: The flexible abstractness of inner speech. Memory and Cognition, 38 (8), 1147-1160.

O'Regan, J. K. 1992. Optimal viewing position in words and the strategy-tactics theory of eye movements in reading. Eye Movements and Visual Cognition, 333-354.

Ormel, E., Hermans, D., Knoors, H., et al. 2012. Cross-language effects in written word recognition: The case of bilingual deaf children. Bilingualism: Language and Cognition, 15 (2), 288-303.

Oswald, C. J. P., Tremblay, S., Jones, D. M. 2000. Disruption of comprehension by the meaning of irrelevant sound. Memory, 8, 345-350.

Paattilammi, S. 2015. The influence of a reading task on children's eye movements during reading. Journal of Cognitive Psychology, 27 (5), 640-656.

Pagán, A., Blythe, H. I., Liversedge, S. P. 2016. Parafoveal preprocessing of word initial trigrams during reading in adults and children. Journal of Experimental Psychology: Learning, Memory, and Cognition, 42 (3), 411-432.

Pan, J., McBride-Chang, C., Shu, H., et al. 2011. What is in the naming? A 5-year longitudinal study of early rapid naming and phonological sensitivity in relation to subsequent reading skills in both native Chinese and English as a second language. Journal of Educational Psychology, 103, 897-908.

Pan, J., Shu, H., Wang, Y., Yan, M. 2015. Parafoveal activation of sign translation previews among deaf readers during the reading of Chinese sentences. Memory and Cognition, 43 (6), 964-972.

Pan, J., Yan, M., Laubrock, J. 2017. Perceptual span in oral reading: The case of Chinese. Scientific Studies of Reading, 21 (3), 254-263.

Paterson, K. B., McGowan, V. A., Jordan, T. R. 2012. Eye movements reveal effects of visual content on eye guidance and lexical access during reading. PLoS One, 7 (8), e41766.

Pavlidis, G. T. 1981. Do eye movements hold the key to dyslexia? Neuropsychologia, 19 (1), 57-64.

Perea, M., Acha, J. 2009. Space information is important for reading. Vision Research, 49 (15), 1994-2000.

Perea, M., Marcet, A., Vergara-Martínez, M. 2016. Phonological-lexical feedback during early abstract encoding: The case of deaf readers. Plos One, 11 (1), e0146265.

Perea, M., Tejero, P., Winskel, H. 2015. Can colours be used to segment words when reading? Acta Psychologica, 159, 8-13.

Perea, M., Wang, X. 2017. Do alternating-color words facilitate reading aloud text in Chinese? Evidence with developing and adult readers. Memory and Cognition, 45 (7), 1-11.

Perfetti, C. 2007. Reading ability: Lexical quality to comprehension. Scientific Studies of Reading,

11（4），357-383.

Perfetti，C. A.，Sandak，R. 2000. Reading optimally builds on spoken language：Implications for deaf readers. Journal of Deaf Studies and Deaf Education，5（1），32-50.

Perfetti，C. A.，Tan，L. H. 1998. The time course of graphic，phonological，and semantic activation in Chinese character identification. Journal of Experimental Psychology：Learning，Memory，and Cognition，24，101-118.

Perham，N.，Sykora，M. 2012. Disliked music can be better for performance than liked music. Applied Cognitive Psychology，26（4），550-555.

Pexman，P. M.，Luper，S. J.，Jared，D. 2001. Homophone effects in lexical decision. Journal of Experimental Psychology：Learning，Memory，and Cognition，27（1），139-156.

Pinna，B.，Uccula，A.，Tanca，M. 2010. How does the color influence figure and shape formation，grouping，numerousness and reading? The role of chromatic wholeness and fragmentation. Ophthalmic & Physiological Optics，30（5），583-593.

Pollatsek，A.，Bolozky，S.，Well，A. D.，et al. 1981. Asymmetries in the perceptual span for Israeli readers. Brain and Language，14，174-180.

Pollatsek，A.，Hyönä，J. 2005. The role of semantic transparency in the processing of Finnish compound words. Language and Cognitive Processes，20，261-290.

Pollatsek，A.，Lesch，M.，Morris，R. K.，et al. 1992. Phonological codes are used in integrating information across saccades in word identification and reading. Journal of Experimental Psychology：Human Perception and Performance，18，148-162.

Pollatsek，A.，Rayner，K. 1982. Eye movement control in reading：The role of word boundaries. Journal of Experimental Psychology：Human Perception and Performance，8（6），817-833.

Pollatsek，A.，Reichle，E. D.，Rayner，K. 2006. Test of the E-Z Reader mold：Exploring the interface between cognition and eye movement control. Cognitive Psychology，52，1-56.

Pollatsek，A.，Tan，L. H.，Rayner，K. 2000. The role of phonological codes in integrating information across saccadic eye movements in Chinese character identification. Journal of Experimental Psychology：Human Perception and Performance，26（2），607-633.

Posner，M. I.，Walker，J. A.，Friedrich，F. J.，et al. 1984. Effects of parietal injury on covert orienting of attention. Journal of Neuroscience，4（7），1863-1874.

Proksch，J.，Bavelier，D. 2002. Changes in the spatial distribution of visual attention after early deafness. Journal of Cognitive Neuroscience，14（5），687-701.

Qi，S.，Mitchell，R. E. 2012. Large-scale academic achievement testing of deaf and hard-of-hearing students: Past, present, and future. Journal of Deaf Studies and Deaf Education, 17 (1), 1-18.

Rachel, J. V, Mark, D. S. 2003. An examination of the effects of repeated readings with secondary students. Journal of Behavioral Education, 12 (1), 55-76.

Rapp, D. N., Broek, P., McMaster, K. L., et al. 2007. Higher-order comprehension processes in struggling readers: A perspective for research and intervention. Scientific Studies of Reading, 11, 289-312.

Ratliff, F. 1952. The role of psychological nystagmus in monocular acuity. Journal of Experimental Psychology, 43, 163-172.

Raven, J. C., Court, J. H., Raven, J. 1996. Standard Progressive Matrices. Oxford: Oxford Psychologists Press.

Rayner, K. 1975. The perceptual span and peripheral cues in reading. Cognitive Psychology, 7 (1), 65-81.

Rayner, K. 1978. Eye movement latencies for parafoveally presented words. Bulletin of the Psychonomic Society, 11, 13-16.

Rayner, K. 1986. Eye movements and the perceptual span in beginning and skilled readers. Journal of Experimental Child Psychology, 41, 211-236.

Rayner, K. 1998. Eye movements in reading and information processing. Psychological Bulletin, 124 (3), 372-422.

Rayner, K. 2009. Eye movements and attention in reading, scene perception, and visual search. Quarterly Journal of Experimental Psychology, 62 (8), 1457-1506.

Rayner, K. 2012. The Works of the Eyes. In K. Rayner, P. Pollatsek, J. Ashby, & C. Clifton (Eds), Psychology of Reading (2rd Edition) (pp.91-133). London: Psychology Press.

Rayner, K. 2015. Eye movements in reading. International Encyclopedia of the Social & Behavioral Sciences (Second Edition), 631-634.

Rayner, K., Castelhano, M. S., Yang, J. 2009. Eye movements and the perceptual span in older and younger readers. Psychology and Aging, 24, 755-760.

Rayner, K., Duffy, S. A. 1986. Lexical complexity and fixation times in reading: Effects of word frequency, verb complexity, and lexical ambiguity. Memory and Cognition, 14 (3), 191-201.

Rayner, K., Fischer, M. H., Pollatsek, A. 1998. Unspaced text interferes with both word identification and eye movement control. Vision Research, 38 (8), 1129-1144.

Rayner, K., Li, X., Pollatsek, A. 2007. Extending the E-Z Reader model to Chinese reading. Cognitive Science, 31, 1021-1033.

Rayner，K.，Inhoff，A. W.，Morrison，R. E.，et al. 1981. Masking of foveal and parafoveal vision during eye fixations in reading. Journal of Experimental Psychology：Human Perception and Performance，7，167-179.

Rayner，K.，Liversedge，S. P.，White，S. J.，et al. 2003. Reading disappearing text：Cognitive control of eye movements. Psychological Science，14，385-389.

Rayner，K.，Liversedge，S. P.，White，S. J. 2006. Eye movements when reading disappearing text：The importance of the word to the right of fixation. Vision Research，46，310-323.

Rayner，K.，Liversedge，S. P.，Yang，J.，et al. 2011. Eye movements of older and younger readers when reading disappearing text. Psychology and Aging，26（1），214-223.

Rayner，K.，Sereno S. C.，Lesch，M. F.，et al. 1995. Phonological codes are automatically activated during reading：Evidence from an eye movement priming paradigm. Psychological Science，6，26-30.

Rayner，K. Pollatsek，A. 1989. The psychology of reading. Englewood Cliffs：Prentice Hall.

Rayner，K.，Pollatsek，A. 2011. The Psychology of Reading. Englewood Cliffs：Prentice Hall.

Rayner，K.，Pollatesk，A.，Ashby，J.，et al. 2012. Psychology of Reading（2nd Ed.）. New York：Psychology Press.

Rayner，K.，Pollatsek，A.，Binder，K. S. 1998. Phonological codes and eye movements in reading. Journal of Experimental Psychology：Learning，Memory and Cognition，24（2），476-497.

Rayner，K.，Well，A. D.，Pollatsek，A.，et al. 1982. The availability of useful information to the right of fixation in reading. Perception & Psychophysics，31，537-550.

Rayner，K.，Yang，J.，Schuett，S.，et al. 2013. Eye movements of older and younger readers when reading unspaced text. Experimental Psychology，60（5），354-361.

Raney，G. E.，Rayner，K. 1995. Word-frequency effects and eye-movements during two readings of a text. Canadian Journal of Experimental Psychology，49（2），151-173.

Reichle，E. D.，Liversedge，P. S.，Drieghe，D.，et al. 2013. Using E-Z Reader to examine the concurrent development of eye-movement control and reading skill. Developmental Review，33（2），110-149.

Reichle，E. D.，Pollatsek，A.，Fisher，D. L.，et al. 1998. Toward a model of eye movement control in reading. Psychological Review，105（1），125-157.

Reichle，E. D.，Pollatesk，A.，Rayner，K. 2006. E-Z Reader：A cognitive control，serial-attention model of eye-movement behavior during reading. Cognitive Systems Research，7（1），4-22.

Remington，A.，Campbell，R.，Swettenham，J. 2012. Attentional status of faces for people with autism spectrum disorder. Autism，16（1），59-73.

Rensink，R. A.，O'Regan，J. K.，Clark，J. J. 1997. To see or not to see: The need for attention to perceive changes in scenes. Psychological Science，8，368-373.

R Development Core Team. 2014. R: A language and environment for statistical computing. Vienna，Austria: The R Foundation for Statistical Computing. URL: http: //www.R-project.org/.

Riby，D. M.，Brown，P. H.，Jones，N.，et al. 2012. Brief report: Faces cause less distraction in autism. Journal of Autism & Developmental Disorders，42（4），634-649.

Riby，D. M.，Hancock，P. J.，Jones，N.，et al. 2013. Spontaneous and cued gaze-following in autism and Williams syndrome. Journal of Neurodevelopmental Disorders，5（1），1-12.

Riggs，L. A.，Merton，P. A.，Morton，H. B. 1974. Suppression of visual phosphenes during saccadic eye movements. Vision Research，14（10），997-1011.

Robinson，D. H.，Katayama，A. D. 1997. At-lexical，articulatory interference in silent reading: The "upstream" tongue-twister effect. Memory and Cognition，25，661-665.

Roundy，A. R.，Roundy，P. T. 2009. The effect of repeated reading on student fluency: Does practice always make perfect? International Journal of Social，Behavioral，Educational，Economic，Business and Industrial Engineering，3（9），1821-1826.

Röer，J. P.，Bell，R.，Buchner，A. 2013. Self-relevance increases the irrelevant sound effect: Attentional disruption by one's own name. Journal of Cognitive Psychology，25（8），925-931.

Röer，J. P.，Bell，R.，Buchner，A. 2015. Specific foreknowledge reduces auditory distraction by irrelevant speech. Journal of Experimental Psychology: Human Perception and Performance，41，692-702.

Sabatos-Devito，M.，Schipul，S. E.，Bulluck，J. C.，et al. 2016. Eye tracking reveals impaired attentional disengagement associated with sensory response patterns in children with autism. Journal of Autism & Developmental Disorders，46（4），1319-1333.

Salamé，P.，Baddeley，A. 1982. Disruption of short-term memory by unattended speech: Implications for the structure of working memory. Journal of Verbal Learning and Verbal Behavior，21（2），150-164.

Saslow，M. G. 1967. Effects of components of displacement-step stimuli upon latency for saccadic eye movement. Journal of the Optical Society of America，57（8），1024-1029.

Sætrevik，B.，Sörqvist，P. 2015. Updating working memory in aircraft noise and speech noise causes different fMRI activations. Scandinavian Journal of Psychology，56（1），1-10.

Schad，D. J.，Engbert，R. 2012. The zoom lens of attention: Simulating shuffled versus normal text reading using the swift model. Visual Cognition，20（4-5），391-421.

Schad，D. J.，Risse，S.，Slattery，T.，et al. 2014. Word frequency in fast priming: Evidence for immediate cognitive control of eye movements during reading. Visual Cognition，22（3-4），390-414.

Schotter，E. R. 2013. Synonyms provide semantic preview benefit in English. Journal of Memory and Language，69（4），619-633.

Schotter，E. R.，Lee，M.，Reiderman，M.，et al. 2015. The effect of contextual constraint on parafoveal processing in reading. Journal of Memory and Language，83，118-139.

Schwarz，H.，Schlittmeier，S.，Otto，A.，et al. 2015. Age differences in the irrelevant sound effect: A serial recognition paradigm. Psihologija，48（1），35-43.

Sereno，S. C. 1995. Resolution of lexical ambiguity: Evidence from an eye movement priming paradigm. Journal of Experimental Psychology: Learning，Memory，and Cognition，21（3），582-595.

Sereno，S. C.，Rayner，K. 1992. Fast priming during eye fixations in reading. Journal of Experimental Psychology: Human Perception and Performance，18，173-184.

Sevald，C. A.，Dell，G. S. 1991. Action plans for the production of word sequences. Bulletin of the Psychonomic Society，29（6），480.

Shen，D.，Bai，X.，Yan，G.，et al. 2009. The perceptual span in Chinese reading. Psychology Press，255-276.

Shen，D.，Liversedge，S. P.，Tian，J.，et al. 2012. Eye movements of second language learners when reading spaced and unspaced Chinese text. Journal of Experimental Psychology: Applied，18（2），192-202.

Sheth，B. R.，Liu，J.，Olagbaju，O.，et al. 2013. Robust orienting to protofacial stimuli in autism. Current Biology，23（24），1087-1088.

Siyanova，A. 2010. On-line processing of multi-word sequences in a first and second language: Evidence from eye-tracking and ERP. Unpublished doctorial dissertation，University of Nottingham.

Snedeker，J.，Yuan，S. 2008. Effects of prosodic and lexical constraintson parsing in young children （and adults）. Journal of Memory and Language，58，574-608.

Song，S.，Su，M.，Kang，C.，et al. 2015. Tracing children's vocabulary development from preschool through the school-age years: An 8-year longitudinal study. Developmental Science，18（1），119-131.

Spaniol, M. M., Shalev, L., Kossyvaki, L., et al. 2018. Attention training in autism as a potential approach to improving academic performance: A school-based pilot study. Journal of Autism & Developmental Disorders, 48 (2), 592-610.

Sperlich, A., Meixner, J., Laubrock, J. 2016. Development of the perceptual span in reading: A longitudinal study. Journal of Experimental Child Psychology, 146, 181-201.

Sperlich, A., Schad, D. J, Laubrock, J. 2015. When preview starts to matter: Development of the perceptual span in German beginning readers. Journal of Cognitive Psychology, 27 (5), 511-530.

Stahl, S. A., Murray, B. A. 1994. Defining phonological awareness and its relationship to early reading. Journal of Educational Psychology, 86 (2), 221-234.

Sterne, A., Goswami, U. 2000. Phonological awareness of syllables, rhymes and phonemes in deaf children. Journal of Child Psychology & Psychiatry, 41 (5), 609-626.

Steven, G., Luke, John M., Henderson, et al. 2015. Children's eye-movements during reading reflect the quality of lexical representations: An individual differences approach. Journal of Experimental Psychology: Learning, Memory, and Cognition, 41 (6), 1675-1683.

Stratton, G. M. 1902. Eye-movements and Aesthetics of Visual Form. PhilosophischeStudien, 20 336-359.

Strickland, W. D., Boon, R. T., Spencer, V. G. 2013. The effects of repeated reading on the fluency and comprehension skills of elementary-age students with learning disabilities (LD), 2001-2011: A review of study and practice. Learning Disabilities: A Contemporary Journal, 11 (1), 1-33.

Suppes, P. Stochastic models of reading. 1994. InJ. Ygge, & G. Lennerstrand (Eds), Eye Movements in Reading. England: Pergamon Press.

Sörqvist, P., Halin, N., Hygge, S. 2010. Individual differences in susceptibility to the effects of speech on reading comprehension. Applied Cognitive Psychology, 24, 67-76.

Sörqvist, P., Nöstl, A., Halin, N. 2012. Disruption of writing processes by the semanticity of background speech. Scandinavian Journal of Psychology, 53 (2), 97-102.

Taft, M., Forster K. I. 1975. Lexical storage and retrieval of prefixed words. Journal of Verbal learning and Verbal Behavior, 14, 638-647.

Taguchi, E., Gorsuch, G. J. 2002. Transfer effects of repeated reading on reading new passages: A preliminary investigation. Reading in a Foreign Language, 14 (1), 43-65.

Tan, L. H., Hoosain, R., Peng, D. 1995. Role of early presemantic phonological code in Chinese character identification. Journal of Experimental Psychology: Learning, Memory, and Cognition, 21 (1), 43-54.

Tan，L. H.，Perfetti，C. A. 1998. Phonological codes as early sources of constraint in Chinese word identification：A review of current discoveries and theoretical accounts. Reading and Writing，10 (3-5)，165-200.

Taylor，S. E，Franckenpohl，H.，Pettee，J. L. 1960. Grade Level Norms for Components of the Fundamental Reading Skills. Information Research Bulletin 3. Huntington：Educational Developmental Laboratories.

Therrien，W. J. 2004. Fluency and comprehension gains as a result of repeated reading：A meta-analysis. Remedial and Special Education，25 (4)，252-261.

Tiffin-Richards，S. P.，Schroeder，S. 2015a. The component processes of reading comprehension in adolescents. Learning and Individual Differences，42，1-9.

Tiffin-Richards，S. P.，Schroeder，S. 2015b. Word length and frequency effects on children's eye movements during silent reading. Vision Research，113，33-43.

Tiffin-Richards，S. P.，Schroeder，S. 2015c. Children's and adults' parafoveal processes in German：Phonological and orthographic effects. Journal of Cognitive Psychology，27 (5)，531-548.

Transler，C.，Reitsma，P. 2005. Phonological coding in reading of deaf children：Pseudo-homophone effects in lexical decision. British Journal of Developmental Psychology，23 (4)，525-542.

Trauzettel，K. S.，Koitzsch，A. M.，Ute，D.，et al. 2010. Eye movements in German-speaking children with and without dyslexia when reading aloud. Acta Ophthalmologica，88 (6)，681-691.

Traxler，C. B. 2000. The Stanford achievement test，9th edition：National norming and performance standards for deaf and hard-of-hearing students. Journal of Deaf Studies and Deaf Education，5 (4)，337-348.

Treiman，R.，Hirsh-Pasek，K. 1983. Silent reading：Insights from second-generation deaf readers. Cognitive Psychology，15 (1)，39-65.

Tsai，J-L.，Lee，C-Y.，Tzeng，O-J. et al. 2004. Use of phonological codes for Chinese characters：Evidence from processing of parafoveal preview when reading sentences. Brain and Language，91 (2)，235-244.

Tsai，J. L.，McConkie，G. W. 2003. Where do Chinese readers send their eyes. The Mind's Eye：Cognitive and Applied Aspects of Eye Movement Research，159-176.

Tzeng，O. J. L.，Hung，D. L. 1980. Reading in a nonalphabetic writing system：Some experimental studies. In J. F. Kavanagh，& R. L. Venezky (Eds.)，Orthography，Reading，and Dyslexia. Baltimore：University Park Press.

Tzeng，O. J. L.，Hung，D. L.，Wang，W. S. Y. 1977. Speech recoding in reading Chinese characters.

Journal of Experimental Psychology: Human Learning and Memory, 3, 621-630.

Verhallen, M. J. A. J., Bus, A. G. 2013. Young second language learners' visual attention to illustrations in storybooks. Journal of Early Childhood Literacy, 11 (4), 480-500.

Veldre, A., Andrews, S. 2014. Lexical quality and eye movements: Individual differences in the perceptual span of skilled adult readers. Quarterly Journal of Experimental Psychology, 67 (4), 703-727.

Vorstius, C., Radach, R., Lonigan, C. J. 2014. Eye movements in developing readers: A comparison of silent and oral sentence reading. Visual Cognition, 22 (3-4), 458-485.

Waigenbaum, L., Bryson, S., Rogers, T., et al. 2005. Behavioral manifestations of autism in the first year of life. International Journal of Developmental Neuroscience, 23 (2-3), 143-152.

Walker, L., Munro, J., Rickards, F. W. 1998. Literal and Inferential Reading Comprehension of Students Who Are Deaf or Hard of Hearing. Volta Review, 100 (2), 87-103.

Wang, C. A., Inhoff, A. W. 2010. The influence of visual contrast and case changes on parafoveal preview benefits during reading. Quarterly Journal of Experimental Psychology, 63(4), 805-817.

Wang, H., Pomplun, M., Chen, M., et al. 2010. Estimating the effect of word predictability on eyemovements in Chinese reading using latent semanticanalysis and transitional probability. Quarterly Journal of Experimental Psychology, 63, 1374-1386.

Wang, Q., Hu, Y., Shi, D., et al. 2018. Children with autism spectrum disorder prefer looking at repetitive movements in a preferential looking paradigm. Journal of Autism & Developmental Disorders, 48 (8), 2821-2831.

Wang, Y., Trezek, B., Luckner, J., et al. 2008. The role of phonology and phonologically related skills in reading instruction for students who are deaf or hard of hearing. American Annals of the Deaf, 153 (4), 396-407.

Warren, S., Morris, R. K. 2009. Phonological similarity effects in reading. Paper Presented at the European Conference on Eye Movements Southampton, UK.

Waters, G., Caplan, D., Hildebrandt, N. 1987. Working memory and written sentence comprehension. In M. Coltheart (Ed.), Attention and Performance XII: The Psychology of Reading (pp.531-555). Hillsdale: LEA Press.

Watts, E. N., McKenna, E. P., Sharrock, R., et al. 1986. Colour naming of phobia-related words. British Journal of Psychology, 77, 97-108.

Wauters, L. N., Bon, W. H. J. V., Tellings, A. E. J. M. 2006. Reading comprehension of dutch deaf children. Reading & Writing, 19 (1), 49-76.

Wei, W., Li, X., Pollatsek, A. 201. Word properties of a fixated region affect outgoing saccade length in Chinese reading. Vision Research, 80, 1-6.

White, S. J., Rayner, K., Liversedge, S. P. 2005. Eye movements and the modulation of parafoveal processing by foveal processing difficulty: A reexamination. Psychonomic Bulletin and Review, 12, 891-896.

Wray, A. 2002. Formulaic Language and the Lexicon. Cambridge: Cambridge University Press.

Wu, N. N., Zhou, X. L., Shu, H. 1999. Sublexical Processing in Reading Chinese: A Development Study. Language and Cognitive Processes, 14 (5-6), 503-524.

Yan, G. L., Tian, H. J., Bai, X. J. et al. 2006. The effect of word and character frequency on the eye movements of Chinese readers. British Journal of Psychology, 97 (2), 259-268.

Yan, M. 2015. Visually complex foveal words increase the amount of parafoveal information acquired. Vision Research, 111, 91-96.

Yan, M., Kliegl, R., Richter, E. M., et al. 2010b. Flexible saccade-target selection in Chinese reading. Quarterly Journal of Experimental Psychology, 63 (4), 705-725.

Yan, M., Kliegl, R., Shu, H., et al. 2010a. Parafoveal load of word n+1 modulates preprocessing effectiveness of word n+2 in Chinese reading. Journal of Experimental Psychology: Human Perception and Performance, 36 (6), 1669-1676.

Yan, M., Richter, E. M., Shu, H., et al. 2009. Readers of Chinese extract semantic information from parafoveal words. Psychonomic Bulletin and Review, 16, 561-566.

Yan, M., Pan, J., Laubrock, J., et al. 2013. Parafoveal processing efficiency in rapid automatized naming: A comparison between normal and dyslexic children. Journal of Experimental Child Psychology, 115, 579-589.

Yan, M., Pan, J., Bélanger, N., et al. 2014. Chinese deaf readers have early access to parafoveal semantics. Journal of Experimental Psychology: Learning, Memory, and Cognition, 41, 209-219.

Yan, M., Zhou, W., Shu, H., et al. 2012. Lexical and sublexical semantic preview benefits in Chinese reading. Journal of Experimental Psychology: Learning, Memory, and Cognition, 38, 1069-1075.

Yan, M., Zhou, W., Shu, H. et al. 2015. Perceptual span depends on font size during the reading of Chinese sentences. Journal of Experimental Psychology: Learning, Memory, and Cognition, 41 (1), 209-219.

Yang, H. M., McConkie, G. W. 1999. Reading Chinese: Some basic eye movement characteristics. In J. Wang, A. W. Inhoff, & H. C. Chen (Eds.), Reading Chinese Script: A Cognitive Analysis (pp.207-220). Mahwah: Lawerence Erlbaum.

Yang，S. N.，McConkie，G. W. 2001. Eye movements during reading: A theory of saccade initiation times. Vision Research，41，3567-3585.

Yantis，S. 1993. Stimulus-driven attentional capture. Current Directions in Psychological Science，2（5），485-485.

Yarbus，A. L. 1967. Eye Movements and Vision. New York: Plenum Press.

Yeganeh，M. T. 2013. Repeated reading effect on reading fluency and reading comprehension in monolingual and bilingual EFL learners. Procedia-Social and Behavioral Sciences，70，1778-1786.

Yin，L.，Treiman，R. 2013. Name writing in Mandarin-speaking children. Journal of Experimental Child Psychology，116（2），199-215.

Zalla, T., Seassau, M., Cazalis, F., et al. 2018. Saccadic eye movements in adults with high-functioning autism spectrum disorder. Autism，22（2），195-204.

Zang, C., Liang, F., Bai, X., et al. 2013. Interword spacing and landing position effects during Chinese reading in children and adults. Journal of Experimental Psychology: Human Perception and Performance，39（3），720.

Zang，C.，Liversedge，S. P.，Bai，X.，et al. 2011. Eye movements during Chinese reading. In S. P. Liversedge，I. Gilchrist，& S. Everling（Eds.），The Oxford Handbook of Eye Movements（pp.961-978）. Oxford: Oxford University Press.

Zawoyski，A. M.，Ardoin，S. P.，Binder，K. S. 2015. Using eye tracking to observe differential effects of repeated readings for second-grade students as a function of achievement level. Reading Research Quarterly，50（2），171-184.

Zhang，S. L.，Perfetti，C. A. 1993. The tongue-twister effect in reading Chinese. Journal of Experimental Psychology: Learning，Memory，and Cognition，19（5），1082-1093.

Zhou，X. L.，Marslen-Wilson，W. D. 2000. The relative time course of semantic and phonological activation in reading Chinese. Journal of Experimental Psychology: Learning，Memory，and Cognition，26（5），1245-1265.

Zhou，X. L.，Marslen-Wilson，W. D. 2009b. Pseudohomophone effects in processing Chinese compound words. Language and Cognitive Process，24（7/8），1009-1038.

Zhou，X. L.，Ye，Z.，Cheung，H.，et al. 2009a. Processing the Chinese language: An introduction. Language and Cognitive Processes，24（7-8），929-946.

Zhou，X. L.，Marslen-Wilson，W. D.，Taft，M. et al. 1999. Morphology，orthography，and phonology in reading Chinese. Language and Cognitive Processes，14，525-565.

Zhou，W.，Shu，H.，Miller，K.，et al. 2017. Reliance on orthography and phonology in reading of Chinese：A developmental study. Journal of Research in Reading，（1），1467-9817.

Zhou，W.，Wang，A.，Shu，H.，et al. 2018. Word segmentation by alternating colors facilitates eye guidance in Chinese reading. Memory and Cognition，（6），1-12.